Evangelismo Dinámico

Luisa J. de Walker

La misión de Editorial Vida es ser la compañía líder en comunicación cristiana que satisfaga las necesidades de las personas, con recursos cuyo contenido glorifique a Jesucristo y promueva principios bíblicos.

EVANGELISMO DINÁMICO
Edición en español publicada por
Editorial Vida – 1984
Miami, Florida

© 1984 por Editorial Vida

Originally published in the USA under the title:
    Evangelism for Today
    por International Correspondence Institute, Bruselas, Bélgica
    © 1982 Bruselas, Bélgica

Diseño de cubierta: *Pixelium Digital Imaging Inc.*

ISBN: 978-0-8297-0950-6

CATEGORÍA: Ministerio cristiano / Evangelismo

IMPRESO EN ESTADOS UNIDOS DE AMÉRICA
PRINTED IN THE UNITED STATES OF AMERICA

HB 02.07.2024

Indice

Dedicación

Quiero dedicar esta edición de *Evangelismo dinámico* a la memoria de mi esposo, Alva Walker (1895-1982). Por 42 años tuvimos el privilegio de trabajar unidos por el Señor. Alva se convirtió a la edad de 18 años. En seguida empezó a tomar parte en el evangelismo al aire libre y en una pequeña misión en Vancouver, Canadá. Después continuó el evangelismo personal como miembro del cuerpo de ambulancias en los campos de batalla en Europa durante la Primera Guerra Mundial.

En Canadá de nuevo, pasó algunos años como evangelista y fundando una iglesia. Se casó con Mary Foster y fueron al Congo Belga (hoy Zaire), en Africa, como pioneros de las misiones en una región primitiva. Trabajaron unidos allí desde 1924 hasta la muerte de Mary en 1938. Alva volvió a los Estados Unidos al año siguiente con sus cuatro hijos.

En 1940 nos casamos y fuimos con toda la familia al Perú, donde yo había trabajado antes. Durante casi cuarenta años, en el Perú, Cuba, en toda América Latina, en los Estados Unidos y en Bélgica, Alva ministraba no sólo en el púlpito, sino apoyándome en mi ministerio. Ayudaba en cualquier trabajo doméstico para que yo pudiera dedicarme más a la preparación de este libro y otros. Tenía ochenta y dos años cuando regresamos de Bélgica, y a los ochenta y seis el Señor se lo llevó.

Poco antes de su muerte habíamos decidido preparar este libro para Editorial Vida. Hace unos diecinueve años empecé a escribirlo en español a petición del Comité de Institutos Bíblicos de las Asambleas de Dios en América Latina y con su colaboración, pero otros trabajos se interpusieron. Después se acordó publicar primero una versión autodidacta en inglés para los estudiantes del Instituto Internacional por Correspondencia. Esta versión fue traducida al español por René Arancibia, con el título de *Evangelismo para hoy*. La presente obra se basa en su traducción, pero la he revisado para el uso popular.

Muchos amigos nuestros han contribuido con ofrendas para poder sacar esta edición como un recuerdo y continuación de la obra de Alva. A Dios la dedicamos, puesto que suyos somos, con la esperanza de que inspire a otros a servirle con un amor y un fervor mayores aún.

Luisa Jeter de Walker,
Octubre de 1982.

El mejor método para pescar

¿Cuál es el mejor método de evangelismo? De igual modo podría usted preguntarle a un pescador ¿cuál es el mejor método para pescar: con red, arpón o anzuelo? Eso depende de las circunstancias. Hace mucho tiempo Jesús llamó a unos pescadores y ofreció darles un curso sobre métodos de evangelismo: "Venid en pos de mí, y os haré pescadores de hombres" (Mateo 4:19).

Los discípulos siguieron a Jesús y de El aprendieron lo relacionado con el poder, el mensaje, y los métodos del evangelismo. De El aprendieron a orar, enseñar, predicar, sanar a los enfermos, alimentar a los hambrientos, y ayudar a los pecadores a encontrar a Dios. Les enseñó a planificar sistemáticamente las giras evangelísticas y a utilizar también las oportunidades inesperadas para dar el Evangelio a la gente. Ellos aprendieron a visitar a la gente en sus hogares y hacer uso de las ocasiones especiales para evangelizar. Oyeron a Jesús predicar a las multitudes en las festividades religiosas, hablar sobre el reino de Dios con los ciudadanos prominentes, y dar las buenas nuevas de la salvación a una paria de la sociedad junto al pozo de una aldea.

El pescador debe ir donde están los peces, y Jesús llevó el Evangelio a donde estaba la gente. Enseñó a sus discípulos a usar todo tipo de facilidades que pudiesen conseguir: un patio, una sala de casa, las calles, la playa, la ladera de una montaña, un hogar, un bote prestado.

Los discípulos aprendieron los principios básicos para lograr una buena comunicación, con el mejor maestro y comunicador de todos los tiempos. De El aprendieron a considerar a sus oyentes, a dirigir el mensaje a sus intereses y necesidades, y a utilizar un lenguaje que ellos pudieran entender. Les enseñó a tomar la Palabra de Dios como la base para su mensaje, hacer preguntas, usar ilustraciones, y llamar a una decisión. No sólo aprendieron con sus métodos, sino también con sus actitudes: su amor por Dios y por el hombre, su dedicación, celo, fe y consagración a la voluntad de Dios.

Después que los discípulos aprendieron a "pescar hombres", Jesús los llenó con su Espíritu y los envió para que ejecutaran su trabajo. "Id," les ordenó, "y he aquí yo estoy con vosotros todos los días, hasta el fin del mundo." Su mandato y su promesa permanecen inalterables hasta el día de hoy y están vigentes para nosotros.

En la actualidad tenemos unos equipos y unas oportunidades para el evangelismo, que no se conocían cuando Jesús anduvo sobre la tierra. Al hacer uso de ellos, conviene que sigamos los principios que El estableció para los pescadores de hombres:

1) Ir a donde está la gente.
2) Usar toda oportunidad para dar el Evangelio a la gente.
3. Usar el método que mejor se adapte a las necesidades.
4) Utilizar el equipo y las facilidades que tengamos a mano.

En el momento en que usted comienza a estudiar los principios básicos del evangelismo y la gran variedad de métodos, Jesús le dice: — Ven conmigo y te enseñaré a pescar hombres. — Es más que una invitación para aprender los diversos métodos que mejor convengan a sus circunstancias. Es la promesa maravillosa de que sus esfuerzos tendrán éxito. El le enseñará, y usted ganará hombres, mujeres y niños para El.

La obra de Dios y la nuestra

CAPITULO
1

Nosotros somos colaboradores de Dios. **1 Corintios 3:9**

BOSQUEJO

¿Qué es el evangelismo?
  Significado de la palabra
  Autorización para evangelizar
  Métodos básicos del evangelismo
La obra de Dios en el evangelismo
  El plan de Dios
  Los patrones divinos
  El poder de Dios
La parte nuestra
  En relación con Dios
  En relación con la Iglesia
  En relación con los perdidos
  En relación con Satanás

ESTE CAPITULO LE AYUDARA

■ A comprender mejor el evangelismo; a señalar en las Escrituras dónde se nos autoriza a hacerlo y cuáles son sus métodos básicos.

■ A acomodarse al plan de Dios para el evangelismo, confiando en su ayuda para seguir los patrones que El ha establecido.

■ A reconocer su relación con Dios, la Iglesia y el mundo cuando usted se consagra a Cristo en el evangelismo.

¿QUE ES EL EVANGELISMO?

¿Cuál es la primera cosa que le viene a la mente cuando usted oye la palabra *evangelismo*? ¿Cultos en la iglesia? ¿Grandes campañas? ¿Decirles a sus amigos lo que Cristo ha hecho por usted? ¿El pastor invitando a las personas para que se hagan miembros de la iglesia? La palabra *evangelismo* puede tener diferentes significados, según las personas. Asume formas muy diversas y usa muchos métodos. ¿Que éxito tienen éstos? ¿Cuáles son los resultados? Esto depende en cierto modo de la idea que el obrero tenga de lo que es el evangelismo; una visión clara de las metas y lo que se debe hacer para alcanzarlas. De modo, pues, que comenzaremos nuestro estudio del evangelismo dando una mirada al significado de la palabra y a los métodos básicos del evangelismo.

Significado de la palabra

La palabra *evangelismo* proviene de la palabra griega *evaggelidzo*, cuyo significado es: "Traigo buenas noticias." Básicamente, pues, evangelismo es dar a la gente las buenas nuevas del Evangelio. *Evangelio* significa "buenas noticias". Evangelizamos cuando le llevamos a la gente las buenas noticias de que Jesucristo, el Hijo de Dios, les salvará de sus pecados y les dará vida eterna.

Sin embargo, la palabra *evangelismo*, tal como la usamos en la actualidad, incluye más que simplemente contar las buenas nuevas. Procuramos persuadir a la gente a que actúe de acuerdo con ellas: que acepte a Cristo y todo cuanto El les ofrece. Les ayudamos a dar este paso. Después de eso, hacemos todo lo que podemos para darles solidez en la fe y la fraternidad cristianas.

William Temple, Arzobispo de Canterbury, nos da esta definición. Sugiero que la aprenda de memoria, junto con el análisis de ella que se da a continuación.

EVANGELISMO

Acción	Presentar a Cristo
Poder	El Espíritu Santo
Propósito	Que los hombres puedan confiar en Cristo como Salvador
Resultados	Servir a Cristo como Señor en la fraternidad de su Iglesia

---

El evangelismo es la presentación de Jesucristo en el poder del Espíritu Santo, de tal manera que los hombres puedan llegar a confiar en El como Salvador y a servirle como Señor en la fraternidad de su Iglesia (citado en *Christian Life*, noviembre de 1968).

Autorización para evangelizar

¿Con qué derecho vamos a una persona de otra religión y le hablamos respecto de nuestro Dios? Si la gente desea adorar a Satanás u orar al sol o a los ídolos, ¿tenemos algún derecho para molestarles? Hay muchas buenas enseñanzas en la mayoría de las religiones. ¿Por qué, pues, habríamos de tratar de cambiar las creencias y costumbres de la gente? ¿Con qué autoridad salimos a predicar el Evangelio?

El gran Dios del universo, el único Dios verdadero, que hizo el mundo y todo cuanto hay en él, nos ha ordenado que le llevemos su Palabra a toda persona sobre la tierra. Jesucristo, el Hijo de Dios, encomendó esto a la Iglesia. Lo denominamos la Gran Comisión. Es en la Palabra de Dios donde tenemos nuestras órdenes y autorización.

CERTIFICADO DE AUTORIZACION
A quien concierna:

Todo creyente en Cristo

está autorizado por la presente para testificar de mí y para dar a todos las buenas noticias de mi salvación, conforme a las instrucciones dadas en mi Palabra.

Hechos 1:8   *Jesucristo*
Mateo 28:18-20   Autoridad suprema
Marcos 16:15, 16   en el cielo y en la tierra

Jesús les dio estas órdenes a sus seguidores en varias ocasiones, de modo que tenemos la Gran Comisión en Hechos 1:8; Mateo 28:18-20 y Marcos 16:15, 16, cada vez con un énfasis distinto en cuanto a los métodos que hemos de usar. Lea ahora Mateo 28:18-20 y fíjese en la palabra *potestad*. Algunas versiones la traducen *autoridad*. Jesús es quien tiene toda autoridad en el cielo y en la tierra, y ha prometido estar con nosotros. ¡Podemos contar con el respaldo de su autoridad suprema y con que nos dará apoyo oficial para que cumplamos sus órdenes!

Cuando la Iglesia primitiva predicó el Evangelio y habló a la gente respecto de Cristo, fue perseguida. A los discípulos se les dio orden de no volver a hablar acerca de Jesús. Pero ellos reconocian que la

Palabra de Dios era una autoridad más alta que las órdenes de los hombres, por lo que seguían testificando. (¡Qué bendición para nosotros que ellos procedieran así!) Los apóstoles fueron echados en la cárcel, pero un ángel los puso en libertad. Al ser llamados ante el concilio religioso que los había amenazado y puesto en prisión, Pedro explicó por qué habían desobedecido sus órdenes. ¡Tenían órdenes de una autoridad superior! "Es necesario obedecer a Dios antes que a los hombres" (Hechos 5:29). Dondequiera que Dios le envíe, vaya en el poder que le da la misión recibida de El. Recuerde: ¡Jesús está con usted!

Métodos básicos del evangelismo

Los métodos de evangelismo son las maneras en las cuales presentamos a Cristo con el propósito de persuadir a la gente a aceptarlo como Salvador y servirlo como Señor. En este curso estudiaremos varios métodos diferentes y veremos cómo los unos refuerzan a los otros. Jesús y sus apóstoles adaptaban sus métodos a las circunstancias. La base de toda su labor de evangelismo era el poder del Espíritu Santo, quien vivía en ellos y obraba por medio de ellos. La oración mantenía abiertas las vías de comunicación. Dios les daba su mensaje para toda ocasión y la valentía para presentarlo. Podemos decir que el método fundamental del evangelismo es permitir que Dios obre por medio de nosotros. Sin embargo, al hablar de métodos nos referimos mayormente a cómo hacemos nuestra parte de la obra.

Predicación, enseñanza y testimonio son los tres métodos básicos del evangelismo que el Señor ha encomendado al uso de sus seguidores. Podemos utilizar uno o dos a la vez, o combinar los tres en varios métodos de evangelismo. En la predicación, proclamamos (anunciamos públicamente) el Evangelio y hacemos un llamado a la gente para que deje sus pecados y acepte al Salvador. En la enseñanza, explicamos las verdades del Evangelio y ayudamos a la gente a aplicarlas a su vida. En el testimonio, le decimos a la gente lo que Cristo ha hecho por nosotros.

LA OBRA DE DIOS EN EL EVANGELISMO

El evangelismo comienza con Dios. Es plan suyo. El nos ha dado en su Palabra los modelos a los cuales debemos ceñirnos, y mediante su Espíritu Santo nos da el poder para lograrlo.

El plan de Dios

El plan de Dios para el evangelismo es una parte de su gran plan de redención. Antes de que El creara el mundo o formara al hombre para que fuera objeto de su amor, Dios vio el problema que traería el pecado. Separaría a la raza humana de El y haría imposible que disfrutara de la vida feliz y eterna que El le deparaba. El pecado tendría que ser castigado con la muerte. El único modo de salvar al pecador sería que una persona inocente tomara su lugar. De este modo Dios planeó sufrir él mismo el castigo que merecían nuestros pecados. Dios Hijo, la segunda persona de la Trinidad, tomaría la forma humana y moriría en lugar nuestro. Resucitaría y daría vida eterna a todos los que lo aceptaran como Señor y Salvador. El Espíritu Santo vendría a vivir en ellos y darles una nueva naturaleza. El quebrantaría el poder del pecado y los haría hijos de Dios. Este es el plan de redención de Dios.

Pero Dios vio que se necesitarían mensajeros para que llevasen las buenas noticias de redención al mundo entero. ¿Qué mejores mensajeros podía haber que aquellos que habían experimentado su salvación? Ellos serían sus testigos. Su vida sería la prueba de lo genuino de la salvación de la cual hablarían. El Salvador los acompañaría. El Espíritu Santo obraría por medio de ellos. Formarían la Iglesia del Señor Jesucristo, unidos a El en su obra de redención. El plan de Dios para el evangelismo es obrar a través de toda la Iglesia para llevar todo el Evangelio a todo el mundo.

Dios obrando por medio de ➤ la totalidad ⟨ de la Iglesia para dar / del Evangelio a / del mundo

El modelo divino

Volvamos al huerto de Edén para examinar el modelo básico de Dios para el evangelismo. Allí le oímos llamar: "Adán, ¿dónde estás?" El amor de Dios por los perdidos lo lleva dondequiera que ellos estén, aun cuando estén tratando de ocultarse de El. *El llamado de Dios:* he aquí una parte esencial del modelo divino. ¿Y cuál es nuestra parte? Juan el Bautista la comprendió cuando dijo: "Yo soy la voz de uno que clama en el desierto."

Podemos aprender algo acerca de los métodos de evangelismo al examinar los que Dios empleó en el Edén. Vemos a Dios buscando, llamando al pecador por su nombre, interrogándolo, enfrentándolo directamente con su culpa. Dios les da un mensaje a Adán y a Eva. Les muestra los resultados funestos del pecado, pero a la vez les habla de un Salvador que los libertará del poder de Satanás. Les proporciona ropa adecuada para presentarse decentemente y los persuade a ponérsela en vez de los pobres delantales de hojas. Seguimos este modelo cuando permitimos que Dios nos dirija en la búsqueda de los perdidos. El llamará al perdido a través de nosotros y nos utilizará como voz suya para llevar a cada persona su mensaje.

Pero el modelo de Dios para el evangelismo va más allá de hallar a los pecadores y darles un mensaje. El demostró a Adán y a Eva que los amaba. Hizo un sacrificio allí en el Edén, vistió a Adán y a Eva, haciendo posible que ellos se presentaran ante El y ante el hombre sin tener que avergonzarse. Esto es tan sólo un débil anticipo de lo que Dios iba a hacer por un mundo pecador en el Calvario. Nos hace recordar que al hablar del juicio de Dios contra el pecado, debemos hablar también del amor que El tiene por el pecador. Y la gente debe ver ese amor en nosotros para creer lo que decimos. El sacrificio por el pecado se consumó en el Calvario, pero todavía hay un sacrificio vivo que nosotros tenemos que hacer: una muerte al yo con el fin de ayudar a otros a encontrar y servir al Salvador.

A través de todo el Antiguo Testamento vemos a Dios llamando a los pecadores para que se vuelvan de sus pecados y sean salvos, pero lo hace a través de sus mensajeros los profetas. Elige a Noé para predicar contra la iniquidad e instar a la gente a aceptar el medio de escape del juicio venidero. Envía a Jonás para prevenir al pueblo de Nínive y darle la oportunidad de salvarse. Isaías, Amos, Jeremías y los demás profetas van en el poder del Espíritu Santo y entregan el mensaje de Dios. Son sus mensajeros, elegidos y enviados por El a cierta gente en ciertos lugares con un mensaje especial; el mensaje de Dios para ellos. Esta es todavía la norma de actuación divina en la actualidad.

El modelo básico de evangelismo es *Dios obrando por medio del hombre*. Jesús demostró esto en su ministerio. Les dijo a sus discípulos que el Padre estaba obrando a través de El, haciendo los milagros y dándole las palabras que debía hablar. Jesús prometió a sus seguidores que el Espíritu Santo obraría por medio de ellos en la misma forma.

Pongamos atención a un modelo más de evangelismo en el Nuevo Testamento. Se trata del libro entero de Los Hechos: el Espíritu Santo obrando por medio de la Iglesia primitiva para llevar el Evangelio completo a todo el mundo. Ellos eran hombres y mujeres comunes, semejantes a nosotros, pero Dios obraba a través de ellos. Los resultados eran sorprendentes. Melvin Hodges escribe:

Los apóstoles vivieron como hombres poseídos, lo que efectivamente eran: poseídos por el Espíritu de Dios. La vida y la tierra
eran de poca importancia para ellos. No buscaban seguridad
económica ni tampoco física. Corrían peligro "a toda hora".
Eran apresados y maltratados. Oraban con lágrimas por sus
convertidos día y noche. Estaban total y completamente dedicados a Jesucristo y a su causa; eran propiedad suya. El era el
Señor de su vida.

Eran hombres de fe. El reino de Dios era para ellos una
realidad espiritual tan llena de vida y tan cierta como el terreno
que pisaban. Creían la Palabra del Evangelio. Esperaban resultados cuando predicaban en el nombre de Jesús. ¿Acaso no estaba
Jesús vivo a la diestra del trono de Dios? ¿No había prometido El
estar con ellos hasta el fin del mundo? Por consiguiente, en su
nombre le ordenaron al cojo que se pusiera de pie. Considera-
ban los hechos espirituales más ciertos que los mismos hechos
naturales. Por esa razón pudieron encarar la persecución y "las
bestias de Efeso", y aun al mismo Nerón. Cantaron y oraron en
sus lóbregas prisiones. Pablo se puso de pie después de haber
sido "apedreado y dejado por muerto" y prosiguió predicando
el mensaje. La fe de ellos estaba puesta en un Cristo vivo y
resucitado, y no en la fe en sí.

Por el hecho de que estos primeros mensajeros eran hombres
consagrados, llenos del Espíritu Santo, esperaban que los
hombres respondieran del mismo modo que ellos habían
respondido, y que fueran llenados del mismo modo que ellos
habían sido llenados. Esperaban que los convertidos asumieran
su responsabilidad individual y propagaran el Evangelio, no
como un deber, sino de manera espontánea e inevitable. (*Church
Growth and Christian Mission,* editado por Donald A. McGavran.
New York: Harper y Row, 1965, páginas 30, 31.)

El poder de Dios

Hablamos respecto de *nuestros* métodos en el evangelismo: lo que
nosotros hacemos, *nuestro* trabajo, la parte *visible* del evangelismo.
Pero tras todo ello, y en todo y a través de todo, está *Dios.* Sin su
presencia y poder, todos nuestros esfuerzos son infructuosos. Es el
mismo Cristo vivo, y no tan solamente las palabras acerca de El, lo
que tenemos que presentar al mundo. Es el Espíritu Santo el que
quebranta las cadenas del pecado y transforma a los pecadores en
hijos de Dios. Sin este poder, todo nuestro testimonio, predicación o
enseñanza serían meramente cumplir con las formalidades del

evangelismo. El verdadero evangelismo — el evangelismo que produce resultados — debe hacerse en el poder del Espíritu Santo.

LA PARTE NUESTRA

Si el método divino de evangelismo es obrar por medio de su pueblo, nuestra responsabilidad es permitirle que lo haga. Cuando aceptamos su plan, aceptamos ciertas responsabilidades y relaciones con otros. En el evangelismo nos vemos involucrados 1) con Dios, 2) con la Iglesia, 3) con los perdidos, y 4) con Satanás.

En relación con Dios

En el evangelismo somos socios de Dios en su obra de salvar a los perdidos. El dirige todo el plan y elige a personas diferentes para diferentes responsabilidades dentro de ese plan. Por eso miramos a El buscando su dirección y aceptamos el trabajo que nos asigna.

Jesús nos da las indicaciones generales para poder servirlo en lo que se nos encomiende. Veamos seis indicaciones básicas que deducimos de sus mandamientos. En parte son para la Iglesia en general, y en parte señalan las responsabilidades individuales de cada cristiano. Lea ahora las referencias siguientes en su Biblia. Pídale al Señor que le muestre cuál es la responsabilidad que tiene usted en cada mandato, ya sea en forma individual o en cooperación con la Iglesia. Hable con El al respecto y acepte las indicaciones que le dé.

1) Juan 15:4, 5; Mateo 5:13-16. Permanezca en Cristo y permita que El lo haga una rama fructífera. Sea sal y luz para el mundo.
2) Mateo 9:35-38; Lucas 10:1, 2; Juan 4:35. Contemple la necesidad y pida obreros en su oración.
3) Hechos 1:8; Lucas 24:47-49. Reciba el poder del Espíritu Santo y sea testigo de Cristo. Comience por su hogar. Extiéndase a todo el mundo.
4) Marcos 16:15-18. Vaya a todo lugar y predique el Evangelio a todos, creyendo que Dios obrará poderosamente para mostrar a la gente que su Palabra es verdadera.
5) Mateo 28:19, 20. Vaya con Cristo y enseñe a las naciones, bautizando a los creyentes y enseñándoles a obedecer y seguir a Cristo.
6) Juan 20:21, 22. Reciba el Espíritu Santo, vaya donde Jesús le envíe y prosiga su obra.

Comprometerse con Dios es mucho más que aceptar la misión que El nos dé. Es entregarle nuestro tiempo, nuestros talentos; poner nuestra vida entera bajo su control. El a su vez nos proporciona el poder que necesitamos para cumplir sus órdenes. Dios desea llenarnos de su Espíritu y operar a través de nosotros. De esta manera nos convertimos en su voz, sus manos, sus pies, para llevarlo a todos aquellos que están perdidos. Recibimos su mensaje para toda ocasión y su ayuda para cada necesidad cuando nos comunicamos con El en la oración y mediante el estudio de su Palabra.

Estamos comprometidos con la totalidad de la Iglesia de Jesucristo en esta gran obra de evangelismo. Jesús vino a la tierra a buscar y a salvar a los perdidos, y regresó al cielo para dirigir desde allí las actividades de la Iglesia — su cuerpo — en la continuación de esta misma obra. Vemos, pues, que los tres miembros de la Trinidad, Padre, Hijo y Espíritu Santo, operan a través de la Iglesia, coordinando sus esfuerzos para llevar el Evangelio al mundo entero.

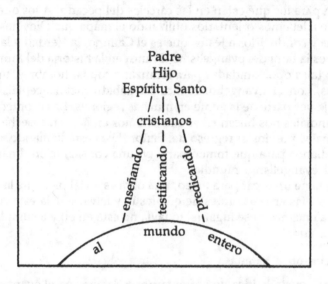

El evangelismo es al mismo tiempo una obra conjunta y una responsabilidad individual. Una mano no puede hacer nada por sí sola. Debe tener la cooperación de los músculos y nervios del brazo. Efectivamente, debe cooperar con la totalidad del cuerpo. Nosotros somos miembros del cuerpo de Cristo. El desea operar a través de nosotros en el evangelismo, pero debe ser en cooperación con los demás miembros de su Cuerpo. Nuestra capacidad para trabajar en armonía y cooperación con otros cristianos determinará en cierto modo la cantidad y calidad de la obra que Dios podrá llevar a cabo por medio de nosotros en el evangelismo.

Cada miembro del cuerpo de Cristo, cada cristiano, tiene su parte que hacer en el evangelismo. Sólo en la medida que cada miembro haga su parte, cooperando con los demás miembros bajo la dirección de Cristo, la cabeza divina, podrá la Iglesia cumplir su misión. La Gran Comisión exige una participación total para que haya un evangelismo total.

Ciertamente, algunos cristianos están totalmente aislados de los demás por causa del lugar donde viven o por las circunstancias que existen en su hogar. Sin embargo, pueden cooperar orando por los demás y haciendo cuanto puedan por Cristo donde se encuentran.

En relación con los perdidos

El evangelismo nos lleva a relacionarnos con gente que no conoce a Dios. El nos ha dado el pan de vida para que lo compartamos con los que tienen hambre. Tenemos en nuestras manos el anuncio de perdón para los que están en las cárceles del pecado. A los que están perdidos debemos orientarlos utilizando el mapa que Dios nos da en la Biblia y conducirlos a Jésus, que es el Camino, la Verdad y la Vida.

Esta es la hora del evangelismo. Nunca en la historia del mundo ha habido tales oportunidades para alcanzar a todos, hombres, mujeres y niños, con el Evangelio. Nunca ha habido mejor aceptación del mensaje por parte de la gente en muchas regiones. Los acontecimientos mundiales nos hacen creer que estamos en la gran cosecha de los días finales previos al regreso del Señor. Dios está llamando a todos los cristianos para que tomen parte en una consagración dinámica y total al evangelismo mundial.

Dios tiene un lugar para usted, una obra especial para que la realice en estos días críticos, antes de que Jesús vuelva. ¡Ojalá este curso le ayude a encontrar ese lugar (si todavía no está en él) y a cumplir bien con esa tarea!

Con relación a Satanás

No nos gusta la idea de enfrentarnos a Satánas en el evangelismo. Pero los obreros nuevos de cualquier fábrica reciben la advertencia de que tengan cuidado con las piezas móviles de la maquinaria. Los técnicos que manejan las máquinas de rayos X reciben instrucciones acerca de cómo protegerse contra la exposición excesiva a la radiación. Aprender cuáles son los peligros de la tarea y la manera de protegerse contra ellos es parte del adiestramiento de todo obrero.

En el evangelismo trabajamos por poner en libertad a los prisioneros de Satanás, sus esclavos. Estos no pueden libertarse a sí mismos, ni tampoco podemos libertarlos nosotros, pero somos enviados a decirles cómo Jesús los libertará. De este modo nos ponemos en conflicto directo con Satanás. Es la misma guerra que se declaró en el Edén entre la simiente de la mujer y la simiente de la serpiente.

Satanás combatirá contra usted cuando trabaje en el evangelismo. El trata de obstaculizarlo en toda forma posible. Enceguece a las personas respecto a la verdad y hace que se resistan al Evangelio, o las hace permanecer indiferentes a nuestro mensaje.

Satanás utiliza muchas armas contra nosotros en su intento por apartarnos de la obra de Dios. Utiliza la resistencia y la indiferencia de la gente para desanimarnos y hacernos creer que somos unos fracasados. Puede usar la persecución, la crítica, la duda, la confusión, las presiones emocionales, las tentaciones, las incomprensiones entre los cristianos, y los problemas físicos. Nuestra lucha contra Satanás es una parte de nuestra obra en el evangelismo. Por lo tanto, debemos reconocer esta realidad y usar la protección y las armas que Dios nos proporciona.

En primer lugar, mientras mejor comprendamos que batallamos contra Satanás, y no contra las personas que se nos oponen, tanto más facil nos será conseguir la victoria. Tendremos más compasión por las víctimas de Satanás, más paciencia con aquellos que son insolentes o indiferentes, y más sabiduría para tratar los problemas.

En segundo lugar, no necesitamos atemorizarnos por los peligros de la tarea. Dios mismo nos acompañará. La luz de su Espíritu y su Palabra penetra las mentes oscurecidas y les da vista espiritual. El nos conduce a la batalla, dándonos la armadura protectora y las armas con las cuales podremos defendernos, derrotar al diablo y poner en libertad a los cautivos.

En el evangelismo somos colaboradores de Dios; dependemos de su gracia y poder cuando presentamos a Cristo y combatimos contra Satanás por las almas. En su calidad de soldado de Cristo, usted se ha unido a la causa de El. Jesús ya derrotó a Satanás en el Calvario y dio su sangre en rescate por todos sus cautivos. Por tanto, vaya en el nombre de Jesús, y apodérese de la victoria sobre Satanás. El Espíritu Santo está con usted para protegerle, guiarle y darle poder sobre todo poder del enemigo.

2 Corintios 6:1. Así, pues, nosotros, como colaboradores suyos, os exhortamos también a que no recibáis en vano la gracia de Dios.

Para que pueda sacar el mayor provecho posible de este curso, le proporcionamos seguidamente una serie de preguntas de repaso y aplicación.

REPASO Y APLICACION PERSONAL

Le sugiero que utilice una libreta de apuntes para escribir en ella sus respuestas y hacer cualquier anotación adicional que desee para consultarla en el futuro cuando desee enseñar o predicar sobre el tema. Después de escribir sus respuestas, compárelas con las que se dan al final del libro.

1a ¿Qué significa la palabra griega *evaggelídzo*, de la cual proviene la nuestra *evangelismo*?

b ¿De qué manera es el evangelismo más que limitarse a dar buenas noticias?

c Diga de memoria la definición de evangelismo dada por Temple y haga el cuadro analítico.

2 Aprenda de memoria Mateo 28:18-20. ¿Dónde nos manda Jesús ir y hacer discípulos? *Escoja la respuesta correcta.*

a A todos los que tengan una formación cristiana.

b A todos los judíos.

c A los de otras religiones.

d A todas las naciones.

3 Suponga que usted es guarda de una prisión. Cierto preso parece ser buena persona y usted quisiera dejarlo en libertad. ¿Qué lo autorizaría a hacerlo?

a Su idea de que es inocente.

b Que usted esté autorizado para hacerlo.

c La lástima que siente por él.

d Que al ser guarda puede abrir la puerta y libertar al que quiera.

4 La validez o el poder de nuestra autoridad depende a su vez de la autoridad que tiene la persona que nos la ha dado.

a ¿Quién nos autoriza para evangelizar?

b ¿Qué autoridad tiene El?

c En qué versículos bíblicos se habla de nuestra comisión.

5 Según Marcos 16:15, 16, ¿hasta dónde debemos llegar con la predicación evangelizadora?

a A todas las personas en los lugares donde hay libertad religiosa.

b A todo ser humano.

c A cuantos sea posible en todo el mundo.

Piense y ore Muchas personas creen que un cristiano no debe hablar de Cristo a las personas que ya tienen su propia religión. Algunos creyentes enfrentan persecución y posiblemente la muerte si testifican de Cristo. Otros hay que no se dan cuenta de que la Gran Comisión tiene que ver con ellos. ¿Qué sucedería si todos los cristianos tomasen en serio la Gran Comisión y cumplieran la parte que les corresponde? ¿Ora usted a menudo respecto de estas cosas? ¿Lo hará en el futuro?

6 ¿Cuál método de evangelismo nos manda usar Jesús en

a Mateo 28:19, 20?

b Marcos 16:15?

c Hechos 1:8?

7 Según el plan de Dios, ¿quiénes deben ser sus testigos?

a Todos los que puedan predicar.

b Todos los que estudien evangelismo.

c Todos los miembros de una iglesia cristiana.

d Todos los que El ha salvado.

8 ¿Hasta qué punto está cumpliendo la Iglesia en general el plan de Dios para el evangelismo? Subraye aquellas partes de esta frase en las que sea débil la vida presente de la Iglesia. Después ore sobre el particular:

La totalidad de la Iglesia, llevando la totalidad del Evangelio a la totalidad del mundo en el poder del Espíritu Santo

9 Lea Génesis 3:1-21. ¿Cuáles son las dos primeras cosas que Dios hace por los pecadores?

10 ¿En qué somos semejantes los creyentes a los profetas del Antiguo Testamento?

11 ¿Con qué fin nos envía Jesús, según Lucas 19:10 y Juan 20:21? ¿Acepta usted esta encomienda?

12 Lea Juan 5:19, 30; 12:49, 50; 20:21, 22; Lucas 24:45-49 y Hechos 1:8. ¿Que le dice Dios a usted en estos textos? Hable con El al respecto.

13 ¿Cuál es el método fundamental de todo evangelismo?

14 Según 1 Corintios 12:12-27 ¿cómo participamos con Dios en el evangelismo?

15 Nombre cuatro personas o clases de personas con quienes nos relacionamos al hacer obra de evangelismo, y describa brevemente nuestra responsabilidad en cada una de estas relaciones.

16 Según Romanos 1:14, 15 ¿qué obligación sentía Pablo?

17 Según 1 Corintios 4:4, ¿cuál es la razón principal de la incredulidad que manifiesta la gente hacia el Evangelio?

18 ¿Cuáles son las principales tácticas que Satanás usa en contra del evangelismo en la región donde usted vive?

19 De acuerdo con lo que dice Efesios 6:10-18 ¿cómo piensa usted usar lo que Dios le ha proporcionado para combatir a Satanás en el evangelismo?

Le sugiero que ore ahora por el evangelismo y por sus amigos inconversos. Compare sus respuestas con las que se dan en la página 000.

El poder del amor

Amarás a tu prójimo como a ti mismo. Marcos 12:31

BOSQUEJO

Amor en nuestras actitudes
  Actitudes hacia Dios
  Actitudes hacia los demás
  Actitudes hacia nosotros mismos
  Amor en los motivos de nuestra actuación
  Motivos con respecto a Dios
  Motivos con respecto a la gente
  Motivos con respecto a nosotros mismos
La consagración del amor

ESTE CAPITULO LE AYUDARA

- A evaluar las actitudes que usted pudiera adoptar bajo diversas circunstancias y elegir aquellas que estén basadas en el amor.
- A cultivar cuidadosamente los motivos de actuación que harán su evangelismo más dinámico.
- A consagrarse a Dios en el evangelismo y trabajar fielmente con una entrega basada en el amor.

AMOR EN NUESTRAS ACTITUDES

El éxito o el fracaso de cualquiera en la vida depende en gran medida de sus actitudes y motivaciones. Esto es muy cierto en el evangelismo. Actitud es toda posición o perspectiva tomada por una persona, que manifiesta su sentir o estado de ánimo. Puede ser también el sentimiento mismo. Nuestra opinión o sentimiento respecto de una persona se refleja en nuestra actitud hacia tal persona. Puede ser de temor, de amor, hostil, condescendiente, indiferente, interesada, amistosa, amenazadora. . . la lista no tiene fin.

Nuestras actitudes pueden atraer a la gente hacia Dios o alejarla de

El. Somos nosotros los que elegimos cuáles habrán de ser. El amor atrae. Fue el amor de Jesús lo que atrajo a la gente hacia El. También es la revelación del amor de Dios la que nos atrajo a nosotros. El amor sincero vale más para ganar la gente para Cristo, que lo bien que podamos predicar, enseñar o testificar. El amor tiene una elocuencia muy suya.

Nuestras actitudes revelan ese amor que es tan esencial para un evangelismo eficaz. Es el amor a Dios y el amor a los demás. Mientras más profundo sea nuestro amor a Dios y a los demás, mayor dinamismo mostraremos en los métodos que usemos. El amor a Dios es la clave que los atraerá a Cristo. Este amor a Dios y a los demás nos ayuda también a vernos en la perspectiva correcta y hallar el lugar que nos corresponde dentro del plan de Dios. En la misma medida que le permitamos al amor convertirse en la fuerza dominante de nuestra vida, podremos adoptar las actitudes correctas: 1) hacia Dios, 2) hacia los demás, 3) hacia nosotros mismos.

Actitudes hacia Dios

Si estamos asociados a Dios en la obra del evangelismo, es de suma importancia que tengamos actitudes correctas hacia El. Si le servimos únicamente por temor o por un sentido del deber cristiano, hemos dejado de percibir lo que es el corazón del Evangelio: las buenas nuevas del amor de Dios al hombre (Juan 3:16).

Mientras mejor comprendamos cuánto Dios nos ama, más lo amaremos a El. Nuestra actitud cambia de temor a confianza, de rebeldía a una alegre disposición de hacer cualquier cosa que El desee que hagamos. Le dedicamos nuestra vida a El en una confianza nacida del amor y nos rendimos a su voluntad. Mientras más amemos a Dios, mayor será nuestro deseo de estar con El, de hablar con El en la oración, y de compartir su obra. Le agradeceremos más sus muestras diarias de amor, y buscaremos maneras de demostrarle esa gratitud. "Nosotros le amamos a él, porque él nos amó primero" (1 Juan 4:19).

Esta actitud de alegre respuesta al amor de Dios le facilita a El la tarea de guiarnos y obrar a través de nosotros. También despeja las líneas de comunicación entre nosotros, nos proporciona fe para esperar respuesta a nuestras oraciones y nos mantendrá fieles a nuestra tarea cuando los resultados no sean alentadores.

Mientras más amemos a Dios, mayor será nuestro deseo de hablarles a otros respecto de El. Esto nos trae al recuerdo la novia sulamita en el Cantar de los Cantares. Se mostraba tan entusiasmada en la descripción de su amado, que todas las damas que la oían deseaban conocerlo (Cantares 5:8 — 6:1). ¿Se ha dado cuenta de cómo goza una persona enamorada cuando habla de las buenas cualidades de la persona que ama? ¡Ojalá que nuestro amor por Dios brote y rebose de tal modo en nuestra vida, que nos resulte la cosa más natural del mundo hablarles a los demás de sus bondades! Cuando esto suceda, nuestro testimonio tendrá el tono sincero de la convicción profunda, y la gente aceptará más facilmente a Cristo al ver lo mucho que El significa para nosotros.

Actitudes hacia los demás

Si deseamos ser eficaces en el evangelismo, debemos cultivar actitudes correctas hacia: 1) los pecadores, 2) las personas de la iglesia, y 3) los nuevos convertidos.

Los pecadores

El mejor evangelista de todos los tiempos se hallaba rodeado por una gran multitud. Entre ellos había muchas personas de influencia y dirigentes religiosos. También había mendigos, ladrones y prostitutas. Los dirigentes religiosos miraban a éstos con disgusto y decían entre sí: — ¡Imagínense! ¡Permitir a tales pecadores en un servicio religioso de gente decente! ¡El evangelista los trata como si ellos fuesen tan buenos como nosotros! ¡Sin duda, él mismo debe ser pecador también o no se mostraría tan amistoso con ellos!

Acompañaban al predicador doce miembros de su equipo evangelístico. Pronto habrían de salir ellos mismos a predicar el Evangelio. ¿Irían con la misma actitud amistosa que él mostraba con los pecadores o con la actitud áspera y crítica de los dirigentes religiosos? Jesús miró a los fariseos. Sabía que ellos tenían una doctrina recta y eran estrictos en sus reglamentos religiosos; pero su espíritu era duro, frío y encogido; desprovisto de amor. Jesús no quería que sus obreros fuesen así. Deseaba que ellos sintieran el amor de Dios por la gente que había errado el camino.

—¿Quién de ustedes, si tiene cien ovejas y pierde una de ellas?

EL AMOR EN LUCAS 15

EL AMOR
- ve el valor del individuo.
- se compadece del perdido.
- se dedica a la búsqueda
- celebra el hallazgo del perdido.
- restaura y cuida al hallado.

— comenzó Jesús. Luego les contó una triple parábola: tres relatos para ilustrar diferentes fases de la misma verdad. En Lucas 15 tenemos estos relatos: la oveja extraviada, la moneda perdida y el hijo pródigo. En ellas vemos los principios básicos del evangelismo: su dinámica, sus métodos y la participación. Sobre todo, vemos que la actitud y motivación esencial en el evangelismo es el amor.

El amor que se necesita para el evangelismo es un amor genuino y personal, no un amor teórico por la gente en general. Si estamos dispuestos a cultivarlo, Dios nos lo dará a medida que nos relacionemos con las personas y nos demos cuenta de sus problemas y necesidades espirituales.

Jesús no hablaba solamente del amor por los pecadores. Lo demostró viniendo al mundo en busca de sus ovejas perdidas. Le costó la vida, pero la dio de buena gana por el gozo de salvar a los que amaba. Ahora El vive en nosotros. ¡Que podamos mirar a los demás a través de los ojos de El, ver el valor que ellos tienen y reflejar en nuestras actitudes su amor. "Porque el Hijo del Hombre vino a buscar y a salvar lo que se había perdido" (Lucas 19:10).

La gente de la iglesia

Podemos tomar la parábola de la mujer que busca la moneda perdida como símbolo de una iglesia en busca de lo que se le ha perdido dentro de su misma casa. Nos hace recordar que el evangelismo es un esfuerzo cooperativo y que tenemos responsabilidades en él hacia la gente que está dentro de la comunidad cristiana. (*Lea Lucas 15:8-10.*)

El amor por los demás miembros del cuerpo de Cristo hace que sea un placer cooperar con ellos en el programa de evangelismo de la Iglesia. Nos hace reconocer el ministerio de cada uno y regocijarnos en su éxito. No trataremos de atribuirnos méritos por el éxito del trabajo en el cual hemos tenido sólo una parte. Cooperaremos alegremente en el esfuerzo de la Iglesia por rescatar a los perdidos y les ayudaremos a encontrar el lugar que les corresponde en la familia de Dios.

¿Qué decir respecto de la gente que está en las iglesias y no tiene relación personal o adecuada con Dios? Algunos han crecido en ambiente de iglesia sin conocer de veras al Señor. Otros se han apartado de su entrega inicial a Dios. ¡Qué tragedia más grande es estar perdido dentro de una iglesia! ¿Cuál debe ser nuestra actitud hacia tales personas? ¿La crítica o la compasión? Jesús amó a la Iglesia y dio su vida por ella. Su amor en nosotros nos hará más comprensivos y nos capacitará para ayudar a los que tienen necesidades espirituales. ¡Barramos lo que nos corresponde para recuperar lo que la Iglesia ha perdido dentro de su misma casa!

Los nuevos convertidos

Nuestra actitud hacia un nuevo convertido puede hacer que éste se sienta atraído a la comunión de la Iglesia y al servicio de Dios, o hacerle retornar al pecado.

En el relato del hijo pródigo, Jesús nos hace sentir su soledad y su hambre. (*Lea Lucas 15:11-32.*) Caminamos junto con él el largo camino de regreso a los brazos abiertos de su padre. ¡Qué emoción sentimos al escuchar al hijo sollozar arrepentido: "¡Padre, he pecado!"! Sin embargo, ¿nos aplicamos a nosotros mismos el resto del relato? Dejémonos cautivar por la gozosa actividad de la casa mientras el padre celebra el retorno del hijo: "¡Apresúrense! ¡Un baño! ¡Un traje nuevo! ¡Tiren esos andrajos a la basura! ¡Tráiganle calzado nuevo! ¡Un anillo para su dedo! ¡Siervos, preparen un banquete! Este es mi hijo que estuvo tanto tiempo perdido y ahora ha sido hallado. Estaba muerto, pero ahora está vivo.

Este es el mensaje del evangelismo: el cuadro del amor de nuestro Padre celestial y el perdón al pecador arrepentido. Pero es también un cuadro de actitudes y actividades que Dios desea ver en los de su casa. El tiene un trabajo especial para cada uno de nosotros cuando los hijos perdidos regresan a casa. Debemos ayudarlos a desembarazarse de los andrajos del pecado, sea en hábitos, pensamientos o acciones. ¡No permita Dios que seamos indiferentes a sus necesidades, o que los miremos con ojo crítico! El espíritu del evangelismo es el amor. Un amor que procede del mismo corazón de Dios y nos hace ser amigables, interesados en las necesidades de los demás y dispuestos a ayudar. Sin amor y sin estas actitudes, los métodos más maravillosos del mundo fracasarán.

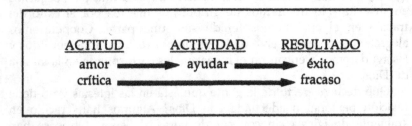

Nuestro propio amor natural no es suficiente para hacernos eficaces en el rescate de las almas. No obstante, a medida que le abramos nuestro corazón a Dios, su amor en nosotros llegará a ser la actitud básica de nuestra vida. Será dentro de nosotros una dinámica fuerza impulsora. No vacilaremos en escalar la montaña en busca de la oveja perdida. Trataremos de hallar y ayudar a los que nos rodean y tienen necesidad de ayuda espiritual. Con los brazos abiertos les daremos la bienvenida a los hijos e hijas arrepentidos, dándoles el cuidado amoroso que necesitan cuando vengan a la casa de nuestro Padre. *(Lea Romanos 5:5.)*

Actitudes hacia nosotros mismos

El amor de Dios en nosotros nos ayudará a tener la actitud correcta hacia nosotros mismos y hacia la parte que nos corresponde en el gran plan de Dios. Esto es sumamente importante en el evangelismo. Para lograr eficacia, debemos aprender a considerarnos a nosotros mismos y a nuestra obra con 1) aceptación, 2) humildad y 3) entusiasmo.

Aceptación

Si deseamos tener una personalidad bien equilibrada, libre de frustraciones, envidias, celos e hipocresía, debemos aceptarnos a nosotros mismos tal como somos y aceptar también el lugar que Dios ha elegido para nosotros en su plan. En 1 Corintios 12, Pablo habla respecto de los cristianos como miembros del cuerpo de Cristo. El oído no puede ser ojo; debe aceptarse tal como es y dedicarse al trabajo que Dios le ha asignado: oír. No trate de ser otra persona; sea lo que Dios lo ha hecho. Sea usted mismo. No importa que no pueda predicar como Pablo. Si es así, será que Dios no quiere ese trabajo para usted. El desea que use los talentos que le ha dado. Déle gracias por ellos y pídale que lo ayude a desarrollarlos.

La autoaceptación nos hace comprender no sólo nuestras limitaciones, sino también nuestro potencial en Cristo. El amor y la seguridad hacen aflorar las mejores cualidades que hay en una persona. Dios nos ama. El nos ha elegido para que lo representemos; para que seamos sus embajadores. Vamos en su nombre, con toda la autoridad del cielo respaldándonos, para hacer todo cuanto El nos indique. Nos aceptamos a nosotros mismos tales cuales somos, y al entregarle nuestras debilidades llegamos a ser lo que El desea que seamos.

¿Se siente frustrado a veces porque no puede testificar con tanta facilidad o hablar con tanta elocuencia como otros cristianos? ¿O se siente deprimido a causa del lugar donde se encuentra? ¿O no acepta sus limitaciones? Le sugiero que ore más o menos así:

"Señor, me acepto a mí mismo tal como soy. Las debilidades que aborrezco en mí, las someto a ti. Tu fortaleza es más que suficiente para hacerse cargo de ellas. Ayúdame a mirar hacia ti día a día para lograr la victoria. Te agradezco que me hayas hecho quien soy y me hayas puesto en el lugar donde estoy. Gracias por haberme hecho miembro del cuerpo de Cristo. Sé que tienes un plan perfecto para mí. Te pido que me ayudes a aceptarlo y a encajar en él. Ayúdame a utilizar bien los talentos que me has dado. Gracias por la paz que me viene al creer firmemente que tú cumplirás tu voluntad en mi vida. Amén."

Humildad

¡La autoaceptación no debe convertirse en autosuficiencia! Debe estar equilibrada con la humildad. Por buenos que seamos, siempre habrá lugar para mejorar. No tenemos razón para estar orgullosos de nosotros mismos o de lo que hacemos para Dios. El orgullo ha sido la causa de la caída de muchos obreros y la raíz de muchas dificultades en la Iglesia. Jesús es nuestro ejemplo de humildad y nos da el secreto del éxito y de la grandeza en Mateo 20:26, 28.

¿Por qué no debemos tener orgullo si conducimos a muchas personas a Cristo? La mayoría de las conversiones son producto final de muchas influencias distintas: oraciones, ejemplos, testimonios, literatura, enseñanza, predicaciones oídas a través de los años, canciones evangélicas, y la invitación y el consejo de amigos cristianos. Centenares de personas pueden haber tenido parte en la conversión de una persona. ¡Cuán necio es, pues, que alguien se jacte de la mucha gente que ha ganado para el Señor! ¡Nunca, nunca jamás nos enorgullezcamos de nuestro éxito en la obra del Señor! No debemos pensar que los métodos nuestros son los mejores y que los demás son inferiores. Cada uno tiene su parte. Simplemente, demos gracias a Dios porque nos ha permitido compartir su gran obra.

Entusiasmo

¿Sentimos entusiasmo al mirarnos a nosotros mismos y nuestra obra? ¿Por qué no? ¡Dios nos ha escogido para trabajar en sociedad con El! Su Espíritu ha venido a morar en nosotros y a darnos el poder necesario para hacer nuestro trabajo. Ya no nos sentimos tristes por no poder ser iguales a otras personas determinadas. Sabemos que Dios nos ha escogido para un lugar especial que ningún otro puede ocupar. El tiene para nosotros una tarea especial que ningún otro puede hacer.

¡El Rey de reyes y Señor de señores nos ha elegido para que seamos sus embajadores! ¡Qué honor y privilegio! El tiene la solución para todos los problemas del mundo. Su causa es la más grande de todas en las que es posible servir. ¡El nos ha elegido y nos está equipando ahora para su servicio! No podemos menos que entusiasmarnos por esto.

Una de las razones de que se escribiera este libro fue ayudarle a usted a cultivar las actitudes y las motivaciones correctas en su obra de evangelismo. En mi oración pido que llegue a entusiasmarse por todo cuanto haga, ¡aun por las lecciones que está estudiando! ¡Que Dios le dé un gran gozo en su obra mientras se va preparando y poniendo en práctica lo que aprende! Lea ahora Colosenses 3:23 y Romanos 12:11.

AMOR EN LOS MOTIVOS DE NUESTRA ACTUACION

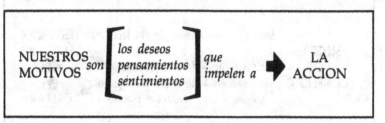

¿Qué desea hacer usted en el evangelismo? ¿Por qué desea hacerlo? Ese *porqué* puede edificar o destruir su ministerio. Nuestros motivos — los deseos que nos impulsan a actuar — pueden determinar nuestro curso y nuestra utilidad para Dios. Los motivos equivocados han llevado a algunos obreros a métodos equivocados y a toda clase de problemas. Los motivos correctos nos ayudan a hallar el modo correcto de hacer nuestra obra. Una motivación débil nos conduce a esfuerzos sin ánimo, infructuosos. Una motivación fuerte y correcta nos llevará adelante a pesar de las dificultades, manteniéndonos trabajando fielmente, haciéndonos estar siempre atentos a las posibilidades de mejorar, y ayudándonos a lograr que la tarea se cumpla.

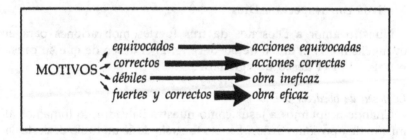

Nuestros motivos a menudo surgen de nuestras actitudes y, a semejanza de ellas, se relacionan con Dios, con la gente, y con nosotros mismos. ¿Hay algo más importante en la vida que tener los motivos correctos y en su debido orden?

A veces nuestros motivos están en conflicto entre sí. Lo que deseamos hacer para agradarnos a nosotros mismos puede que no sea lo que queremos hacer para agradar a Dios o para ayudar a otros. Luego nos toca decidir cuál motivo es el más importante. Por ejemplo, nuestro vecino necesita ayuda espiritual y sentimos que Dios quiere que le testifiquemos. Pero sentimos temor de que el vecino no quiera oír cosas espirituales, o temor de que tengamos un rotundo fracaso. He aquí nuestros motivos en conflicto:

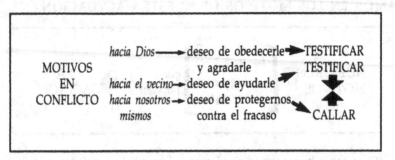

¿Cuál de estos motivos guiará nuestras acciones? ¿Cuál elegimos para ponerlo en el primer lugar? ¿Cómo podemos tomar la decisión correcta?

Mientras mayor sea nuestro amor por Dios y por la gente, más fácil nos será tener prioridades correctas en nuestros motivos. El amor es la fuerza motivadora más potente del mundo, y nos ayuda a rechazar los motivos erróneos y conflictivos que debilitarían nuestra obra. El evangelismo es más dinámico cuando el amor hace que nuestros motivos armonicen a la perfección.

Motivos con respecto a Dios

Nuestro amor a Dios nos da tres fuertes motivaciones para el evangelismo: 1) el deseo de obedecerle, 2) el deseo de que su causa triunfe, y 3) el deseo de agradarle.

El deseo de obedecer a Dios

Cuando aceptamos a Jesús como nuestro Salvador, lo tomamos al mismo tiempo como Señor. Eso no fue sólo darle un título de cortesía que se aplica a cualquier hombre, sino aceptarlo como nuestro Amo, nuestro Dueño, nuestro Rey. Entregamos nuestra vida a El y a su causa. Nos pusimos bajo sus órdenes. Desde entonces, ¡cuántas veces hemos prometido ir donde El quiera que vayamos, decir lo que El quiera que digamos, y hacer lo que El quiera que hagamos! Esa es una de las razones por las cuales usted estudia ahora el evangelismo, pues sabe que Dios le incluye a usted en las órdenes que le da a la Iglesia.

El deseo de que la causa de Dios triunfe

Mientras más amamos a una persona, mayor es nuestro deseo de verla triunfar en sus esfuerzos. Sus intereses llegan a ser nuestros. Deseamos hacer cuanto podamos para impulsar su causa. Sabemos que Cristo es el legítimo gobernante de este mundo, y por eso oramos: "Venga tu reino. Hágase tu voluntad, como en el cielo, así también en la tierra," y "Ven, Señor Jesús" (Mateo 6:10; Apocalipsis 22:20). Pero hay una tarea que debemos cumplir antes de que El venga. Cristo dijo: "Y será predicado este evangelio del reino en todo el mundo, para testimonio a todas las naciones; y entonces vendrá el fin" (Mateo 24:14).

Mientras otros buscan significado para la vida, nosotros tenemos una causa por la cual vivir — la causa de Dios — y deseamos que ésta triunfe. Jesús nos dice que si le damos el primer lugar a esta causa en nuestra vida, Dios se hará cargo de todas nuestras necesidades (Mateo 6:33). Deseamos hacer nuestra parte en el evangelismo mundial, establecer el reino de Dios en cuantas vidas sea posible, terminar la obra que El nos ha dado, de modo que todos podamos darle juntos la bienvenida a su regreso.

El deseo de agradar a Dios

El amor nos llena del deseo de agradar a la persona amada. Nos impulsa a colaborar con Dios en el evangelismo, anhelantes de hacerlo todo de la manera que El desea. A veces parece que nadie aprecia nuestro trabajo y vemos pocos resultados, pero no nos desalentamos. ¿Por qué? Porque sabemos que estamos haciendo lo que Dios quiere y agradarle a El es nuestra meta principal en la vida.

Motivos con respecto a la gente

Nuestro amor por las demás personas produce dos motivos que están en perfecta armonía con nuestros motivos relacionados con Dios: 1) el deseo de ayudarles, y 2) el deseo de que venga el reino de Dios.

El deseo de ayudar a la gente

Si usted ama a una persona, deseará ayudarla de cualquier manera que sea posible. Si su hermano estuviese atrapado en un edificio en llamas, usted arriesgaría su vida para salvarle. ¿Qué me dice de los que le rodean y que no conocen a Jesús como su Salvador? Están perdidos y se precipitan por la pendiente que conduce al infierno. ¿Puede usted permanecer indiferente? Si les ama, ¿no hará cuanto pueda para advertirles el peligro y conducirlos a Jesús, el único camino al cielo? Sin El se perderán para siempre.

La comprensión de que la gente sin Cristo está perdida es una parte poderosa de nuestra motivación al evangelismo. Ver la necesidad que tienen sirve para despertar nuestro deseo de ayudarles. Una persona curada de una enfermedad por cierto médico siempre quiere recomendar su médico a cualquier persona que padezca del mismo mal. Del mismo modo, los que hemos hallado salud para el alma deseamos conducir a otros al Gran Médico para que El les sane.

Le sugiero que subraye en su Biblia y aprenda de memoria Juan 14:6 y Hechos 4:12. Acuérdese de ellos a menudo al pensar en la gente que le rodea.

El deseo de que venga el reino de Dios

El deseo de que Jesús instaure su reino sobre la tierra tiene relación tanto con Dios como con la gente. Al contemplar los problemas mundiales, sabemos que únicamente Dios tiene las respuestas. Cristo, el Príncipe de paz, es el único que puede traernos paz, justicia, amor, felicidad, y la solución a los problemas de la humanidad. Le hemos visto transformar hogares que eran infiernos en pedacitos de cielo. Hemos estado en comunidades que se han transformado por su presencia. Por lo tanto, predicamos los principios de su reino, ayudamos a establecer ese reino en las vidas y esparcimos las buenas noticias de que El viene otra vez. Mientras esperamos vigilantes y trabajando para aquel día, oramos: "Venga tu reino. Hágase tu voluntad, como en el cielo, así también en la tierra."

Motivos con respecto a nosotros mismos

Los psicólogos nos dicen que todos tenemos ciertos deseos naturales muy fuertes que nos impelen a la acción. Si éstos no están equilibrados por el amor hacia Dios y el prójimo, pueden hacernos unos egoístas fracasados en la vida. Algunas personas experimentan un conflicto entre estos motivos y su deseo de hacer lo bueno. Probablemente usted conozca personas que han procurado destruir por completo estos deseos humanos en un esfuerzo por ser más santas. Sin embargo, Dios los ha puesto en nuestra naturaleza con un propósito. Su deseo es que los usemos de la manera apropiada, sin abusar de ellos.

Mientras mayor sea la armonía que consigamos crear entre nuestras diferentes motivaciones, y entre todas ellas y la voluntad de Dios para nosotros, más felices seremos. Veamos cómo esto produce un servicio decidido y entusiasta para Dios en el evangelismo. Tres de nuestros motivos más fuertes son capaces de reforzar o arruinar nuestro ministerio: 1) el deseo de lograr éxito y recompensa, 2) el deseo de compañerismo, y 3) el deseo de realizarse.

El deseo de lograr éxito y recompensa

¿Deben tener alguna participación los deseos de lograr éxito y satisfacción personal en nuestra motivación hacia el evangelismo? ¡Por supuesto que sí! Pero debemos enfocar esos deseos sobre los objetivos correctos. ¿Es incorrecto acaso anhelar las recompensas eternas que Dios de manera tan amorosa ha preparado para nosotros? ¡Claro que no! Esto no es falta de espiritualidad. Al contrario, le satisface a Dios (1 Corintios 3:8, 9).

Una parte de la recompensa del evangelismo la hallamos en el gozo de servir a Dios en el presente, pero la mayor parte la recibiremos en el futuro, convertida en riquezas eternas en el cielo. Experimentamos el gozo de la cosecha cuando la semilla que hemos sembrado lleva fruto en las vidas. Conducir a una persona a Cristo nos da una gran felicidad. Imagínese cuál será nuestro gozo en el cielo cuando alguien nos diga: "Estoy aquí porque usted me habló de Jesús." Cuando el evangelismo nos exige abnegación y sacrificio, podemos hallar fortaleza como lo hizo Jesús, mirando el gozo que nos espera en el cielo. (Lea Hebreos 12:2; Mateo 6:20, Daniel 12:3.)

El triunfo de la causa a la cual hemos dedicado nuestra vida nos llena de gozo. Este es el éxito por el cual nos afanamos. Trabajamos juntos y oramos los unos por los otros como miembros del cuerpo de Cristo, y de este modo, cada victoria en cualquier parte del mundo es nuestra propia victoria. Podemos regocijarnos con el éxito de otros obreros cristianos sin sentir envidia. Cuando Dios bendice los esfuerzos nuestros, ¡qué felicidad! Pero esto es solamente saborear apenas una pequeña parte de la plena satisfacción que tendremos cuando Cristo establezca su Reino sobre la tierra. Eso es algo por lo cual vale la pena trabajar, esperar, vivir y morir, ¡y en un día cercano ha de venir!

El deseo de compañerismo

Deseamos estar con las personas a quienes amamos. Esta es una motivación de tres vías para el evangelismo. Deseamos estar seguros

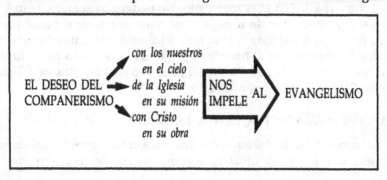

de que nuestros seres amados estarán con nosotros en el cielo. Queremos tomar parte en la obra evangelística de la Iglesia porque hay verdadero gozo en trabajar unidamente y compartir las bendiciones. Además, anhelamos ese compañerismo especial con Cristo mientras nos lleva consigo a lo largo de la senda que El recorre en busca de sus ovejas perdidas.

El deseo de realizarse

Todo lo que vive siente el impulso de realizar su razón de ser en la vida. La gran frustración de esta generación es que no puede hallar su razón de ser. Sin una razón de ser, millares de personas llegan a la conclusión de que no vale la pena vivir. La frustración al no poder seguir ese impulso de autorrealización es, según las estadísticas, una de las causas principales del suicidio. Gracias a Dios, nosotros hemos hallado la razón de ser de nuestra vida. Hallamos satisfacción haciendo aquello para lo cual Dios nos ha creado. Lea Efesios 2:10.

Una de las leyes de la vida es la autoexpresión. La vida contenida dentro de una semilla prorrumpe y se expresa en raíces y tallo. Crece, florece, y se reproduce conforme a las leyes de su propia naturaleza. Del mismo modo, cuando la vida vibrante de Cristo brota a través de nosotros, encuentra modos de expresarse conforme a su naturaleza, a su amor. Jesús nos ha llamado luz, sal, pámpanos de vid y ovejas suyas. A la luz no se le impide que brille. La sal sazona los alimentos. Los pámpanos de la vid llevan fruto. La oveja produce corderos. Asimismo, la vida de Cristo en nosotros brilla, sazona, lleva fruto y reproduce. El amor de Dios en nuestra nueva naturaleza se expresará y ganará a otros para Cristo.

Podemos dirigir nuestro deseo de autorrealización hacia el establecimiento de un pequeño reino nuestro en la Iglesia o, en sociedad con Dios, hacia la edificación del Reino de Cristo. Esto depende de si expresamos nuestra vieja naturaleza o la nueva naturaleza de Cristo en nosotros.

Dios nos ha dado muchos talentos diferentes. Más tarde estudiaremos cómo usarlos en el evangelismo. No podemos esperar que todos hagan la misma clase de trabajo. Dios tiene una tarea especial para cada uno. Hay lugar para usar todos los talentos que El nos da para su gloria. Descubriremos al hacerlo la profunda satisfacción de realizarnos, de llegar a ser lo que Dios tenía planeado para nuestra vida (Juan 10:10; Efesios 2:10; Filipenses 2:13).

LA CONSAGRACION QUE DA EL AMOR

Ya hemos hablado del amor que nos hace entregarnos a Dios de tal manera que El pueda utilizarnos como quiera. Se trata en primer lugar del amor a Dios, y después del amor por los perdidos, por la Iglesia y por la causa de Cristo. Mientras más fuerte sea este amor, más desearemos trabajar fielmente en el evangelismo.

Millares de personas llegaron a Cristo a través de la predicación de Carlos H. Spurgeon. ¿Por qué? En parte debido a que los miembros de la iglesia que él pastoreaba se entregaron ellos mismos a la obra del evangelismo. En *Every Member Evangelism* (El evangelismo de todos los miembros) leemos:

> Una vez al año, durante muchos años, tres mil o más de sus miembros pasaban al frente en un culto de la iglesia y, en un compromiso muy solemne, le daban la mano en señal de que por un año más se entregarían a la obra de llevar a Cristo a los perdidos. El resultado fue que Spurgeon jamás se paraba a predicar sin mirar los rostros de veintenas de personas inconversas a las cuales sus miembros les habían estado testificando de Cristo en sus propios hogares. (Autor, J. E. Conant. Nueva York: Harper and Brothers, 1922, páginas 11-112).

Su dedicación nos recuerda que no basta con saber simplemente qué debemos hacer y por qué debemos hacerlo. Ni siquiera es suficiente que deseemos hacerlo, que estemos motivados en alto grado. Debemos estar consagrados, dedicados a Dios y a la obra para la cual El nos ha escogido, resueltos a hacerla de la manera en que debe ser hecha.

La dedicación al evangelismo, pues, comienza con un paso definido de entrega a Dios, dejándole obrar por medio de nosotros como El quiera. Esa consagración puede reafirmarse de varias maneras: públicamente, como en la iglesia de Spurgeon, o bien privadamente, para hacer una tarea especial, diariamente, o al sentir la necesidad de hacerlo.

El ama de casa de Lucas 15 nos enseña algo en lo referente a la dedicación a la obra. No se contentó con sentarse a llorar porque había perdido su moneda. Decidió hacer algo al respecto y se puso a trabajar de acuerdo a un plan de acción definido. Pudo haber recorrido la casa, solamente mirando, o buscando la moneda a tientas y de rodillas. En cambio, hizo uso de lo que tenía para hacer el trabajo en mejor forma. Encendió una lámpara para ver mejor. Usó una escoba para aumentar su alcance hasta debajo de los muebles y en todos los rincones.

Las escobas varían, según el lugar y la tarea, desde un manojo de ramas hasta las enormes escobas de los camiones que barren las calles de la ciudad. Los métodos y medios del evangelismo también varían. Dios espera que usemos los talentos naturales que El nos ha dado, y desea obrar a través de nosotros con los dones sobrenaturales del Espíritu Santo. Podemos predicar, enseñar y testificar a la gente que nos rodea. También podemos extender nuestro alcance por medio de literatura, radio, televisión o cursos por correspondencia; enviando misioneros a lugares a donde no podemos ir, y orando por la obra de Dios y sus obreros en todas partes del mundo. ¿Quién sabe qué ministerio Dios le dará a usted algún día? Mientras tanto, en mi oración le pido a Dios que use estas lecciones para ayudarle a usar bien la escoba que Él ya le ha dado.

La acción de barrer no tiene nada de elegante. Es un trabajo sencillo y duro. Algunas personas tienen la idea que barrer es algo indigno de su posición en la vida, pero es un trabajo imprescindible. También buena parte del trabajo de evangelismo es burdo y duro. Dios no está buscando gente floja para usarla en su servicio. Está llamando gente trabajadora. Lea 2 Timoteo 4:5.

Hay ciertas palabras en Lucas 15:8, que nos señalan cómo debemos hacer la parte que nos corresponde en el evangelismo. *Busca con diligencia* nos habla del *esmero* con que la mujer realizaba el trabajo. *Hasta encontrarla* nos habla de su *perseverancia*. La dedicación no solamente nos pone a trabajar, sino que nos hace seguir entregando a la tarea nuestros mejores esfuerzos, hasta lograr el éxito.

Finalmente, nuestra dedicación a cualquier tarea y lo bien que la hagamos dependen de la importancia que creamos que tiene. La persona que trabaja en una fábrica de aviones, probablemente lo hará con más cuidado si sabe que la seguridad del avión puede depender de la pieza que está haciendo. El campesino cultiva su siembra con mayor cuidado cuando sabe que la vida de su familia depende de ella. A nosotros y a otros que se hallan en el evangelismo, nos estimula el reconocimiento de lo importante que es el trabajo que Dios nos ha encomendado.

| LA IMPORTANCIA DE NUESTRO TRABAJO | ■ *Somos socios de Dios en él.*
■ *El destino eterno de muchas personas depende de cómo lo hagamos.*
■ *Nos queda poco tiempo para trabajar.* |

Nuestra obra en el evangelismo es importante, no obstante lo insignificante que pueda parecer, puesto que es la tarea que Dios nos ha asignado. Somos socios de Dios en su obra. El cuenta con que nosotros haremos nuestra parte del trabajo y El hará la suya. Esto es lo que nos anima a seguir trabajando aun cuando nos sintamos cansados y desalentados. El trabajo que Dios nos ha encomendado constituye una parte vital de su gran plan, de modo que El nos ayudará a hacerlo bien.

La salvación eterna de algunas personas depende de la fidelidad con que usted haga su trabajo. No podemos alcanzarlas a todas, pero podemos alcanzar a algunas. No todas aceptarán a Cristo, pero lo harán algunas si nosotros hacemos la parte que nos corresponde. El lugar en que pasen la eternidad dependerá de nuestras oraciones, testimonio, ayuda, y acción conjunta con Dios y con la Iglesia en el evangelismo.

La obra que hacemos cada día es importante, porque es posible que ya nos quede poco tiempo para trabajar. El campesino en la plena cosecha del trigo mira las nubes densas y oscuras en el cielo y se apura a trabajar lo más rápido posible. Debe recoger el grano maduro antes de que se desate la tormenta. Si no lo hace, éste quedará desparramado por el suelo y se perderá. El se siente agotado, pero sigue trabajando. Deja de hacerlo únicamente cuando ha terminado la tarea o cuando la tormenta le obliga a abandonar el campo.

Estamos en tiempos de cosecha. Jamás han estado los campos más en sazón; jamás la gente ha sido más receptiva al Evangelio. Dios está llamando a toda la Iglesia a dejar de lado todos los demás intereses; a olvidar la comodidad y la seguridad, salir al campo y cosechar el grano antes de que se pierda para siempre. El tiempo se acaba, tanto para los obreros como para los inconversos. ¿Cuánto tiempo nos queda para trabajar? ¿Un año? ¿Diez? ¿Seis meses? ¿Solamente hoy? ¿Quién lo sabe?

De modo que hacemos lo mejor que podemos cada día, contentos con tener parte en la gran cosecha de Dios. ¿Cansados? Bastará una sola hora en el cielo para compensar todo el cansancio. Algún día veremos el rostro del Señor y lo escucharemos decir: — ¡Bien hecho! Ahora tu trabajo está terminado. Ven a casa. — Hasta entonces, hemos de seguir trabajando. ¡Sabemos lo importante que es nuestra labor!

REPASO Y APLICACION PERSONAL

1 ¿Cuáles de estas actitudes hacia Dios tiene usted como resultado de su amor por El? Sumisión, alabanza, obediencia, gratitud, adoración, confianza, deseo de agradarle, gozo en trabajar con El.

2 Nombre cinco actitudes o acciones del amor hacia los perdidos que aparecen en Lucas 15 y nos sirven de ejemplo.

3a ¿Cuál era la actitud de los fariseos, representados por el hermano mayor de Lucas 15, hacia los pecadores?
b ¿Ha visto usted esta actitud alguna vez en los cristianos?

4 ¿Qué actitudes produce en nosotros el amor hacia estas personas de la Iglesia?
a Cristianos activos, obreros.
b Personas inconversas.
c Nuevos convertidos.

5 Califíquese como bueno, regular o débil en estas actitudes hacia sí mismo y su ministerio y ore acerca de sus debilidades: Autoaceptación, entusiasmo, humildad.

6 Lea 1 Corintios 3:5-9.
a ¿Cuál era más importante, la obra de Pablo o la de Apolos?
b ¿Por qué no tenían razón de enorgullecerse?
c Explique por qué no tenemos razón para enorgullecernos si muchas personas se convierten bajo nuestro ministerio.

7 ¿Cuáles son nuestras motivaciones hacia el evangelismo?

8 De los motivos que nos impelen al evangelismo, nombre tres relacionados con nuestro amor a Dios. Califíquese con respecto a ellos como fuerte, regular o débil.

9 Nombre dos motivaciones hacia el evangelismo relacionadas con nuestro amor por la gente. ¿Cultiva usted estos deseos?

10 ¿Cómo se relacionan Juan 14:6 y Hechos 4:12 con nuestras motivaciones hacia el evangelismo?

11 En nuestro ministerio, ¿qué debemos hacer con nuestro fuerte deseo natural por tener éxito y recompensa por nuestros esfuerzos? Explique su respuesta.

12 Según Hebreos 12:2, ¿cómo trató Jesús en el Calvario su deseo natural de éxito y recompensa?

13 Algunos piensan que los cantos acerca de nuestra recompensa en el cielo son poco espirituales. ¿Qué cree usted?

14 Nombre tres maneras en que el deseo del compañerismo puede ser buena motivación para el evangelismo.

15 ¿Qué tiene que ver el deseo de autorrealización con nuestro trabajo en el evangelismo?

16 ¿Por qué es tan importante el amor en nuestra motivación hacia el evangelismo?

17 ¿Después de estar motivados hacia el evangelismo, ¿qué paso debemos dar?

18a ¿A qué se atribuyen en parte el gran número de conversiones que hubo en la iglesia de C. H. Spurgeon?
b ¿De qué manera se consagraban a esta obra sus miembros?

c ¿De qué otra manera se puede hacer o reafirmar un acto de dedicación?

19 Nombre algunas de las "escobas" que usamos para extender nuestro alcance en el evangelismo.

20 ¿Qué efecto tiene en un trabajador el conocer el valor de su trabajo?

21 Cite tres razones que dan gran importancia a nuestro trabajo en el evangelismo.

22 Marque con una X lo que está dispuesto a hacer de buena voluntad para llevar el Evangelio a un campo nuevo donde el Señor le mande.
— Trabajar para sostenerse
— Visitar los hogares
— Predicar
— Testificar
— Construir bancas
— Limpiar la iglesia
— Ayudar y enseñar a los nuevos convertidos

— Enseñar
— Cantar
— Orar
— Sufrir

23 ¿Cuáles palabras de Lucas 15:8 le impresionan respecto de la manera en que Dios quiere que hagamos el evangelismo?

24 Califíquese (bueno, regular o débil) en estos puntos de su evangelismo y ore al respecto.
— Trabajar alegremente, recordando que es para Cristo.
— Orar creyendo que Dios le dará los resultados de su trabajo.
— Permitir que Dios le dirija y obre a través de usted.
— Usar correctamente los deseos naturales en su motivación.
— Hacerlo todo con amor.
— Trabajar sistemáticamente.
— Usar sus talentos para Dios.
— Usar los medios disponibles.
— Cooperar bien con los demás.
— Ser constante.

El Espíritu
y la Palabra

Ayudándoles el Señor y confirmando la palabra. **Marcos 16:20**

BOSQUEJO

El Espíritu obra por la Palabra
  Revelación de Dios
  Herramienta del evangelismo
El Espíritu obra por medio de nosotros
  Poder para ser testigos
  Fruto espiritual
  Dones espirituales

ESTE CAPITULO LE AYUDARA

- A apreciar más profundamente las maneras en que el Espíritu Santo usa la Palabra de Dios.
- A dar a la Biblia el lugar que ella debe tener en su vida y en su ministerio.
- A abrir su vida más libremente al Espíritu Santo para que El obre a través de usted y le use en el evangelismo.

EL ESPIRITU OBRA POR MEDIO DE LA PALABRA

Dios se compara a sí mismo y a su Palabra — La Santa Biblia — con la luz. Esto nos hace recordar de nuevo a la mujer y la moneda perdida. ¡Qué cuadro del evangelismo! La casa está oscura. La moneda está en algún lugar, pero perdida. La mujer no comienza a buscarla a tientas en la oscuridad. ¿Qué es lo primero que hace? Enciende la lámpara (Lucas 15:8).

Las monedas que buscamos, estampadas con la imagen de quien las creó, y más valiosas que todo el oro de la tierra, yacen en un mundo oscuro, muy oscuro. Unos conceptos falsos de la vida han lanzado su sombra sobre toda la raza humana. La duda, la incredulidad y el pecado han sumido al mundo en la oscuridad espiritual. El ateísmo, el egoísmo, los odios, las dudas y el temor acentúan las tinieblas y las convierten en desesperación. Nuestra propia sabiduría no puede penetrar hasta los oscuros escondrijos de un alma perdida y guiarla a Dios. Es imprescindible que tengamos luz: la luz del Espíritu y de la Palabra. ¡La Iglesia debe encender su lámpara!

Revelación de Dios

Dios nos ha elegido para llevar su Palabra a otros porque desea revelárseles a través de ella. Pensemos en cada cristiano como una lámpara que se enciende para ser usada en el evangelismo. Piense en la luz eléctrica. Dios es la fuente de poder. Así como la electricidad fluye a través de dos alambres y produce luz, Dios derrama su poder en nosotros a través de dos canales — su Espíritu y su Palabra — y nos llena de luz. La Palabra no es suficiente por sí misma. Tampoco lo es el Espíritu. Es la combinación del Espíritu y la Palabra lo que hace que la luz del Evangelio brille a través de nosotros cuando nos entregamos a Dios en el evangelismo. (Lea Mateo 5:14, 16; Salmo 18:28; 119:130; 2 Corintios 4:6.)

El Espíritu Santo le habla al hombre por medio de la Palabra. El fue quien inspiró a los autores humanos para que escribieran su mensaje, tanto para ellos mismos como para nosotros, en la Santa Biblia. Nuestra principal responsabilidad en el evangelismo es llevar el mensaje de Dios a los demás y ayudarles a escuchar y obedecer su voz. El Espíritu Santo opera mediante la Palabra para transformar vidas y convertir en santos a los pecadores.

Sin embargo, la revelación general de la verdad del Evangelio no basta. La aplicación de la verdad a nuestras propias circunstancias es lo que nos mueve a la acción. Por ejemplo, alguien nos dice: — Es muy peligroso quedarse en una casa en llamas. — Es verdad, y es muy importante saberlo. Puede que usted lo necesite algún día. Sin embargo, ¡qué diferente es cuando alguien le grita —: ¡Salgamos de aquí! ¡Se quema la casa! — y le muestra el humo y las llamas. ¿Qué sucede entonces? ¡Usted corre para salvar la vida! La verdad ha sido aplicada a su persona. Usted ha visto su necesidad de salvarse y ha actuado en conformidad con ella.

La predicación sobre el pecado y la salvación en terminos generales no es suficiente. Dios nos llama a aplicar las verdades de su Palabra a la realidad de las personas. Debemos demostrarles la necesidad que tienen, hacerles saber que Dios les ama para que dejen de huir de El, y señalarles a Jesús como su Salvador. Debemos mostrarles la solución que Dios tiene en la Biblia para sus problemas personales.

Ahora bien, ¿cómo podemos saber cuáles son sus necesidades y problemas? Unicamente Dios sabe lo que cada uno necesita y cuáles son las palabras de las Escrituras que son apropiadas para su necesidad. Este es el motivo de que no haya fórmulas fijas que memorizar en el evangelismo, ni existan respuestas garantizadas para cada pregunta. No se puede oprimir un botón para conseguir el versículo adecuado que se debe citar. No hay un consejo uniforme o universal que siempre produzca los resultados apetecidos. Tenemos que depender de la dirección divina para tratar acertadamente los problemas.

Las necesidades espirituales de cada uno son tan complejas, que el Espíritu Santo en persona se encarga de ellas. El nos dirige en la elección del mensaje de la Palabra, y a menudo mientras hablamos nos da nuevos pensamientos y textos bíblicos que no habíamos pensado utilizar. El ayuda a las personas a comprender la verdad y la aplica a sus propias necesidades interiores. El les da fe para creer y aceptar la verdad y actuar de acuerdo con ella. Luego les da la seguridad de que la promesa ha sido cumplida: Cristo ha perdonado sus pecados, su culpa ha desaparecido y son hijos de Dios (Romanos 8:14-16). El poder del Evangelio es el Espíritu aplicando la Palabra, revelando a Cristo y transformando a las personas. Cuando un ser humano acepta la verdad, ésta lo libra del poder de las falsas creencias y hace posible que llegue a conocer a Cristo y lo siga.

EL ESPIRITU SANTO

Inspiró toda
Revela a Dios por
Da comprensión de
Guía a los pasajes apropiados en
Al problema particular le aplica
Da fe para creer
Guía a las personas a Cristo por
Limpia y transforma las vidas por

La Santa Biblia

Los creyentes necesitamos conocer las verdades que Dios ha revelado, de modo que podamos compartirlas con otros. No tenemos comprensión automática de todo lo que leemos en la Biblia. Hay otras personas en la Iglesia que nos ayudan a aprender sus verdades, y el Espíritu Santo nos habla mediante su Palabra para aclararnos su significado. Cuando usted lea la Biblia con oración, la estudia, memoriza versículos, espere que Dios le hable a través de ella. El le hará comprender las verdades que usted necesita para su vida espiritual y le grabará en la mente el mensaje que debe compartir con los demás.

El Espíritu Santo ha venido a revelar a Cristo al hombre. Los pecadores necesitan tener un encuentro con el Salvador. No basta con saber detalles acerca de El: hace falta conocerlo personalmente. No es la simple aceptación de la verdad histórica respecto de la vida, muerte y resurrección de Jesús lo que salva: la persona debe rendirse al Cristo viviente. Debemos presentarlo en el poder del Espíritu Santo de tal modo que los hombres puedan confiar en El como Salvador y servirle como Señor. Memorice Juan 17:3.

La revelación de Cristo viene de varias maneras. Muy a menudo es sencillamente una sensación de su presencia, invisible pero real. Frecuentemente se manifiesta cuando el Espíritu habla a una persona mediante su Palabra. Sin embargo, a veces un pecador se arrepiente, confiesa sus pecados y acepta por fe el perdón que Cristo le ofrece sin sentir de manera especial que Jesús está allí mismo con él. A veces la revelación se presenta cuando uno ve el poder de Cristo demostrado en la respuesta a la oración. También otras veces el Espíritu usa visiones o sueños, como en los tiempos bíblicos, para revelar a Dios. De la forma que sea, El hace fielmente su obra.

Herramienta del evangelismo

Para tener un evangelismo dinámico debemos creer la Palabra de Dios, experimentar su poder y transmitir su mensaje. El mejor vendedor es el que está totalmente convencido del valor del producto que vende. La duda respecto de la inspiración y aplicabilidad de la Biblia ha despojado a muchos predicadores del poder espiritual. En cambio, experimentaremos poder en nuestro ministerio si éste está fundamentado en la autoridad de la Palabra inspirada de Dios y si confiamos en que el Espíritu operará mediante esa Palabra.

Dios tiene la solución al problema de la incredulidad. Su Espíritu opera a través de la Palabra para producir fe. Mientras más leamos y meditamos en lo que Dios ha dicho y hecho, mayor fe tendremos para proclamar su Palabra con una autoridad que les inspire fe a los demás. Si deseamos que otros acudan a Dios en fe, debemos darles la Palabra de Dios como base para su fe. Esto es cierto no solamente en cuanto a la salvación, sino también en cuanto al crecimiento espiritual.

La fe en la Palabra fue en parte el secreto del poder que tenían los apóstoles. Esa fe en el poder del Evangelio los impulsó a compartirlo con los demás, aun a costa de su propia vida (2 Pedro 1:19-21; Romanos 1:14-16; Hechos 15:35, 36).

El campesino siembra la semilla, porque tiene fe en que producirá una cosecha. Nosotros vamos a sembrar la Palabra en la mente de la gente. El Espíritu de Dios la hará germinar, echar raíz y crecer hasta que produzca una cosecha en su vida (Isaías 55:10, 11).

Puesto que nuestra herramienta básica para el evangelismo es la Biblia, forma parte de nuestra labor hacer que la gente la lea o la escuche, de modo que pueda creer en el Señor Jesús y ser salva. Imprimimos y vendemos Biblias y porciones bíblicas. Ponemos textos bíblicos en letreros y lugares para anuncios en autobuses, tranvías, trenes, y otros lugares públicos. Leemos la Biblia en la iglesia, por la radio y la televisión; en grupos de estudio entre vecinos, y particularmente en el hogar. Citamos textos bíblicos en nuestros testimonios, en el evangelismo personal y en nuestras cartas. Celebramos también cruzadas nacionales en las cuales muchas iglesias y aun creyentes de otros países trabajan unidamente para poner una porción de la Biblia en cada hogar del país.

¿Conoce usted a alguien que se haya convertido simplemente por leer la Biblia? Existen casos así. Algunos de estos nuevos convertidos, que viven en zonas no evangelizadas, han compartido las buenas nuevas con sus vecinos, dando como resultado que ha surgido allí una nueva iglesia. Sin embargo, la mayor parte de las personas son semejantes a cierto alto funcionario del gobierno de Etiopía. Este se hallaba leyendo la Biblia cuando Felipe el evangelista le preguntó: "Entiendes lo que lees?" El dijo: "Y cómo podré si alguno no me enseñare?" Así fue como Felipe pudo explicarle el pasaje bíblico, contestar su preguntas y conducirlo a Cristo (Hechos 8:26-40).

El mismo Espíritu que hizo los arreglos para que Felipe llegase allí en ese momento también había dirigido al oficial del gobierno para que estuviese leyendo una profecía referente a Jesús. Los dirigía tanto en la pregunta como en la respuesta. Sin embargo, parte de la respuesta de Felipe dependía del conocimiento que él tenía de las Escrituras y su cumplimiento.

Si deseamos que Dios les hable a otros por medio de la Biblia, debemos presentársela en un lenguaje que puedan comprender. Las sociedades bíblicas han traducido e impreso la Biblia o porciones de ella en unos 1800 idiomas diferentes, pero el lenguaje va cambiando de una generación a otra. Se hacen nuevas traducciones de la Biblia de modo que podamos comprederla mejor. Muchos de nosotros estamos acostumbrados a las traducciones más antiguas (tales como la Reina-Valera) y sentimos un gran aprecio por ellas, pero aquellos que no han crecido en la Iglesia encuentran dificultad en comprender el lenguaje antiguo. Por eso es recomendable usar con ellos una traducción más reciente o la revisión de 1960 de la versión Reina-

Valera (la versión que usamos en este libro).

Como puede ver, nuestro conocimiento de la Biblia es una parte importante de nuestro equipo para el evangelismo. Esa es una razón por la cual la estudiamos diariamente. También a eso se debe que tengamos tantas citas bíblicas en este libro. Le sugiero que lea en su Biblia los pasajes citados. El Espíritu puede aplicarlos a su vida y mostrarle nuevas verdades en ellos mientras lee. Cristo prometió que el Espíritu enseñaría a sus seguidores y les recordaría lo que El les había dicho (Juan 14:26; 16:13, 14). Esta promesa se cumplió en parte cuando el Espíritu inspiró a los escritores del Nuevo Testamento en lo que escribieron respecto de Jesús, pero sigue cumpliéndose cuando nos trae a la mente el texto apropiado a la necesidad del momento. Mientras mejor conozcamos la Biblia, más fácil será que esto suceda. Este libro se ha escrito para ayudarle a usar la Biblia en su evangelismo. El Espíritu hablará a las almas por medio de ella.

EL ESPIRITU OBRA POR MEDIO DE NOSOTROS

El Espíritu Santo no obra solamente por medio de la Palabra, sino también a través de nosotros. Ya hemos hablado de esto. Miremos ahora más de cerca cómo lo hace. Nos da 1) poder para ser testigos, 2) fruto espiritual, y 3) dones espirituales.

Poder para ser testigos

Jesús sabía que sus seguidores no podrían hacer la obra de evangelismo solos. ¿Por qué? Porque el evangelismo es Dios mismo obrando a través de su pueblo para dar a los pecadores las buenas noticias de la salvación. Es Dios derramando su amor, contestando la oración, mostrando a la gente que el Evangelio es la verdad. Es Dios dando a los pecadores fe para creer y la disposición necesaria para arrepentirse. Es Dios penetrando a la vida de un pecador en el nuevo nacimiento y haciéndolo hijo suyo. Por lo tanto, Jesús les mandó a sus seguidores que no se lanzaran a un programa de evangelismo por sí mismos, sino que esperaran hasta ser investidos con el Espíritu Santo (Lucas 24:49).

Jesús tiene su manera de convertir a los creyentes comunes en testigos llenos de eficacia. Los bautiza con el Espíritu Santo y fuego, tal como Juan el Bautista anunció que haría (Mateo 3:11). Jesús desea sumergirnos en su Espíritu, saturarnos completamente de El. ¡Oh, que venga un bautismo de fuego sobre toda la Iglesia para que vaya al mundo inflamada por Dios! Eso fue lo que sucedió en el día de Pentecostés y está sucediendo en muchas iglesias hoy. Aquellos que aceptan la promesa de Dios en Hechos 1:8, la ven cumplirse.

La profecía de Juan, la promesa de Jesús, y el hermoso simbolismo del Antiguo Testamento fueron cumplidos en Pentecostés. El fuego del cielo que consumió los sacrificios en la dedicación del tabernáculo

El os bautizará con el Espíritu Santo y fuego Mateo 3:11

descendió ahora sobre cada uno de los creyentes (Levítico 9:24; Hechos 2:1-4). Cada uno de ellos era un sacrificio vivo que habría de consumirse para la gloria de Dios. La columna de fuego que alumbró y guió a Israel a través del desierto tocaba ahora a cada creyente para iluminarlo y guiarlo (Exodo 13:21, 22). Una vez llenos del Espíritu, cada uno de ellos se convirtió en una zarza ardiente que atraía a muchos a ver el milagro y escuchar la voz de Dios (Exodo 3:1-10). Un gran número de personas procedentes de unos catorce países o provincias se asombraron al oír en su propio idioma las maravillas de Dios expresadas por unos sencillos galileos (Hechos 2:7-12).

No dejemos que se nos escape el significado de lo que les ocurrió a los 120 en el día de Pentecostés. Ellos esperaban que el Espíritu Santo los convirtiera en testigos de Jesús. ¡Y así sucedió! Ya no tenían que depender de su propia educación, elocuencia o poder de persuasión. Sólo tenían que permitirle al Espíritu Santo que les diera lo que debían decir. El habló a través de ellos con poder sobrenatural. El quitó las barreras que impedían la comunicación. El escogió el mensaje y las palabras que cada oyente necesitaba y podía entender.

El milagro de Pentecostés va mucho más allá de la experiencia inicial de alabar a Dios en lenguas desconocidas para los 120. Ellos entraron en una nueva dimensión de vida y servicio cristiano. Le permitían a Dios tomar el control de lo que decían y hacían. El les daba las palabras apropiadas en su propio idioma. Llenos del Espíritu Santo, predicaban, enseñaban, oraban y testificaban con valor, fe, sabiduría y poder que no eran suyos.

Fíjese en la experiencia de Pedro. El temor le había hecho negar que conocía a Jesús. ¿Qué clase de testigo podía ser? ¿Se ha sentido usted como Pedro alguna vez, temeroso de hablar de Jesús por miedo de que alguien se ría o lo persiga? Pues Pedro, después de ser lleno del Espíritu Santo, le predicó al mismo pueblo que había llevado a Jesús a la muerte. Tenía un mensaje de Dios y el valor para entregarlo. Como resultado, más de 3.000 personas aceptaron a Jesús como su Salvador en el día de Pentecostés. ¡No es de maravillarse que hablemos del poder pentecostal! Necesitamos más de él hoy.

La experiencia pentecostal no les dio automáticamente a los cristianos toda la valentía que necesitarían en el futuro, pero les hizo ver cómo podrían hallar el poder que necesitaban para cada circunstancia. Comenzó la persecución. Recibieron órdenes de no hablar más de Jesús. Sintieron miedo, pero cuando oraron, Dios los llenó de nuevo con su Espíritu y poder para testificar (Hechos 4:29-31).

¿Tiembla usted de temor cuando va a predicar o testificar? ¡Así le pasó al gran apóstol Pablo en Corinto! Esto sólo sirvió para que dependiera más del Espíritu (1 Corintios 2:1-5). ¡Anímese: el poder de Dios se perfecciona en la debilidad! (Vea 2 Corintios 12:9.)

> *Uno de los placeres que produce la predicación del Evangelio es el de experimentar el poder divino: la convicción de que el Espíritu Santo está operando dentro de nosotros y a través de nosotros. Este poder divino es contagioso por su propia naturaleza. Rebosa y alcanza al auditorio, y la gente es atraída poderosamente a Dios. Es una evidencia moderna y concreta de que Dios no ha cambiado.*
>
> *— Billy Graham en el mensaje radial "Una religión de fuego," derechos reservados en 1953 por la Asociación Evangelística Billy Graham.*

Fruto espiritual

El Espíritu Santo opera a través de lo que *decimos* y lo que *somos* para convencer a la gente de la verdad del Evangelio. ¿Qué pensaría usted de un vendedor de jabón que anduviese con la ropa sucia y las manos mugrientas? ¿Compraría usted su jabón? ¿Y qué pensaría de alguien que le hable de la nueva vida que da Cristo, pero cuya propia vida sea egocéntrica y pecaminosa? El mundo debe ver el poder del Evangelio en nuestra vida antes de que se decida a aceptarlo. No solamente debemos testificar. También debemos *ser* testigos.

Del mismo modo que el fruto de un árbol prueba la clase de árbol que es, así nuestras acciones deben probar la realidad de la presencia y el amor de Dios en nosotros. Por esa razón somos puestos a prueba con frecuencia. Muchas personas, después de su conversión, han contado cómo solían tentar deliberadamente a un amigo cristiano o tratar de hacer que se enojara. Deseaban saber si lo que él decía respecto del poder de Dios era cierto. ¡Gracias a Dios que su Espíritu produce en nosotros el amor y la paciencia que soportan la prueba!

Así cumplimos otra parte de nuestra comisión: la de llevar fruto (Juan 15:16).

El fruto es la expresión natural de la clase de vida que tiene el árbol. El Espíritu de Dios en nosotros produce el fruto que proviene de su naturaleza: el amor. Pablo menciona nueve manifestaciones de esta nueva naturaleza en nosotros y las llama "el fruto del Espíritu", es decir, aquello que produce el Espíritu. No podemos producirlo nosotros mismos, pero podemos cooperar con el Espíritu y cultivar estas características permitiendo que El nos controle o dirija en todo cuanto hacemos.

Por favor lea ahora Gálatas 5:22, 23, 25. ¿Ha conocido alguna vez a alguien tan lleno de estas cualidades, que se sentía la presencia de Dios cuando entraba en la habitación? El gran evangelista Carlos Finney era un ejemplo de lo que hemos estudiado acerca del amor de Dios en las actitudes de la persona, atrayendo a otros hacia Cristo. Leemos que en cierta ocasión visitó una fábrica. Varios obreros se sintieron profundamente conmovidos mientras él pasaba por el taller observando la maquinaria. En breve, muchos rompieron a llorar. El dueño paralizó las actividades con el fin de que los obreros pudiesen "atender asuntos de religión". La obra que el Espíritu de Dios comenzó entre ellos aquel día continuó hasta que al cabo de pocas semanas casi todos los obreros de la fábrica se habían convertido.

Jesús vive en usted mediante su Espíritu. Los demás se convencen de la realidad y poder de Dios cuando ven la luz de su bondad, gozo y amor en usted. Esto hace que deseen tener a Dios en su vida también. Un hombre lo expresó así respecto de un amigo creyente: "No sé qué es lo que le hace diferente al resto de nosotros, pero sea lo que fuere, quiero tenerlo."

Dones espirituales

El Espíritu Santo, al obrar mediante la vida y el ministerio nuestro, nos equipa con ciertos dones o capacidades. De este modo, cada persona puede hacer el trabajo que Dios desea que haga. Además de las capacidades que consideramos naturales, Pablo menciona nueve dones sobrenaturales en 1 Corintios 12. Tal vez usted los haya oído llamar *carismas*, palabra griega que significa "don". De esta palabra toma su nombre el *movimiento carismático*, que comprende al creciente número de creyentes y de iglesias que aceptan hoy el poder sobrenatural del Espíritu Santo, permitiéndole hacer a través de ellos lo que Pablo describe en 1 Corintios 12.

Debemos recordar una cosa respecto de los dones del Espíritu. No se los da a los creyentes como capacidades que puedan usar por su cuenta. Más bien, son maneras en que El opera a través de ellos.

Lea ahora 1 Corintios 12:1-31. Pablo habla de la Iglesia como el Cuerpo de Cristo. Piense en su cuerpo. ¿Cuántos de sus miembros tienen que cumplir una tarea especial? Ahora, ¿cuántos miembros del Cuerpo de Cristo tienen un trabajo especial que hacer para El? ¿A cuántos, pues, les quiere proporcionar el Espíritu Santo un don o capacidad especial para que cumpla su función?

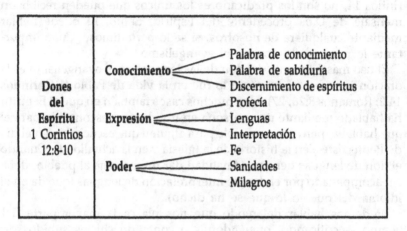

Dones del Espíritu 1 Corintios 12:8-10

Conocimiento — Palabra de conocimiento, Palabra de sabiduría, Discernimiento de espíritus

Expresión — Profecía, Lenguas, Interpretación

Poder — Fe, Sanidades, Milagros

Dones de conocimiento

En el evangelismo recibimos a menudo una palabra de conocimiento de parte del Espíritu cuando nos da una nueva iluminación en cuanto al significado de un pasaje bíblico y nos ayuda a explicarlo y aplicarlo. El pone en nuestra mente una palabra de sabiduría respecto de lo que nosotros u otros debemos hacer frente a las circunstancias. El discernimiento es para ayudarnos a reconocer, resistir y vencer el poder satánico y liberar mediante la oración a la gente que está poseída u oprimida por malos espíritus.

El Espíritu Santo desea dirigirnos y ayudarnos en todos los detalles de la obra que nos encomienda. Con este motivo El llenó a Moisés, a los setenta ancianos, a Josué, a los profetas y aun a Bezaleel, quien necesitaba saber cómo hacer el tabernáculo y todas sus pertenencias (Exodo 31:1-11). Si los constructores del tabernáculo necesitaban ser llenos del Espíritu de Dios con el fin de hacer bien su trabajo, ¡cuánto más lo necesitamos los que trabajamos en la construcción de la Iglesia viviente como templo eterno de Dios!

Dones de expresión

En los tres dones de expresión, el Espíritu Santo le da a la persona el mensaje que debe pronunciar. A través de toda la Biblia vemos el don de profecía. El Espíritu les daba a los profetas los mensajes de

Dios para el pueblo. La profecía no se refiere solamente al futuro. La mayoría de los ejemplos de profecías que aparecen en el Nuevo Testamento son mensajes inspirados por Dios, pero no predicciones. En efecto, la palabra *profecía* se refiere a la predicación inspirada por el Espíritu y también a la expresión extática de un mensaje recibido en ese momento de parte de Dios. Tal como Pablo lo indica en 1 Corintios 14, no son los predicadores los únicos que pueden recibir un mensaje de Dios procedente del Espíritu Santo. El puede hablar mediante cualquiera de nosotros, si se lo permitimos. ¿Cuán importante le parece este don en el evangelismo?

El uso más frecuente del don de las lenguas en el evangelismo es la oración intercesora, tal como lo fue en la vida de Pablo (1 Corintios 14:2; Romanos 8:26, 27). Hay muchos casos también en que el Espíritu ha hablado mediante una persona en un idioma desconocido para el que hablaba, pero comprensible para alguien que escuchaba (en el día de Pentecostés, en la historia de la Iglesia y en la actualidad). Cuando el don de lenguas tiene por finalidad dar un mensaje al pueblo, debe ser acompañado por el don de interpretación de lenguas (que da en el idioma del pueblo lo que se ha dicho).

¿Podemos hablar del modo que nos plazca la mayor parte del tiempo — criticando, quejándonos o contando chistes subidos de tono — y esperar luego que el Espíritu Santo nos use para entregar mensajes de Dios? Mientras más disciplinemos la lengua para agradar a Dios en toda nuestra conversación, más fácil será que El hable a través de nosotros. Mientras más hablemos con El, más fácil nos será hablar de El. ¡Que el Espíritu Santo nos ayude a centrar nuestro pensamiento en las cosas espirituales: Dios, su bondad, su Palabra y su obra! "Porque de la abundancia del corazón habla la boca" (Mateo 12:34).

Confíe en que el Espíritu le dará las palabras apropiadas cuando hable de cosas espirituales. Para tener mayor libertad en hablar de Dios, le sugiero que hable a menudo de las cosas espirituales con otros cristianos, amigos o miembros de su familia. Luego le será más fácil hablar con los pecadores respecto de Dios.

Dones de poder

Los dones de poder — fe, milagros y sanidades — están íntimamente relacionados con la oración. El Espíritu da la fe para orar, creer y recibir lo que parece imposible. El sana cuando los cristianos siguen sus instrucciones y oran por los enfermos. El realiza milagros para convencer a la gente de que el mensaje de Dios es cierto.

A través de toda la historia Dios, ha utilizado las respuestas milagrosas a la oración para convencer a la gente de su amor y de su poder. Los milagros formaron parte del estilo de evangelismo que siguieron el ministerio de Jesús y el de la Iglesia primitiva. El Espíritu obraba por medio de ellos. En su programa de evangelismo mundial se hallan incluidos los milagros (Hechos 10:38; Marcos 16:17). Lo que sucedió en la Iglesia primitiva está sucediendo ahora en muchas partes del mundo, a medida que los creyentes regresan a la fe sencilla del siglo primero, salen a presentar a Cristo en el poder del Espíritu Santo, actúan conforme al mandato de Jesús y confían en su promesa. Sus oraciones son contestadas.

En estos estudios sobre el evangelismo pondremos mucha atención en los métodos y el equipo con que debemos contar para el mismo. Sin embargo, no olvidemos jamás la verdad que enuncia J. E. Conant:

No somos *nosotros* los que ganamos a los perdidos con la *ayuda* de Cristo. Es *Cristo mismo* quien lo hace, empleando la vida y los labios de los discípulos sometidos a El. De modo que no se trata tanto de estar bien o mal equipado, como de que El esté en posesión y control absolutos de todo cuanto tengamos, a través del Espíritu Santo. Cuando éste es quien controla a un cristiano, lo constriñe, impele, impulsa a buscar a los perdidos, con mandato o sin él. Lo verdaderamente esencial, pues, en la obra de ganar almas es ser posesión total mediante la plenitud del Espíritu, de Aquél cuya vida sobre la tierra tuvo como objetivo buscar y salvar a los perdidos (*Every Believer Evangelism*, Nueva York: Harper and Brothers, 1922, página XI).

REPASO Y APLICACION PERSONAL

Después de contestar las preguntas, compare sus respuestas con las que se dan para la lección 3 al final del libro.

1 ¿Cuál de estas clases de predicación o enseñanza piensa usted que será más eficaz en el evangelismo?
a Sus respuestas a las preguntas que hace la gente.
b Las respuestas bíblicas a las preguntas de la gente.
c La dirección del Espíritu para dar respuestas bíblicas a las preguntas que se hacen o que quedan sin expresar.

2 ¿Cómo son movidas la mayoría de las personas a aceptar a Cristo?
a Porque oyen las verdades generales de la Biblia.
b Por la lectura bíblica sin explicaciones.
c Por la aplicación de la verdad bíblica a su vida.
d Por la verdad revelada en sueños o visiones.

3 ¿Alguna vez le ha parecido que el predicador lo conocía a usted por completo y que le

hablaba directamente, aun cuando él no supiera nada de su problema? Explique esto.

4 ¿Conoce un buen pastor las necesidades espirituales de toda su gente? ¿Quién las conoce? Ore para que el Espíritu hable por medio de los pastores que usted conoce.

5 Lea Juan 8:32; 14:6; 17:3. ¿Conoce alguien que acepte que el Evangelio es la verdad, pero no conozca a Cristo personalmente? ¿Qué es lo que falta en tal caso? ¿Qué puede usted hacer al respecto?

6 Lea Juan 14:26; 16:5-15. ¿Cuáles textos hablan de cómo el Espíritu Santo
a nos trae a la mente lo que debemos decir en el evangelismo?
b obra en los pecadores?

7 Nombre cinco cosas que el Espíritu Santo hace o ha hecho con respecto a la Biblia.

8 Según Romanos 1:17; 10:17; 1 Pedro 1:23, ¿por qué es tan importante predicar y enseñar la Palabra y procurar que los inconversos lean la Biblia?

9 Lea Isaías 55:10, 11 varias veces. ¿Cómo puede ayudarle este texto en el evangelismo?

10 ¿Cómo se aplican a su ministerio y a su persona 2 Pedro 1:19, 21; Romanos 1:16; Hechos 15:35? ¿Qué le dice el Señor?

11 ¿Qué es lo que más le impre-

siona respecto a nuestro ministerio en Hechos 8:35?

12 Evalúe su uso de la Biblia escribiendo "F" para indicar que es fuerte, "R" para regular y "D" para débil, según sea el caso en cada punto a evaluar. Recuerde que una "R" o una "D" significan que debe hacer algo concreto y definido para mejorar en ese aspecto.
— Lectura bíblica diaria
— Memorización de textos
— Hallar textos fácilmente
— Gusto en estudio bíblico
— Lectura con meditación
— Lectura con oración
— Uso de la Biblia
— al testificar
— en la predicación
— en la enseñanza
— contra la tentación
— dirigido por el Espíritu
— Distribución de literatura bíblica.
— Fe al sembrar la Palabra
— Promover el estudio bíblico
— Comprensión de la Biblia
— Contestar preguntas sobre la Biblia

13 ¿Qué les ordena Jesús a sus seguidores en Lucas 24:49?

14a En Hechos 1:4, ¿qué les ordenó Jesús a sus discípulos que esperaran?
b ¿Cómo describe Hechos 1:5 este don?
c Cuando esto tuviera lugar, ¿qué sucedería, según Hechos 1:8?

15 ¿Qué diría usted que la Igle-

sia necesita para poder testificar eficazmente? Si aceptamos la misma comisión dada a la Iglesia primitiva, ¿no debiéramos esperar que se ponga a nuestra disposición el mismo poder? Ore sobre el particular.

16 Antes de su conversión, ¿qué efecto tuvo sobre usted la vida de los creyentes?

17 Puesto que la eficacia de nuestro evangelismo depende del fruto del Espíritu en nosotros, le sugiero que se examine en estos puntos. Escriba una "F" para indicar fuerte, "R" por regular, "D" por débil, y "C" por cultivar.

amor __	bondad __
gozo __	fe __
paz __	humildad __
paciencia __	dominio
benignidad __	propio __

18 Nombre los dones de conocimiento mencionados en 1 Corintios 12. ¿Cree usted que el Espíritu Santo se los dará a medida que los necesite en el evangelismo?

19 ¿Cuáles son los dones de expresión? ¿Cuál de éstos preferiría Pablo usar en los cultos públicos?

20 ¿Cuál es el uso principal del don de lenguas en el evangelismo? ¿Por qué es muy útil?

21 Nombre los dones de poder.

22 Lea Marcos 16:20. ¿Ha presenciado alguna vez un milagro en respuesta a la oración? ¿Cómo sucedió? ¿Fortaleció su fe en Dios?

23 Piense en los milagros que aparecen en el Nuevo Testamento. ¿Cree que Dios desea hacer cosas semejantes en su iglesia?

24 Le sugiero que converse y ore con un amigo acerca de los puntos que hemos considerado en este capítulo.

(Compare sus respuestas con las que se dan para el capítulo 3 al final del libro.

El poder de la oración

Orad sin cesar. 1 Tesalonicenses 5:17

BOSQUEJO

¿Qué sucede cuando oramos?
  Dios obra en nosotros
  Dios obra en los demás
  Dios obra en las circunstancias
¿Por qué debemos orar?
  Avivamiento y evangelismo
  Necesidades individuales
  Obreros
¿Cómo debemos orar?
  Hablar con Dios acerca de todo
  Pedir en el nombre de Jesús
  Creer y alabar a Dios
  Ser persistentes
  Orar a solas y con otros
  Dejar que el Espíritu nos ayude

ESTE CAPITULO LE AYUDARA

- A confiar en que Dios obrará en usted, en los demás y en las circunstancias cuando usted ore y le alabe.
- A formar el hábito de orar por las tres necesidades principales del evangelismo.
- A desarrollar un ministerio eficaz de oración y alentar a otros a proceder así al aplicar los seis principios bíblicos.

¿QUE SUCEDE CUANDO ORAMOS?

¡Nadie comprende el misterio de la oración, pero todos podemos dar gracias a Dios por sus efectos! ¿Por qué el Dios todopoderoso quiere darnos así una parte en su obra? ¿Será porque desea que sus hijos compartamos sus intereses y hablemos con El sobre el mejor método de hacer la tarea que nos ha encomendado? ¿Se agrada cuando le damos las gracias por sus respuestas a la oración? ¿O nos hace depender de la oración con el fin de que así lleguemos a conocerlo mejor y amarlo más? ¿Desea nuestro Padre celestial tener esta comunión y compañerismo con sus hijos? ¿Será que nuestro crecimiento y semejanza a El dependen del tiempo que pasemos en su presencia conversando con El?

¿Qué decir además del poder de la oración en nuestra relación con otros? ¿Desea Dios llenarnos de amor hacia nuestros semejantes y para lograrlo nos manda orar por ellos y sus necesidades? ¿Ha hecho que sus hijos dependamos los unos de los otros en la oración para unirnos más firmemente como miembros de su Cuerpo?

¿Será que Dios ha elegido la oración como un medio de demostrar al mundo que El es real y que su Palabra es cierta? ¿Estará buscando maneras de probarnos a todos su amor por medio de las respuestas a la oración? ¿Es ésta la manera en que aumenta nuestra fe y la de los que escuchan lo que decimos respecto de El?

Sea cual fuere la razón, sabemos que Dios obra en nosotros, en los demás y en las circunstancias cuando oramos.

Dios obra en nosotros

A medida que oramos y alabamos a Dios, el Espíritu Santo nos da el amor y la compasión que son esenciales al evangelismo dinámico y eficaz. Una actitud crítica, que nos haga fijarnos mayormente en las faltas de los que deseamos ver salvados, puede ser lo que más les impida aceptar a Cristo. Alabemos a Dios por ellos y por lo que El va a hacer en ellos. La compasión debe tomar el lugar de la crítica. Merlin Carothers nos habla de varias señoras que habían orado durante años por la conversión de su esposo. Cuando comenzaron a alabar a Dios por su esposo, de repente descubrieron que su amor aumentaba. Las barreras se rompían. Pronto aquel esposo aceptaba a Cristo. Dios obra en nosotros, en los demás y en las circunstancias cuando oramos por ellos. Recuerde a Job. ¿Cuándo lo sanó Dios? ¡Cuando oró por sus amigos! (Job 42:10)

Mientras oramos, Dios nos ayuda a ver las necesidades de los que nos rodean, nos guía hasta aquellos a quienes debemos testificar, nos proporciona el valor que necesitamos, y nos dirige en cuanto a lo que debemos decir. Nos ayuda a orar con fe por la sanidad física y espiritual. El Espíritu Santo nos guía y obra a través de nosotros para la salvación de almas, en respuesta a la oración de otros creyentes también.

Un granjero canadiense se hallaba orando en su casa una noche oscura y tormentosa. De pronto sintió una fuerte impresión, como si una voz le dijera: "Ve al pinar, arrodíllate y ora en voz alta." El granjero pensó que debía ser una loca idea suya, pero la impresión se hacía más fuerte. Por fin salió en medio de la tormenta, se arrodilló entre los pinos y comenzó a orar como el Señor le había dicho. De súbito sintió sobresaltado una mano que se posaba en su hombro y la voz de un hombre. Aquel hombre había ido al bosque para suicidarse. Ya había atado una soga a la rama de un árbol y estaba a punto de colgarse cuando oyó que la voz del granjero se alzaba en oración. Como resultado, aquel creyente condujo al casi suicida a una nueva vida en Cristo. Puede que nuestras experiencias no sean tan dramáticas, pero debemos dejar que Dios nos hable a nosotros también mientras oramos. El desea dirigirnos hasta aquellos que necesitan nuestra ayuda.

¿Siente a veces que Dios está lejos y no oye su oración? El remedio es la alabanza. Esta es una parte muy importante de la oración. En la alabanza recordamos la bondad, la sabiduría, y el amor de Dios por nosotros. Le damos gracias por todo lo que El es y lo que ha hecho a favor nuestro. Mencionamos sus bendiciones concretas y sus respuestas anteriores a la oración. A medida que lo hacemos, sentimos más cercana su presencia. Nuestro amor por El se fortalece. La fe se renueva. Las vías de comunicación se abren y el Espíritu Santo nos

---

¿QUE SUCEDE CUANDO USTED ORA?

Además de las respuestas a sus peticiones, ¿cuáles de estos efectos ha experimentado usted mediante la oración y la alabanza? Márquelos con una X. Escriba una E al lado de los que considere importantes para el evangelismo.

_____ Más amor a Dios   _____ Más amor a los demás
_____ Más libertad para orar _____ Más fe
_____ Más gozo   _____ Dirección divina
_____ Confirmación del amor de Dios
_____ Sanidad física o espiritual
_____ Desaparición de resentimientos
_____ Sensación de la presencia de Dios
_____ Aceptación de la voluntad de Dios
_____ Un mensaje personal de Dios para usted
_____ Un mensaje para predicar, enseñar o compartir
_____ Más valentía para trabajar y testificar

ayuda a orar con fe. Muchas veces, al orar con otras personas pidiendo su salvación o su sanidad, hemos notado que hemos tenido victoria al dejar de pedir para comenzar a alabar a Dios por la respuesta. Le sugiero que lea el libro *De la prisión a la alabanza*, por Merlin Carothers (Editorial Vida), donde encontrará numerosos testimonios relacionados con esto. Sigamos la recomendación bíblica de comenzar todas nuestras oraciones con la alabanza (Salmo 100:1-4).

Dios obra en los demás

No tenemos que orar o alabar a Dios para persuadirle a bendecirnos o salvar las almas. El ya desea hacer esto y planea hacerlo, pero nos da el privilegio de tener parte en todo ello mediante la oración. Cuando oramos por las personas con fe y alabamos a Dios por su respuesta como expresión de esa fe, el Espíritu Santo obra en ellas. Les revela el amor que Dios les tiene y les muestra que necesitan al Salvador. Por tanto, hablemos con Dios respecto de la gente antes de hablar con la gente acerca de Dios.

Un grupo de jóvenes en las Islas Bahamas iban de casa en casa hablando acerca del Señor. Antes de salir habían orado pidiéndole a Dios que preparara a la gente para que recibiera su testimonio. En una casa, la señora que vino a la puerta cuando tocaron los miró asombrada. — ¿Acaso nos oyeron hablar? — les preguntó. Los jovenes le dijeron que nada habían oído. La familia acababa de decir —: Es tiempo de que comencemos a darle a Dios un lugar en nuestra vida. — Fue fácil guiarlos al Señor.

Un evangelista recién llegado se puso de pie para hablar a un gran número de creyentes. — Esta es la primera vez que los veo — les dijo —, pero puedo decirles algo con respecto a cada uno. Alguien oró por cada uno de ustedes antes de que aceptaran al Señor y fueran salvos.

Dios obra en las circunstancias

Satanás trata de obstaculizar todo esfuerzo de evangelismo, pero cada problema es una oportunidad para ver cómo Dios contesta la oración. El toma las mismas circunstancias con las cuales el diablo espera derrotarnos y las convierte en una bendición. En más de una ocasión las autoridades han negado al principio el permiso para celebrar una campaña evangelística, pero han cambiado su decisión en respuesta a la oración; el mal tiempo se ha despejado para permitir la celebración de cultos al aire libre; los problemas económicos se han resuelto, y han sucedido muchas cosas similares a estas.

En su obra evangelística, usted se enfrentará con situaciones humanamente imposibles, pero Dios se especializa en hacer lo que es imposible para el hombre. Usted es socio de Dios, de modo que puede confiar en que El hará todo cuanto sea necesario para que su obra se realice. Ore y alábelo; trabaje confiado en el poder del Espíritu Santo, ¡y observe cómo Dios realiza lo imposible!

¿POR QUE DEBEMOS ORAR?

Los grandes hombres de Dios en la Biblia fueron todos hombres de oración. Podemos aprender de ellos cuál debe ser el objeto de nuestras oraciones en el evangelismo. Consideremos tres zonas generales de necesidad en el evangelismo.

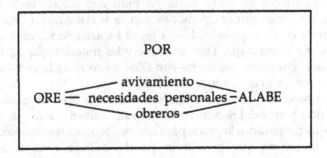

POR

$$ORE = \begin{matrix} \text{avivamiento} \\ \text{necesidades personales} \\ \text{obreros} \end{matrix} = ALABE$$

Avivamiento y evangelismo

Daniel, Esdras y Jeremías eran todos hombres de Dios que lloraron ante El por los pecados de su pueblo como si ellos mismos hubiesen sido los culpables. Otros profetas oraron también con toda sinceridad por la restauración espiritual de su nación descarriada. Dios obró en respuesta a sus oraciones para producir un despertar espiritual, el retorno del pueblo de la cautividad, y varias épocas de avivamiento.

Propiamente hablando, un avivamiento es una actuación de Dios en medio de su pueblo para darle vida nueva, pero el avivamiento

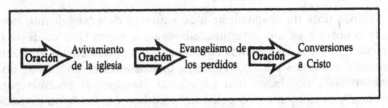

genuino de los cristianos siempre produce conversiones también. En un avivamiento los cristianos se arrepienten de sus pecados y se consagran de nuevo a Dios. Cuando esto sucede, el Espíritu Santo los llena de amor por los perdidos, impulsándolos a orar y trabajar por la salvación de éstos. Oramos por un avivamiento, porque el avivamiento produce más oración y evangelismo, y éstos producen a su vez las conversiones a Cristo. Si deseamos ver más conversiones, debemos comenzar a orar para que Dios avive a la Iglesia.

En la historia de la Iglesia vemos que el avivamiento siempre ha atraído a los pecadores a Cristo. La oración ha sido una fuerza vital en todo avivamiento. Hugo P. Jeter dice en *Convicción del Espíritu Santo y avivamiento:*

La oración ha sido reconocida desde hace mucho tiempo como esencial para el avivamiento. El espíritu de oración marcó cada avivamiento de Finney. Los convertidos oraban toda la noche por otras personas. Finney mismo dependía totalmente de la oración. En 1829 unos leñadores asistieron a una campaña de Finney en Filadelfia y se convirtieron. Volvieron a su lugar de trabajo en las montañas, contaron lo que habían presenciado y comenzaron a orar por un avivamiento. En 1831 algunos de ellos fueron a preguntar a Finney cómo conseguir un ministro. Dijeron que no menos de 5,000 personas se habían convertido en esa región y que no había un solo ministro del Evangelio en toda la zona. El gran avivamiento de 1800 comenzó después de la distribución de una carta circular convocando a la oración. Se formaron grupos de oración en muchas partes del país y comenzó un gran movimiento del Espíritu de Dios que duró más de 40 años. Hubo decenas de miles de conversiones.

La predicación desempeñó un lugar secundario en el gran avivamiento de 1857. Este avivamiento, uno de los más grandes de la historia, principió cuando un laico, el señor Lanphier, inició en Nueva York unas reuniones a la hora del mediodía para gente de negocios. Los comienzos, en la Antigua Iglesia Holandesa, fueron modestos, pero la asistencia fue creciendo y las reuniones se extendieron a otras ciudades hasta que hubo millares de personas orando diariamente por un avivamiento. Cuando este avivamiento se hallaba en su cúspide, se convirtieron unas 50.000 personas semanalmente durante un período de ocho semanas. (Condensado del artículo aparecido en *Paraclete*, winter 1972, vol. 6, No. 1, páginas 7-8. Gospel Publishing House, Springfield, Missouri, EE. UU.)

Juan Knox exclamaba en la agonía de su oración intercesora: "Dios mío, dame Escocia. Si no, me muero." Juan Wesley y los demás predicadores de principios del metodismo se levantaban a las 4:00 a.m. todos los días y pasaban las dos primeras horas del día en oración. ¡No es de sorprenderse que el avivamiento ocurriera y que hubiera muchas conversiones dondequiera que ellos iban!

La oración y el avivamiento son todavía parte del esquema de un evangelismo dinámico y eficaz. La preparación para algunas cruzadas evangelísticas comienza con el enrolamiento de las iglesias de la zona en una lista de turnos para la oración intercesora. Centenares de grupos de oración entre vecinos se reúnen semanalmente (o diariamente) en los hogares de los miembros de las iglesias. En algunos lugares se organizan cadenas de oración con voluntarios inscritos en una lista para orar durante 15 minutos, media hora, o una hora, en un momento determinado del día, de tal manera que ascienda continuamente la oración por el avivamiento hasta el Señor. Algunas iglesias celebran vigilias de oración toda la noche. Otras tienen días de ayuno y oración.

En la actualidad vivimos en días de gran avivamiento en muchos lugares; es un momento emocionante de la historia en el que Dios está haciendo cosas maravillosas en muchas partes del mundo. El lo ha escogido a usted para que tome parte de ese avivamiento. ¿Quiere orar para que Dios avive a todos los cristianos y a la iglesia de su comunidad?

Necesidades personales

Hechos 1:14; 2:42, 43, 47; 4:24-31 nos muestran que la oración y sus respuestas tuvieron una parte importante en el evangelismo y el crecimiento de la Iglesia primitiva. También uno de los secretos del éxito de Pablo en la fundación de iglesias fue su oración constante a favor de los creyentes en particular.

En Lucas 15 Jesús insiste en el valor de la persona; en su interés por cada uno en particular. Por esto, no oramos solamente diciendo: "Señor, sana a los enfermos, salva las almas y llena a los creyentes con tu Espíritu." Más bien, miramos a los que nos rodean y que necesitan a Dios, y oramos por los problemas y necesidades particulares de cada uno.

El interés sincero por las necesidades de una persona a menudo abre el camino para un testimonio y una oportunidad para orar con ella. La respuesta a la oración edifica la fe y a menudo conduce a la salvación. Esto está sucediendo en miles de grupos de oración.

En la visitación, la oración por las necesidades de las personas que componen el hogar también ha conducido a muchos a Cristo. Un ministro evangélico de Francia deseaba iniciar una iglesia en cierta ciudad. Después de alquilar una vivienda con una habitación suficientemente grande para celebrar cultos, comenzó a visitar el sector de casa en casa. — ¿Hay algún enfermo en esta casa? — solía preguntar —. Jesucristo sana a los enfermos en la actualidad, tal como lo hacía en otros tiempos. ¿Quieren que yo ore por el enfermo? — Casi siempre la familia recibía la oración de buen grado, y cuando él oraba, Dios contestaba. Pronto él volvía a visitar el hogar para ver cómo seguía el que había estado enfermo. La respuesta a la oración había convencido a los familiares del poder de Dios y de su amor. Estaban listos para escuchar el Evangelio. Muchos aceptaron a Jesús como Salvador y pronto se fundó una iglesia.

Obreros

¿Qué nos manda hacer Jesús en Lucas 10:2 a favor de las multitudes perdidas? ¡Orar para que el Padre envíe obreros a su mies! Una señora sintió hondamente la necesidad de que el Evangelio se predicase en cierta ciudad. Ella no podía ir a predicar allí, pero sí podía orar. Durante varios días ayunó y oró para que Dios estableciera una iglesia en ese lugar. Pronto el Señor dirigió a un evangelista a celebrar una campaña allí. Como resultado, se fundó una fuerte iglesia en aquel lugar.

No solamente debemos orar para que el Señor envíe más obreros, sino que tenemos la responsabilidad de orar por los que ya están trabajando para el Señor. Podemos aprender de Pablo, que no sólo oraba por sus convertidos, sino que les pedía a ellos que oraran por él para que su ministerio fuera eficaz (2 Tesalonicences 3:1, 2).

Los obreros de la actualidad, a semejanza de Pablo, dependen de las oraciones del pueblo de Dios. ¿Oramos por los evangelistas o misioneros que conocemos solamente cuando celebran cultos en nuestra iglesia, o continuamos recordándolos en oración? ¿Cuánto oramos por los pastores de nuestra iglesia y otras de la región donde vivimos? ¿Oramos por aquellos que enseñan en la escuela dominical y por los diáconos? ¿O por el testimonio de otros creyentes donde trabajan?

¿COMO DEBEMOS ORAR?

Podremos leer muchos buenos libros sobre la oración y la alabanza a Dios que inspirarán nuestra fe. Nos ayudará estudiar las oraciones y promesas bíblicas. Los testimonios de oraciones contestadas nos estimularán a orar. Sin embargo, sólo orando podremos aprender realmente a orar con eficacia. He aquí seis reglas para la oración que producen resultados en el evangelismo.

1) Hablar con Dios acerca de todo.
2) Pedir en el nombre de Jesús.
3) Creer en Dios y alabarlo.
4) Ser persistente.

5) Orar a solas y con otros.

6) Dejar que el Espíritu nos ayude.

Hablar con Dios acerca de todo

Supongamos que usted tiene dos hijos y se halla al frente de un negocio propio. Ambos hijos se interesan en el negocio. Uno conversa con usted sobre todas las cosas. Escucha atentamente lo que usted le dice. El segundo hijo nunca habla con usted, excepto cuando quiere pedirle algo. Simplemente le dice lo que él desea y no presta atención a lo que usted le dice. ¿A cuál de ellos elegiría usted como socio de su negocio? ¡Por supuesto que no elegiría al segundo! ¿Qué decir entonces del cristiano que trabaja arduamente en la obra del Señor, pero todo lo hace de acuerdo con sus propias ideas? No consulta al Padre ni conversa con El al respecto. Sólo le pide que bendiga sus esfuerzos.

Conversemos con Dios sobre todas las cosas con franqueza y sinceridad. Podemos decirle lo que verdaderamente pensamos o sentimos; no sólo lo que nos parece que El quisiera oír. Confesemos nuestras faltas y pidamos su perdón; al fin y al cabo, no podemos esconderlas de El. No tenemos necesidad de impresionar a Dios o a los demás con un lenguaje especial o palabras bellas en nuestra oración. Lo que a El le importa es que sintamos lo que decimos en oración.

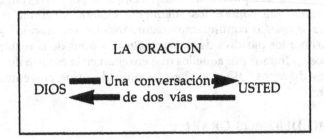

Orar no es echarle pequeños discursos a Dios. Es establecer una conversación de dos vías. Escuchemos su voz mientras esperamos en su presencia, y mantengámonos "sintonizados" para oírla en medio de nuestros quehaceres diarios. El desea darnos la respuesta a nuestra oración: la dirección que solicitamos, la fe que necesitamos, el mensaje que hemos de compartir, el poder del Espíritu Santo. . . Démosle gracias por sus bendiciones, hablemos con El acerca del trabajo que nos ha encomendado y de la gente a la que debemos llegar, y escuchemos sus respuestas.

Pedir en el nombre de Jesús

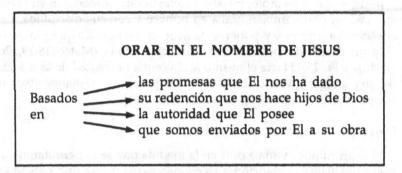

ORAR EN EL NOMBRE DE JESUS

Basados en → las promesas que El nos ha dado
→ su redención que nos hace hijos de Dios
→ la autoridad que El posee
→ que somos enviados por El a su obra

A menudo usamos la frase *en el nombre de Jesús* en nuestras oraciones, pero no es una fórmula mágica. Reconocemos con ella que por medio de Jesús nos convertimos en hijos de Dios y adquirimos acceso a cuanto Dios les brinda a sus hijos. Más aún: estamos unidos con Cristo. Somos una parte de su Cuerpo, la Iglesia, y acudimos en su nombre a recibir todo lo que necesitamos para desarrollar la labor que El nos manda hacer (Juan 14:13, 14).

Creer en Dios y alabarlo

Vemos en algunas de las oraciones de la Biblia que la persona que oraba citó las promesas de Dios como base para lo que pedía. Es como presentar un cheque para cobrarlo. ¿En qué debemos creer? En las promesas de Dios. Más: debemos creer en Dios mismo. El nos ha llamado para que seamos sus socios en el evangelismo y debemos confiar en que hará su parte.

Ser persistentes

Persistir es continuar en un curso de acción a pesar de los obstáculos o la oposición. Si Dios ha prometido algo y sabemos que es su voluntad, perseveremos en nuestra oración por ello. Sabemos que es su voluntad avivar a la Iglesia y salvar a las almas. Por tanto, sigamos orando por nuestros amigos. No debemos desalentarnos si la respuesta no viene de inmediato. Jorge Müller oró diariamente por más de 50 años por la conversión de una serie de amigos. Uno por uno iba quitando sus nombres de la lista a medida que aceptaban a Cristo. Cuando él murió, quedaban dos inconversos aún. Uno se entregó al Señor en el funeral de Müller. El otro se convirtió poco tiempo después.

Orar a solas y con otros

Jesús, nuestro ejemplo, pasaba mucho tiempo a solas con su Padre en oración, pero también oraba en público y con sus discípulos. Les enseñó a orar juntos y ponerse de acuerdo en aquello que pidiesen. Hay un tremendo potencial en la oración unida (Mateo 18:19, 20; Hechos 1:14, 15). Hasta el mismo Jesús sentía necesidad de la oración de sus amigos (Mateo 26:36-40). Los primeros cristianos iban al templo diariamente a orar (Hechos 2:41—3:1).

Dejar que el Espíritu nos ayude

El Espíritu nos ayuda a orar en la medida que se lo permitamos. A veces nos llama la atención a cierta necesidad o trae una persona a nuestra mente con el fin de que oremos por ella. ¿Se ha despertado alguna vez en medio de la noche con la sensación de que cierta

¿Le gustaría ver cuánto aprovecha las oportunidades para orar? Marque una X en la columna que muestra su uso de cada una.	Diariamente	Con regularidad	A menudo	A veces	Rara vez	Nunca
Oración en privado						
Oración en familia						
Acción de gracias en las comidas						
Mientras trabaja						
Cuando va de un lugar a otro						
Mientras conversa por teléfono						
Antes de irse a acostar						
Cuando no puede dormir						
Al despertarse por la mañana						
Con alguien que tiene una necesidad						
Con quienes visitan su hogar						
Cuando visita a otros						
En un grupo de oración						
En los cultos en la iglesia						
En una cadena de oración						

persona tiene una necesidad urgente? Lo más probable es que Dios quería que usted orara por tal persona. El Espíritu le ayudaba a orar. Nuestra cooperación con el Espíritu puede salvarle la vida a alguien o ayudarle a atravesar una crisis espiritual.

El Espíritu Santo conoce por completo las necesidades de todos: las nuestras y las de aquellos por quienes oramos en el evangelismo. El sabe cuáles circunstancias impedirían y cuáles ayudarían a esparcir el Evangelio. Nosotros no sabemos tales cosas. Por ese motivo, necesitamos su ayuda. El viene a llenarnos y orar a través de nosotros — si se lo permitimos — con una intensidad, urgencia y fe que no tenemos en nosotros mismos. El ora eficazmente por nosotros conforme a la voluntad de Dios (Romanos 8:26, 27).

Quienquiera que usted sea, sea cual fuere su edad, su posición en la vida o su ocupación, si conoce a Jesús como su Salvador, El tiene un ministerio para usted en la oración. Desde donde está, puede circundar el mundo mediante la oración y ayudar a llevar almas a Cristo.

REPASO Y APLICACION PERSONAL

Después de contestar las preguntas, compare sus respuestas con las que se dan para la lección 4 al final del libro.

1 Nombre tres aspectos generales en los cuales Dios obra cuando oramos y le alabamos.

2 ¿Con qué actitud debemos orar según Filipenses 4:6?

3 Suponga que usted está dirigiendo un culto de oración. Nombre tres cosas que haría para dirigir a la gente en alabanza antes de comenzar a orar.

4 Muchos de los salmos son cánticos de alabanza. Lea el Salmo 100 frase por frase, alabando a Dios por lo que cada una le trae a la mente. ¿Qué experimentó al hacer esto?

5a ¿Quién oró por usted antes de que encontrara a Cristo?
b Haga una lista de oraciones suyas a favor de otras personas, que Dios ha contestado. Déle las gracias.

c Escriba el nombre de una persona por cuya salvación usted ora. Apunte algunas cosas respecto a ella y la obra de Dios en ella, por las cuales puede alabarlo.

6 Compare Hechos 16:16-34; Romanos 8:28; Filipenses 1:1-30. ¿Qué circunstancias parecen servir de obstáculo al Evangelio en su región? Ore y alabe a Dios confiando en que las cambiará o usará para bien.

7 ¿Qué nos manda hacer Dios en 2 Crónicas 7:14 para que El sane nuestra tierra?

8 ¿Qué es un avivamiento? ¿Cómo se relaciona con la oración y el evangelismo?

9 ¿Qué oportunidades tiene usted para orar por una necesidad de otra persona a quien le ha testificado o quiere hacerlo?

10   Lea Romanos 15:31; Efesios 6:19; Colosenses 4:3 y 2 Tesalonicenses 3:1, 2. Ore por algún obrero cristiano que usted conozca respecto a cada una de las peticiones mencionadas por Pablo.

11   Escriba las seis reglas de la oración. Al lado de cada una escriba su evaluación de cómo usted está en ese punto: fuerte, regular o débil.

12   Nombre cuatro cosas que debemos tomar en cuenta al orar en el nombre de Jesús.

13   ¿Con qué propósito contó Jesús la parábola que se halla en Lucas 18:1-8?

14   ¿Por qué es importante que le permitamos al Espíritu Santo orar a través de nosotros?

Nuestro mensaje respecto del pecado

La paga del pecado es muerte. **Romanos 6:23**

BOSQUEJO

Decir a la gente lo que es el pecado
   Enfermedad del alma
   Rechazo de Dios
   Errar el blanco
Mostrar a la gente su necesidad
   Mostrarles su culpabilidad
   Mostrarles el peligro

ESTE CAPITULO LE AYUDARA

- A sentir un profundo aborrecimiento por el pecado, a proponerse combatirlo en su propia vida y hacer lo que pueda para librar a otros de su poder.
- A darse cuenta con más claridad de que abundan los perdidos entre las personas que le rodean, a orar por ellos con mayor sinceridad y, según tenga oportunidad, hacerles comprender la necesidad que tienen.

DECIR A LA GENTE LO QUE ES EL PECADO

Hoy comenzamos la unidad 2: El mensaje evangelístico. ¿Qué importancia tiene esto para usted? Unos lo predican, otros lo enseñan y otros lo comparten en conversación, pero el mensaje es el mismo. Todo creyente ha de ser un mensajero de Dios, de modo que todos necesitamos aprender bien el mensaje evangelístico.

En primer lugar, necesitamos comprender la naturaleza del pecado y sus efectos para poder combatirlo en nuestra vida y en nuestro ministerio. Al comprender cuál era nuestra situación cuando éramos pecadores, podremos apreciar más la liberación que Cristo nos ha dado. Tendremos mayor compasión por los que nos rodean y oraremos por ellos más al darnos cuenta de lo que el pecado está haciendo en su vida. A medida que aprendamos lo que la Biblia enseña acerca del pecado, más fácil será que el Espíritu Santo nos use para tratar con las personas sus problemas espirituales.

En el evangelismo presentamos a Jesús como Salvador, pero ¿quién desea un salvador? Solamente los que reconocen que están en peligro y no pueden salvarse a sí mismos. Los pasajeros en un barco no querrán abandonarlo y embarcarse en los botes salvavidas a menos que sepan que el barco se halla a punto de naufragar. Mucha gente que está en pecado no se interesa en acudir al Salvador a menos que vea el peligro en que se halla. La mayoría de las personas no comprenden su necesidad de ser salvas. Son muchos los que tratan de vivir como personas buenas y ni siquiera saben que son pecadores, porque no comprenden lo que es el pecado. Así que, una parte de nuestra tarea es mostrarles en la Palabra de Dios lo que es el pecado y las consecuencias que tendrá en ellos si no aceptan al Salvador.

Cuando usted predique o enseñe respecto del pecado, no se limite a hablar de lo que la gente hace. El pecado es algo mucho más profundo que eso. La Biblia lo describe como: 1) enfermedad del alma, 2) rechazo de Dios, y 3) errar el blanco.

Enfermedad del alma

Dios compara el pecado con la lepra. Las llagas infectadas de los actos pecaminosos son solamente síntomas de la enfermedad interior del alma. No basta con tratar de curar los síntomas de una enfermedad. El Gran Médico nos da un diagnóstico que exige una cura radical de nuestra naturaleza pecaminosa. Lea Marcos 7:20-23.

Muchos de aquellos a quienes el Señor le enviará no comprenden que son pecadores, porque la enfermedad de su alma no se ha manifestado en acciones pecaminosas semejantes a las que ellos ven en otras personas. Es sumamente importante que sepan lo que Dios dice respecto del pecado. Ellos necesitan la salvación tanto como la necesita el pecador más perverso que usted conozca.

Dios describe el pecado como una enfermedad que afecta la cabeza

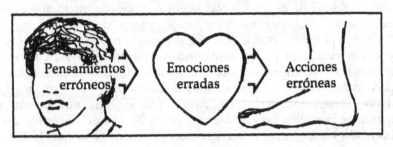

Pensamientos erróneos → Emociones erradas → Acciones erróneas

(pensamientos erróneos), el corazón (emociones erradas) y los pies (acciones erróneas). El pecado comienza en nuestros pensamientos y se extiende a nuestros sentimientos y acciones. Lea Isaías 1:5, 6.

Varios pasajes bíblicos se refieren al pecado como corrupción, inmundicia que hace inaceptable la posibilidad de que el pecador se presente ante el Dios santo. En Marcos 7:14-23 vemos que son los pensamientos malos los que le hacen a uno impuro y le conducen a acciones malas.

Romanos 1:18-32 también muestra la naturaleza progresiva del pecado. Describe el desarrollo del pecado en la raza humana, en cualquier sociedad y en el individuo. Empieza en la mente con pensamientos erróneos y actitudes incorrectas respecto a Dios. La persona no está dispuesta a darle el lugar que El merece: el primer lugar en su vida. No le agradece sus abundantes bendiciones. Se niega a hacer el bien y aceptar la verdad. Por esto, Dios le deja hacer el mal que prefiere y seguir la mentira que ha escogido. El malestar del alma la ciega en cuanto a los valores, la confunde, corrompe sus deseos, brota como un cáncer en las palabras y los hechos, y es fatal (Romanos 1:32; Santiago 1:15).

Rechazo de Dios

Dios nos ha hecho con una naturaleza semejante a la suya para que podamos ser sus hijos (Génesis 1:26, 27). El nos ha dado una mente, emociones, una voluntad; todo dentro de un cuerpo. Pablo habla del cuerpo como de un edificio dentro del cual vivimos. En su interior se hallan los principios activos de la personalidad: mente, voluntad y emociones.

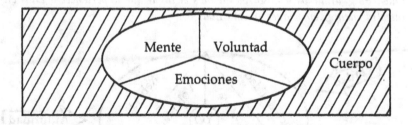

Dios, el Creador, ha provisto lo necesario para satisfacer las necesidades de todas sus criaturas. El es la fuente de todo cuanto necesitamos: el Gran Proveedor. En la naturaleza vemos cómo provee en abundancia lo que hace falta para cubrir las necesidades físicas del cuerpo, nuestro hombre exterior. ¿Habría El de olvidarse del hombre interior — nuestra personalidad — con sus necesidades espirituales? ¡No! La persona es más importante que la casa en que vive. Dios ha provisto con exactitud cuanto necesita cada faceta de nuestra personalidad. Para nuestra mente nos provee la verdad. Para nuestras necesidades emocionales nos brinda su amor, y para nuestra voluntad, nos da su autoridad, que nos guía a tomar las decisiones

correctas. Al aceptar todo esto que El nos proporciona, lo estamos colocando en el trono de nuestra vida. Esta es la manera de tener una vida buena y feliz.

El Creador tiene derecho a gobernar sobre su creación. Puesto que es la fuente de nuestra vida y el que satisface todas nuestras necesidades, El tiene derecho al primer lugar en nuestras vidas. Teniéndolo en el centro, podemos disfrutar de todas las cosas maravillosas que ha dispuesto para que tengamos una vida plena y feliz en comunión con El.

Sin embargo, hemos decidido gobernarnos a nosotros mismos en vez de dejar que Dios nos gobierne. Este rechazo de Dios, verdadera rebelión contra El, es el pecado básico del cual provienen todos los demás pecados. El yo pecaminoso le arrebata el trono a Dios y levanta barreras en contra de El en cada aspecto de nuestra personalidad: 1) la incredulidad en contra de la verdad de Dios, 2) la indiferencia al amor de Dios, y 3) la rebeldía en contra de su autoridad. *Pecar es rechazar a Dios. Es guardar para nosotros mismos el lugar que le pertenece a Dios en nuestra mente, emociones o voluntad.*

Pecado = Rechazo de Dios

Incredulidad en contra de la verdad

Cuando Dios nos dice algo y rehusamos creerlo, cometemos el pecado de la incredulidad. La mente rechaza la verdad de Dios. Así principió el pecado de toda la raza humana: Satanás logró que Eva dudara de que era cierto lo que Dios había dicho (Génesis 3:1-5). Hemos visto que los pensamientos erróneos conducen a emociones erradas y acciones erróneas. Vemos la culminación de este pecado en el Calvario, donde los hombres rechazaron la Verdad Encarnada y crucificaron al Hijo de Dios (Juan 1:1-12; 14:6; 3:14-18).

Dios nos dice que volvamos de nuestros pecados y creamos el Evangelio, las buenas nuevas de salvación en Jesucristo. Nos manda creer en Jesús, poner nuestra confianza en El, para ser salvos. Negarnos a creer lo que Dios dice y buscar otro camino de salvación es un pecado de obstinación en la incredulidad. Es rechazar la verdad de Dios y aun a Dios mismo (Hebreos 2:2, 3).

Indiferencia al amor

Dios es amor (1 Juan 4:8) y desea que nosotros, como hijos suyos, compartamos su naturaleza. Nos ha hecho de tal modo, que solamente cuando amamos y somos amados hallamos satisfacción para nuestras necesidades emocionales. Así como El es la fuente de toda verdad, es también la fuente de todo amor verdadero. La aceptación de su amor es la única cosa que puede liberar al hombre del egoísmo, de las sospechas, el resentimiento, los temores, el orgullo, el crimen y las guerras. El gran don del amor de Dios al mundo — el Señor Jesucristo — ha revelado la profundidad de su amor por nosotros.

Ahora Dios desea entrar y llenar cada vida con su amor (Romanos 5:5). Cuando nos llegamos a sentir llenos del amor de Dios por nosotros, le respondemos con nuestra gratitud y nuestro amor. La adoración y la alabanza son simplemente modos de expresar ese amor, confianza y devoción. El ritual de adoración desprovisto de amor es una formalidad vacía. Negarse a permitir que el amor sea el principio regente de nuestra vida es rechazar a Dios.

A través de la Biblia vemos el amor de Dios por su pueblo y su tristeza por los indiferentes a su amor. El se revela como un padre amante que atiende a todas las necesidades de sus hijos, pero estos hijos ingratos se rebelan contra El (Isaías 1:2). Se compara con un esposo cuya esposa ha quebrantado sus votos matrimoniales y se ha ido tras sus amantes, pero El la ama todavía. La redime de la esclavitud y la recibe una vez más (Oseas 1—3).

La suprema demostración del amor de Dios se efectuó en el Calvario. Sin embargo, la mayoría de las personas permanecen indiferentes al oír hablar de esto, inconmovibles ante la escena del Hijo de Dios que muere en su lugar. No prestan atención a su Creador, que llama a su puerta solicitando que le den un lugar en su vida. O bien, al oír su oferta de vida eterna responden: "Vuelve más tarde. Hoy estoy demasiado ocupado con otras cosas." ¿Habrá un insulto mayor a Dios, un pecado mayor que este?"

Rebeldía en contra de la autoridad

Como Hacedor y Gobernante del universo, Dios ha establecido ciertas leyes naturales, morales y espirituales para el beneficio de toda su creación. ¿Puede imaginarse lo que sería el mundo sin ellas? ¿Qué sucedería si los planetas se negasen a reconocer la autoridad de su Creador y cada uno escogiera su propia órbita y velocidad? Ellos siguen el curso que Dios les ha ordenado. En cambio, el hombre ha desafiado la autoridad de Dios, se ha rebelado contra su gobierno y ha declarado su independencia de El. Desea gobernarse a sí mismo y seguir su propio camino en lugar de acomodarse al plan de Dios para su vida. Este es el pecado de la voluntad.

Cuando una persona se halla en rebeldía contra Dios, eso la lleva a desobedecerlo, quebrantando las leyes que El ha dispuesto para la mente, las emociones y el cuerpo. Dios nos manda hacer lo bueno y no lo malo. De modo que, cualquier mal que hacemos deliberadamente a otras personas es también un pecado contra Dios (1 Juan 3:4; 5:17).

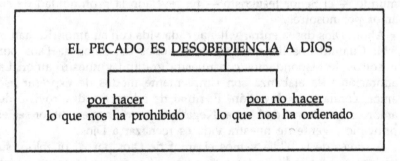

EL PECADO ES <u>DESOBEDIENCIA</u> A DIOS

por hacer
lo que nos ha prohibido

por no hacer
lo que nos ha ordenado

Dios le dió a Adán una norma de vida: la obediencia a El. En cambio, Adán escogió la desobediencia y la muerte. Ahora le ofrece al mundo la vida eterna en su Hijo para todo aquel que lo acepte como Salvador y Señor. Sin embargo, la mayoría de las personas no están dispuestas a reconocer su necesidad de un Salvador o a someterse a su autoridad en calidad de Señor. Eligen la desobediencia y la muerte (1 Juan 5:11, 12; Hebreos 2:2, 3).

Errar el blanco

Dios nos ha creado con un propósito: que nosotros, en calidad de hijos suyos, podamos amarle, honrarle y disfrutar de su amor para siempre. El catecismo de Westminster declara: "La finalidad principal del hombre es glorificar a Dios y disfrutar de El para siempre." Caminar con Dios aquí y compartir después su gloria eterna es el propósito de nuestra existencia. Cualquier cosa que nos aparte de ese propósito, que nos impida lograr esa meta, es pecado.

La palabra que la Biblia usa con mayor frecuencia para hablar del *pecado* se refiere a esta autoseparación de Dios. Significa "errar, no dar en el blanco", y sugiere tres imágenes:

> PECAR ES APARTARSE
> DE DIOS
> Y DEL PROPOSITO
> PARA EL CUAL NOS HA HECHO,
> ERRANDO EN LA VIDA

Una flecha mal dirigida, un viajero extraviado, y una pieza de mercadería que no alcanza la norma establecida para ella.

La idea de no dar en el blanco nos habla de tomar una dirección equivocada en la vida y en el uso de nuestras facultades. La gente apunta a metas equivocadas: placer, poder, seguridad, popularidad. Aun teniendo blancos loables — aliviar el sufrimiento, trabajar en pro de la justicia — si los dejamos tomar el lugar del propósito principal para el cual hemos sido creados, todavía estamos errando el blanco.

> ¡Camino errado!
> ¡Apartado de la meta! —————→ *Errar el blanco*
> ¡Calidad inferior!

La flecha que se desvía y se aparta de la dirección dada por la mano del que la disparó es un buen símbolo de la perversión del pecado. Este desvía y pervierte la mente, las emociones y la voluntad. El pecado es el uso erróneo de la vida, tornando a propósitos erróneos los instintos y las facultades que Dios nos ha dado para nuestro bien. Nos impresiona leer que un empleado se ha apropiado de fondos del banco donde trabaja. Entonces, ¿qué diremos de la persona que hace mal uso de la vida que le fue dada para que glorificara a Dios con ella?

Quienquiera que no siga a Aquel que es el camino, la verdad y la vida, está perdido. Errará apartándose del camino correcto. Por sincero que sea al seguir otras sendas, otros dioses, otros ideales, estará perdido.

Cuando el ser humano no se conforma a las normas de Dios para él, se halla en pecado. En cambio, Jesucristo es la demostración de la conformación perfecta a las normas divinas. Al igual que Belsasar, somos pesados en la balanza y hallados faltos (Daniel 5:27). Ser justo es conformarse a las normas impuestas por Dios en cuanto a la vida correcta. La única manera en que podremos lograrlo es dejar que Cristo viva en nosotros y nos haga partícipes de su justicia. Sin El nunca podremos hacer el bien que debiéramos hacer.

MOSTRAR A LA GENTE SU NECESIDAD

Jesús, el Gran médico, se ofrece para curar a los humanos de la terrible enfermedad del pecado, pero muchos no se interesan porque no se dan cuenta de su estado. La única manera de salvarles la vida es convencerlos de su necesidad, mostrarles el diagnóstico que el Médico ha hecho de su situación. Esto es lo que hace el Espíritu cuando los convence de su pecado para que se sometan a la operación que necesitan para salvar la vida.

El mensaje evangelístico del Edén hizo que los primeros pecadores se enfrentaran con su culpa y las consecuencias de ella. Ahora Dios nos envía a nosotros con un mensaje destinado a convencer de pecado. Le debemos hacer ver a la gente su culpabilidad y el peligro en que se halla.

Mostrarles su culpabilidad

¿Ha notado usted que las personas más difíciles de ganar para Cristo son las que se creen lo suficientemente buenas tales como son? Pueden estar de acuerdo en que los alcohólicos y los criminales necesitan ser salvos, pero dicen: "Las cosas buenas que hago tienen mayor peso que las pocas cosas malas que he hecho. No miento, no engaño, ni peleo con los vecinos. Soy bueno y no necesito nada de eso."

> Convencer de pecado es hacer que una persona comprenda que es culpable de rebelión contra Dios y necesita ser perdonada.

¿Ha tenido alguna vez una mancha de hollín, tinta o grasa en la cara sin saberlo? Luego usted se miró en el espejo. ¡El mensaje del espejo le envió directamente a lavarse la cara! Lo mismo sucede en la convicción de pecado. Nos miramos en el espejo de la Palabra de

Dios. En ella vemos nuestra persona a la luz de las normas de la santidad de Dios (Santiago 1:21-25). El Espíritu Santo nos ayuda a ver aquellos pecados nuestros que ni siquiera sabíamos que existían. ¡Gracias a Dios, hallamos limpieza en Cristo! Luego El nos da la tarea de presentar el espejo de su Palabra a otros para que puedan verse tal como son (1 Juan 1:8; Isaías 64:6; Romanos 3:23; Santiago 2:10).

Quebrantar las leyes de Dios es pecar. No es necesario quebrantar todas las que se hallan en la Biblia para ser transgresor de la ley. Con una que se quebrante basta. Todas las cosas buenas que podamos hacer no podrán borrar la culpa por haber quebrantado una ley de Dios. De eso tendrá que ocuparse el tribunal de Dios y la pena tendrá que ser pagada. ¿Quién es culpable? Todos en la tierra hemos quebrantado las dos leyes que Jesús mencionó como las más importantes. Por consiguiente, todos hemos pecado (Mateo 22:37, 38).

Moisés y los profetas pronunciaron atronadores mensajes de Dios contra la idolatría, la desobediencia, la injusticia social, la hipocresía y la corrupción moral del pueblo. Jesús avanzó un paso más y denunció los pecados del espíritu: el egoísmo, los pensamientos lascivos, la actitud crítica, la incredulidad. Los profetas y Jesús le mostraron al hombre su culpabilidad y lo exhortaron a arrepentirse para poder ser salvo.

Al hombre no le gusta que le recuerden que es pecador. Por eso el pueblo apedreó a muchos de los profetas y crucificó a Jesús. Los que predican contra el pecado pueden esperar oposición hoy también. Cuando el Espíritu Santo convence a la gente de pecado, a menudo se pone irritable y rebelde contra el Evangelio. Por eso, no debemos desalentarnos si una persona reacciona fuertemente contra el Evangelio. Es posible que esté luchando con la convicción y se halla a punto de rendirse al Señor. No debemos perder la paciencia ni hablar ásperamente a una persona que resiste nuestro testimonio. Tal vez lo que necesita es ver el amor de Dios manifestado en nosotros; el amor que perdona los insultos.

Ya hemos hablado de ser canales del amor que Dios les tiene a los pecadores. Esto es especialmente importante cuando hablamos en contra del pecado. Si reprendemos con aspereza a una persona por sus faltas, no la ganaremos. Si adoptamos un aire de superioridad, ahuyentaremos a la gente. Unicamente el Espíritu Santo puede convencer al hombre de que es pecador y ponerlo en disposición de reconocer su culpabilidad, y lo hace aplicando la Palabra de Dios a su conciencia.

Lea Jeremías 23:28, 29 y Hebreos 4:12. Si nosotros, como mensajeros de Dios, somos fieles en dar su Palabra a la gente, el Espíritu la utilizará como un martillo para derribar las barreras, como fuego para derretir la dureza de espíritu, y como espada para desbaratar las excusas, el orgullo y la rebeldía. Todo esto dejará al alma pecaminosa impotente y culpable ante Dios, convicta de pecado y ansiosa de ser perdonada. Por tanto, prediquemos la Palabra, enseñemos la Palabra, citemos la Palabra. Alentemos a los demás a que lean la Biblia, orando y confiando en que el Espíritu Santo les mostrará su culpabilidad y necesidad.

Mostrarles el peligro

¿Ha pensado usted alguna vez en lo que sería del mundo sin las leyes naturales que Dios ha establecido? ¡Ni siquiera podría mantenerse unido! Del mismo modo, cualquier sociedad o individuo que se niegue a vivir conforme a las leyes físicas, morales y espirituales de Dios, se encamina a la destrucción. Si ignoramos la ley de la gravedad y saltamos a un precipicio, nos destruiremos. Si ignoramos las leyes de Dios en cuanto a la vida espiritual y tratamos de regir nuestra propia vida, nos destruiremos.

Mientras mejor comprendamos los resultados del pecado, con mayor urgencia y eficacia obraremos para tratar de salvar a las personas de su poder. Y mientras mejor podamos mostrarles el peligro en que se hallan, más dispuestas estarán a apartarse del pecado y ser salvas.

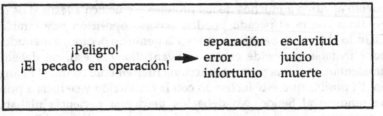

¡Peligro!
¡El pecado en operación! ➡

separación	esclavitud
error	juicio
infortunio	muerte

La separación

El pecado separa a los seres humanos de Dios, los separa unos de otros, y también los aleja del hogar que Dios ha preparado para sus hijos. Ya hemos visto que el hombre se separa de Dios al rechazar su verdad, amor y autoridad. Su incredulidad, indiferencia y rebeldía son barreras que mantienen a Dios alejado de su vida. La separación es voluntaria de parte del hombre. ¿Recuerda como Adán y Eva trataron de esconderse de Dios en el Edén? Su culpabilidad les hacía evitar un encuentro con Dios. Dios también tiene parte en la separación. El expulsó a Adán y Eva del Edén, mostrándonos que al apartarnos de El nos alejamos del lugar de bendición y felicidad (Genesis 3:23, 24; Isaías 59:2).

La naturaleza de Dios no le permite recibirnos como hijos suyos si nos negamos a abandonar el pecado. El es absolutamente puro, bueno y santo; separado de todo mal. Su rectitud y justicia le exigen que destruya el pecado y castigue a los pecadores. En su misericordia nos da la oportunidad de arrepentirnos de nuestros pecados y volver a El. Si nos aceptara como hijos suyos y nos dejara seguir pecando sin corregirnos o castigarnos por ello, se haría partícipe de nuestra culpabilidad. El pecado rompe la posibilidad de relación con un Dios santo. Aun siendo hijos de Dios, si pecamos de nuevo, debemos arrepentirnos y pedir perdón (1 Juan 1:5 — 2:2).

El pecado impide que la gente entre al cielo. Separado de Dios, el pecador no puede vivir en el hogar de Dios. Dios no permitirá que entre al cielo quien podría echarlo a perder con su maldad. Si lo hiciera, la violencia, el odio y la injusticia que arruinan la tierra arruinarían muy pronto el maravilloso hogar que nos ha preparado (Apocalipsis 21:27; Mateo 7:21).

No sólo se produce con el pecado la separación entre el hombre y Dios, sino que también separa al hombre de sus semejantes. El rechazo de la verdad, el amor y la autoridad de Dios deja al hombre víctima de pensamientos erróneos respecto de sí y de otras personas; emociones erróneas y acciones erróneas. Mire el triste estado actual del mundo. ¿Por qué se ven tantos hogares destruidos por el divorcio? ¿Cuál es la razón de tanto prejuicio y discriminación? ¿Por qué hay tanta agitación, violencia y crimen? ¿Por qué fracasan todos los esfuerzos para producir una paz duradera? El hombre no puede vivir en paz consigo mismo ni con los demás mientras esté en guerra con Dios (Santiago 4:1-4).

El error

El pecado enceguece a la gente para que no vea la verdad. Le hace creer toda clase de errores. La separa de Cristo — la luz del mundo — y la hace ir tropezando en la oscuridad de sus propias teorías y falsas filosofías de la vida (Efesios 4:17, 18; Mateo 15:12-14; Juan 7:17; 8:12; Romanos 1:18-32).

El infortunio

El pecado que separa a una persona de Dios la priva de las bendiciones que provienen de El: paz, gozo, amor, autorrealización y verdadera satisfacción en la vida. Los sufrimientos que han aparecido en el mundo aparecieron como consecuencia del pecado. El rechazo del bien que Dios ha planeado para nosotros conduce a la perversidad, con sus desastrosas consecuencias.

Nos hallamos en un conflicto entre el bien y el mal. Dios nos habla, invitándonos a seguir su camino. En cambio, el diablo intenta arrastrarnos a la perdición. El gozo se mezcla con la tristeza. El ser humano es en parte bueno y en parte malo: ama a algunas personas y aborrece a otras; es bueno en ciertas situaciones y malo en otras. Si escogemos a Dios, El nos llevará a la felicidad perfecta que nunca termina. En cambio, los que se decidan por el pecado perderán aun la medida de felicidad que este mundo ofrece, al quedar excluidos para siempre de la presencia de todo lo que es bueno. Jesús describió la vida del pecador después de la muerte como un lugar de angustia física y mental llena de recriminaciones.

La esclavitud

El pecado esclaviza, destruyendo el poder que su víctima tenía para resistir la tentación. Probablemente usted conozca personas esclavas de sus hábitos y apetitos. ¡Cuántas son empujadas al crimen por un temperamento incontrolable, por los celos o por un apetito insaciable por las drogas! Mientras más se rinde al pecado la persona, más aumenta el poder satánico sobre ella. Algunas personas llegan a

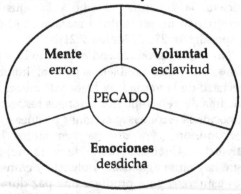

estar poseídas por demonios. Hay quienes se comunican con espíritus malignos y usan el poder satánico para hacerles daño a otros. ¡Esclavos de Satanás! ¡Atados para estar con él por siempre y compartir su condenación! La libertad que les promete a quienes rechacen la autoridad de Dios no es más que una mentira. Sólo quiere vernos convertidos en esclavos suyos (Juan 8:34; Romanos 6:15-23).

El juicio

El pecado nos lleva a juicio ante Dios y nos hace reos de muerte. El Gobernante del universo no sería justo si no cumpliera con las leyes que El mismo ha establecido para el bien de su mundo. Los que quebrantan la ley deben ser juzgados y castigados conforme la seriedad del delito. Puesto que nos hemos rebelado en contra del Gobernante del universo, somos culpables de traición. La pena que merece nuestro pecado es la muerte. Todo pecador vive "en capilla ardiente", bajo sentencia de muerte, condenado a estar separado eternamente de Dios, y esperando el día de su ejecución.

Dios nos ama tanto, que vino a sufrir nuestro castigo. Cristo murió en nuestro lugar. Ahora, basado en su muerte, Dios les ofrece ahora el perdón gratuito a todos los que se aparten del pecado y lo acepten como Salvador y Señor. ¿Qué le sucede al que rechace su oferta? Lo único que le queda es sufrir el castigo (Romanos 2:1-11, 16; Juan 3:18-20; Hebreos 9:27).

En los primeros años de la Iglesia Metodista sus predicadores denunciaban fuertemente el pecado y alertaban a la gente acerca del juicio venidero. La convicción del Espíritu Santo era tan fuerte que muchos pecadores caían a tierra (como Saulo de Tarso), incapaces de permanecer de pie en la presencia de Dios. Hoy el juicio de Dios sobre un mundo pecaminoso está más cerca que nunca. ¡Que el Espíritu Santo le unja y use a usted para que les muestre a los demás el peligro que corren y los persuada a aceptar la salvación antes de que sea demasiado tarde!

La muerte

El pecado lleva a sus prisioneros a una muerte que está más allá de los límites de nuestra imaginación: sufrimiento eterno, pesar y remordimiento interminables, sin esperanza de liberación, separados eternamente de Dios y de todo el bien, encerrados para siempre con la horrible presencia de Satanás y sus demonios (Mateo 25:41; Romanos 6:23; Apocalipsis 20:11-15; 21:8).

¡No es de sorprenderse que los evangelistas alerten a todos respecto de las terribles consecuencias del pecado! Tal predicación convence a las personas de su necesidad del Salvador. Jonathan Edwards predicó un sermón titulado *Pecadores en las manos de un Dios airado*. Antes de su conclusión había gente llorando y clamando a Dios por misericordia en toda la congregación. Dios hizo que el infierno fuese tan real para ellos, que un diácono se abrazó de un pilar porque tenía la sensación de estar deslizándose hacia él. ¡Que Dios despierte también con nuestro ministerio a las personas para que comprendan lo terribles que son el pecado y sus consecuencias!

Estudie ahora el cuadro siguiente junto con Isaías 58:1 y el Salmo 139:1-7. Fíjese en el total final de cada una de las columnas. Pídale a Dios que le hable con respecto de lo que ha estudiado en este capítulo.

Sector de la personalidad	La oferta de Dios	La respuesta del hombre	Resultados progresivos
Mente	verdad	incredulidad	error
Emociones	amor	indiferencia	desdicha
Voluntad	autoridad	rebeldía	esclavitud
Total LA PERSONA	Total CRISTO	Total RECHAZO	Total MUERTE

REPASO Y APLICACION PERSONAL

Después de contestar, compare sus respuestas con las que se dan para el capítulo 5 al final del libro.

En su obra de evangelismo tendrá necesidad de encontrar rápidamente los textos bíblicos relacionados al pecado y la salvación. Le sugiero que los subraye con lápices de color: uno para la salvación y otro para el pecado y sus consecuencias. Le será útil repasar la lección ahora marcando así en su Biblia los textos citados o la parte que piensa usar en su evangelismo.

1 Nombre las tres descripciones bíblicas del pecado.

2 En Isaías 1
a ¿Cómo se describe el pecado?
b Describa su progreso.

3 ¿Qué capítulo en el Nuevo Testamento describe el progreso del pecado en la raza humana?

4 Copie las tres figuras relacionadas con la provisión de Dios para nuestra personalidad y el rechazo que el hombre hace de El, hasta poderlas repetir de memoria. ¿Qué ocasión tiene de usarlas?

5 ¿Por qué muchos no comprenden que son pecadores? 2 Corintios 10:12.

6 ¿Por qué se debe enseñar más sobre lo que el pecado es?

7 Suponga que usted va a dar un estudio sobre *errar el blanco* usando los tres puntos de la figura en el libro. Lea estos textos, márquelos con lápiz de color, y escriba la referencia de cada uno en su bosquejo bajo el punto al que corresponde: Isaías 1:4; 44:20; 53:6; Salmo 14:2, 3; 78:56, 57; Números 14:43; Juan 14:6; Daniel 5:27; Romanos 1:18; 3:23; 7:15-23; Mateo 6:33.

8 ¿Cuáles son las dos cosas que debemos mostrarles a los inconversos para que comprendan su necesidad del Salvador?

9 Nombre seis consecuencias que el pecado tiene para el pecador.

10 El cuadro final de este capítulo es un resumen de los puntos principales. Ensaye hasta poder reproducirlo de memoria.

11 Le sugiero que hable con varias personas (conversas e inconversas) sobre lo que piensan que son el pecado y sus efectos.

12 ¿Cómo han cambiado las ideas de usted sobre el pecado como resultado del estudio de este capítulo?

Nuestro mensaje de salvación

Pero nosotros predicamos a Cristo. **1 Corintios 1:23**

BOSQUEJO

El amor de Dios Padre
Salvación en Jesucristo
   Cristo, nuestro Sustituto
   Cristo, nuestro Mediador
   Cristo, nuestro Libertador
   Cristo, nuestro Señor
Conversión mediante el Espíritu Santo
   La obra del Espíritu
   Responsabilidad de la persona

ESTE CAPITULO LE AYUDARA

- A comprender mejor y apreciar más los diversos aspectos de lo que Dios hace a favor nuestro para salvarnos.
- A hallar rápidamente algunos de los textos sobresalientes relacionados con la salvación y usarlos para ayudar a otras personas a confiar en Cristo.
- A hallar rápidamente y usar textos para ayudar a otras personas a hacer lo que les corresponde en la conversión y confiar en que el Espíritu Santo hará la suya.

EL AMOR DE DIOS PADRE

¡Gracias a Dios, nuestro mensaje no termina con la predicación sobre el pecado y sus consecuencias! El paciente necesita más que un simple diagnóstico de su enfermedad. ¡También debe tener medicina, el tratamiento médico que su caso requiere! Por eso, Dios nos envía al mundo para hablar de su amor por los pecadores, de su deseo de salvarlos, y de lo que ha dispuesto para lograr su salvación. Estas son las buenas noticias del Evangelio. Hablamos del amor de Dios Padre, del sacrificio de Cristo, el Hijo, y del poder transformador de Dios Espíritu Santo.

Si Dios no fuese paciente con nosotros, hace ya mucho tiempo que hubiera destruido a la raza humana. El no obliga a nadie a ser salvo.

Algunos lo rechazan y prosiguen en su camino al infierno. En cambio, Dios sigue enviando a sus mensajeros una y otra vez para que insten a los humanos a que se aparten de sus pecados y reciban la salvación. En el Antiguo Testamento leemos sobre todo acerca de su amor por Israel. Pero en el Nuevo vemos el mismo amor por toda la humanidad. Debemos tratar de que todas las personas en todos los lugares sepan que Dios las ama y desea salvarlas. Esta es la tarea de la Iglesia.

DIOS NO DESEA		DIOS DESEA
que la gente se pierda	Juan 3:16	*que todos tengan vida eterna*
que ninguno perezca	2 Pedro 3:9	*que todos se arrepientan*
la muerte del impío	Ezequiel 33:11	*que se vuelva y viva*
	1 Timoteo 2:3-6	*que todos sean salvos*
		que todos conozcan la verdad

Le sugiero que estudie bien los textos señalados en el cuadro anterior, los marque con lápiz de color en su Biblia, y haga una cadena de ellos con el título: *Dios quiere salvar*. Para esto, busque el primero en la Biblia y al pie de la página escriba: *Dios quiere salvar: Ezequiel 33:11; Juan 3:16*. Al pie de la página donde se halla Juan 3:16 escriba el título, la cita del primer texto de la cadena, la cita de esa página y la siguiente. Continúe de esta manera con todas las demás citas.

En el evangelismo es muy importante que tengamos una fe total en los textos que usamos y los sintamos en lo más hondo de nuestro ser. Tanto si los leemos, como si los citamos de memoria, que vengan del corazón para alcanzar otros corazones. Es bueno ensayar su lectura en voz alta para darles el énfasis y la expresión debidos. Le sugiero que lea Ezequiel 33:11 en voz alta ahora. Déle la expresión que cree que Dios usó al decirle estas palabras a Ezequiel. Luego haga lo mismo con Juan 3:16, pensando en cómo se lo diría Jesús a Nicodemo. Después lea la cadena de textos tal como lo haría con alguien a punto de morir, que quiere ser salvo pero duda de que Dios lo acepte.

Después, léalos una vez más como lo haría en un sermón al invitar a aceptar al Salvador. ¿Le parece que practicar así con otros textos que piensa usar le ayudaría en su ministerio?

SALVACION EN JESUCRISTO

¡Cristo es la solución! Probablemente usted haya oído a los evangelistas decir estas palabras. Las vemos en letreros, en pizarras de anuncios, y hasta pintadas en la pared de algunas iglesias detrás del púlpito. ¿Por qué? Porque Cristo es la respuesta al problema del pecado y a todas sus terribles consecuencias. El es la solución a todos los problemas de la humanidad.

Dios nos amó tanto, que envió a su Hijo para solucionar nuestros problemas y atender a todas nuestras necesidades. El Evangelio que predicamos no es una simple doctrina: es una Persona, el Señor Jesucristo. Somos llamados no solamente a hablar de Jesús, sino a conducir a las personas a El y presentárselo personalmente como su Salvador y Señor. Lea Juan 17:3; 1 Corintios 1:23, 24.

Del pecado ➤	por medio de Cristo ➤	a la salvación
desobediencia ⟶	sustituto ⟶	perdón, obediencia
rechazo de Dios ⟶	mediador ⟶	amistad con Dios
enfermedad, esclavitud ➤	libertador ⟶	salud, libertad
errar el blanco ⟶	Señor, Maestro ⟶	realización plena

Cristo, nuestro Sustituto

Muchos no comprenden por qué Cristo tenía que morir para salvarnos. No entienden los sacrificios de animales en el Antiguo Testamento. Todos estos sacrificios tenían la finalidad de mostrar que el pecado es tan terrible que puede ser borrado únicamente con la muerte del pecador. Pero Dios, en su amor por todos los pecadores, nos proporcionó un sustituto. Envió a su Hijo Jesucristo a tomar el lugar de todo pecador que quisiera ser salvo del pecado y de sus efectos.

Hasta que viniera Jesús, Dios hizo que el pueblo ofreciera sacrificios de animales, pues éstos eran un símbolo de cómo Jesús lo iba a salvar.

El pecador tenía que poner la mano sobre el animal que había de ser sacrificado. Esto era como decir: "Señor, he pecado. Merezco morir y ser separado de ti para siempre. Pero te ruego que aceptes la muerte de este animal inocente en mi lugar y que perdones mis pecados."

Dios los perdonaba, no en razón de que un animal pudiera tomar su lugar, sino porque Jesús moriría más tarde por sus pecados. Ya no ofrecemos sacrificios de animales, porque Dios ha provisto el sacrificio perfecto por nuestros pecados; nuestro Sustituto perfecto. El es nuestro Creador. Su vida vale más que todo cuanto El ha creado. Por tanto, su muerte puede tomar el lugar de la muerte de todos los hombres. El recibe el castigo por nuestros pecados — la sentencia de muerte — para librarnos de la muerte eterna. Juan 1:29; 3:16; Hebreos 9:28; 10:4, 5, 9, 10. (Marque estos textos y practique su lectura.)

En calidad de sustituto nuestro, Cristo tomó sobre sí nuestra culpa, murió en nuestro lugar, y puso en una cuenta a favor nuestro su bondad, su obediencia perfecta. El castigo por desobedecer la ley de Dios es la muerte. El único modo posible en que un pecador puede eludir ese castigo es que alguien que nunca haya pecado tome su lugar, pero todos los seres humanos hemos pecado; todos, con excepción de Uno. El era el único que podía servir como sustituto. Esa persona es Jesucristo, Hijo de Dios e Hijo del hombre. El se brindó para llevar nuestros pecados; para sufrir el juicio y la muerte. Cuando lo aceptamos como nuestro Salvador, todo el registro de nuestros pecados es borrado. Ya han sido juzgados y castigados en la cruz. (Isaías 53:5, 6; 2 Corintios 5:21; Romanos 5:6; 1 Corintios 15:3).

Todo creyente debe tener un buen conocimiento de Isaías 53. Dios le dio esta profecía a Isaías unos setecientos años antes de que Jesús naciera. Ella muestra con mayor claridad que cualquier otro pasaje en el Antiguo Testamento la obra de sustitución que realizaría el Mesías que habría de venir. ¿Supone usted que Juan el Bautista tenía esta profecía en mente cuando presentó a Jesús como el Cordero de Dios que quita el pecado del mundo?

Cuando le entregamos a Cristo nuestros pecados, El nos da su justicia y bondad. ¡Qué intercambio más ventajoso! Somos aceptados en Cristo nuestro Sustituto como si hubiésemos obedecido todas las leyes de Dios. Ahora podemos ir al cielo, no apoyados en nuestra propia bondad, sino a causa de la bondad de Cristo, que El nos da.

Hebreos 10:10 nos muestra los resultados de la muerte de Cristo por nosotros: "Somos santificados." Otra versión dice: "Todos hemos sido purificados del pecado." Debemos recordar que Hebreos fue escrito para creyentes. Aunque Jesús murió por todos, no todos son salvos, porque muchos se niegan a aceptarlo como su Sustituto. No creen en El. En vista de esto, Hebreos 9:28 dice que Jesús murió para llevar los pecados de muchos. No somos salvados automáticamente por la muerte de Jesús. Tenemos que aceptarlo como nuestro Salvador.

Cristo, nuestro Mediador

Una de las mayores necesidades que tiene el mundo en la actualidad es la de mediadores: personas que puedan reunir a los bandos en disputa y lograr un avenimiento entre ellos. Los ministros y consejeros salvan muchos matrimonios al ayudar a los esposos a comprenderse mejor y arreglar sus diferencias. Muchos hijos rebeldes y padres indignados han sido ayudados a pasar una crisis por la mediación de una madre y esposa amante. En la industria se necesitan mediadores que comprendan los problemas de los empresarios y de los trabajadores, y se interesen en ellos, para lograr buenos acuerdos entre ambas partes en litigio y mejorar la situación. ¡Qué no daría el mundo por un diplomático que pudiese negociar una paz buena y duradera entre las naciones en todos los lugares donde existen hostilidades en el mundo actual! Pero sobre todo, en la trágica separación existente entre el hombre y su Creador, la mayor necesidad del mundo es de un Mediador: uno que comprenda tanto a Dios como el hombre y pueda reunirlos. ¡Cristo es ese Mediador, la solución al problema más básico de la raza humana!

Por el lado de Dios, la justicia demandaba que el pecador muriera. Jesús satisfizo esa demanda muriendo en lugar nuestro. Esto abrió el camino para que Dios nos demostrara su amor y misericordia. El nos perdonó, poniendo a un lado todo el sistema de la ley mosaica dada en el Antiguo Testamento y estableciendo un nuevo pacto. Este pacto es el Nuevo Testamento, basado en nuestra unión con Cristo en su muerte y resurrección. En el nuevo pacto dejamos de ser enemigos de Dios y nos constituimos en amigos suyos. Aun más: ¡El nos acepta como sus hijos!

Por el lado del hombre, debemos arrepentirnos y dejar de rechazar a Dios. El nos ofrece el perdón gratuito y todos los derechos que nos corresponden como hijos suyos. Sin embargo, recibiremos todo esto solamente si creemos en Jesús y lo aceptamos. El es la revelación de la verdad respecto de Dios: todo lo que creemos acerca de Dios es lo que vemos en Cristo. El es la demostración del amor de Dios, amor que aceptamos con pena por causa de nuestro pecado y con gratitud por causa de su bondad. Cristo es la autoridad que Dios ha colocado como base para la reconciliación. Le rendimos nuestra vida, reconociéndolo como Señor y Salvador. Estos son los términos de la paz. No podemos tener a Cristo como Salvador y rechazarlo como Señor.

Cristo, nuestro Mediador, ha negociado los términos de la paz y ahora nos envía para que los proclamemos a todos los que desean la paz con Dios (1 Timoteo 2:5; 2 Corintios 5:20; Hechos 10:36). El es el Príncipe de paz (Isaías 9:6, 7) que nos reconcilia, no solamente con Dios, sino también unos con otros, gentiles con judíos, y nos hace un solo Cuerpo en su Iglesia (Efesios 2:11-22).

Jesús todavía actúa como nuestro Mediador en el cielo. En toda la epístola a los Hebreos lo vemos como nuestro Gran Sumo Sacerdote que presenta nuestras necesidades al Padre. Podemos acudir a El en cualquier momento por medio de la oración y recibir la ayuda que necesitamos (Hebreos 7:25, 26).

Cristo, nuestro Libertador

Jesús es el gran Libertador del poder del pecado y de Satanás. La Biblia considera este poder una enfermedad y una esclavitud a la vez. Jesús sana la enfermedad del alma que nos impulsa a desear hacer lo malo. También quebranta el poder del pecado sobre nosotros. Leemos que Jesús curó a los que eran físicamente ciegos, sordos y paralíticos. También abrió los ojos de los humanos a la verdad, les hizo oír la voz de Dios, levantó a los que habían sido incapacitados por el pecado y les dio fuerza para caminar con El. Sanó a muchos de su orgullo, rebeldía y egoísmo. Los liberó de la ponzoña mortal del resentimiento, el prejuicio y el odio. Curó su fiebre de lujuria y avaricia. Los sacó de muerte a vida y salud física, mental, moral y espiritual. ¡Y sigue haciendo lo mismo hoy!

En cierta forma, nuestra salvación es semejante a la de una persona salvada de la muerte por un trasplante de corazón. El cirujano quita el corazón enfermo del pecho del paciente y coloca en su lugar el corazón bueno y saludable de alguien que acaba de morir por otra causa. La Biblia habla a menudo del corazón cuando se refiere a nuestro ser interior, nuestra personalidad, el centro de nuestros pensamientos, emociones y voluntad. Oramos con el salmista, "Crea en mí, oh Dios, un corazón limpio, y renueva un espíritu recto dentro de mí." La muerte de Jesús hizo posible que esa oración fuese contestada.

Sin embargo, nuestra salvación no es un trasplante de corazón; es la presencia de Cristo, que vive en nosotros por medio del Espíritu Santo. El nos da la victoria de día en día sobre el pecado y sobre Satanás. El les da salud al alma y al cuerpo. Quebranta las cadenas de la adicción a drogas, del alcoholismo y de otros hábitos que esclavizan. Libra del poder de los malos espíritus. Da libertad: libertad de la culpa, la hostilidad y el temor; libertad de los celos, la envidia y las sospechas; libertad del error que nos había cegado al amor y la verdad de Dios; libertad de la incredulidad, la indiferencia y la rebeldía. ¡Es gloriosa la libertad que hay en Cristo! (Juan 8:31-36; Romanos 6:6; 8:21).

Cristo, nuestro Señor

El plan de Dios para nosotros es que disfrutemos de una vida plena y satisfactoria en unión con Cristo y bajo su dirección. Le sugiero que memorice Juan 10:10; 14:6 y Romanos 6:23. Tendrá ocasión de citarlos a menudo en el evangelismo.

El camino desde el fracaso hasta la realización plena, es Cristo, que es el Camino, la Verdad y la Vida. El no es solamente el camino al cielo, sino también el camino de nuestra vida diaria aquí. Debemos aceptarlo no solamente como Salvador, sino también como Señor de nuestra vida. Aceptamos su dirección. Su Palabra se convierte en nuestro mapa de caminos para la vida. Ya no tendremos que seguir tras el error. ¡El es la Verdad! Sus enseñanzas son el fundamento de nuestros valores, esperanzas y acciones diarias. La vida ya no es un continuo andar errante en círculos preguntándose por su razón de ser. Nuestra vida tiene un propósito: glorificar a Dios y disfrutar de El para siempre. ¡El nos ha librado de la muerte en vida que es el pecado y ahora hemos comenzado a vivir de veras!

La vida eterna no es simplemente una existencia sin fin. Es una dimensión más profunda, más rica y más plena de la vida. Comienza cuando Cristo nos salva, y halla su más plena expresión cuando entramos en su reino celestial. El tiene un lugar especial para cada uno en su Iglesia y un trabajo especial para que cada uno lo desempeñe. En Colosenses 1:24 — 2:7 vemos un aspecto de este trabajo.

CONVERSION MEDIANTE EL ESPIRITU SANTO

Nuestro mensaje de salvación incluye la obra del Padre, el Hijo y el Espíritu Santo. Lo que el Padre ha planeado, el Hijo lo ha llevado a efecto por su muerte y resurrección. Y lo que El ha hecho posible, el Espíritu lo opera en nosotros.

NUESTRA SALVACION

EL PADRE *la planeó para*
EL HIJO *la efectuó por* → NOSOTROS
EL ESPIRITU *la realiza en*

La obra del Espíritu

El término *conversión* proviene de una palabra que quiere decir "dar media vuelta". Cuando éramos pecadores estábamos en el camino que conduce al infierno, pero luego conocimos a Jesús. Cuando lo aceptamos como nuestro Salvador y Señor, el Espíritu Santo nos hizo dar media vuelta y nos puso en rumbo hacia el cielo. Nos ayudó a arrepentirnos y derribó las barreras que había en nuestros pensamientos, emociones y voluntad en contra de Dios. Nos dio la fe necesaria para creer en Cristo.

Cuando rendimos nuestra vida a Cristo, su Espíritu vino a vivir en nosotros para guiarnos, ayudarnos y darnos una nueva naturaleza. El nos une a Cristo, haciéndonos miembros de su Cuerpo, la Iglesia. El Espíritu nos hace nacer de nuevo. Por medio de este milagro del nuevo nacimiento llegamos a ser hijos de Dios (2 Corintios 5:17, 18; Juan 3:3-6; Romanos 5:5). También nos ayuda a tener pensamientos correctos, a cultivar las emociones correctas y hacer lo que es correcto.

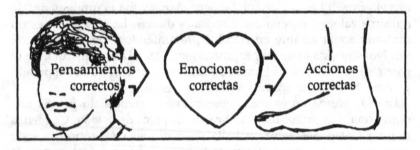

Responsabilidad de la persona

¿Ha intentado alguna vez alimentar a un bebé mientras él sacaba de la boca todo cuanto usted le ponía en ella? Por mucho que quisiera

> *La conversión es el cambio que se efectúa en un pecador cuando rinde por completo su ser entero a Dios*

darle lo que necesitaba, le sería imposible mientras él no estuviera dispuesto a recibirlo. Dios no alimenta a nadie a la fuerza. Aunque nuestra alma tenga hambre de la vida que El ofrece, no puede dárnosla a menos que estemos dispuestos a aceptarla. Si deseamos la salvación, tenemos que responder a la oferta de Dios y aceptar su dádiva del Salvador.

Podemos resumir en dos palabras lo que el pecador debe hacer para ser salvo: *arrepentirse* y *creer*. La conversión es un cambio completo de dirección. Primero, nos hallamos en camino hacia el infierno, dándole las espaldas a Dios.

Entonces *nos arrepentimos:* cambiamos nuestra actitud en relación con el pecado y tomamos la resolución de abandonarlo.

Nuestra conversión se completa cuando ponemos nuestra fe en Jesús. Creemos el Evangelio y aceptamos a Cristo como nuestro Salvador y Señor. Entonces lo seguimos.

Arrepentirse es cambiar de actitud hacia el pecado en todos los aspectos de la personalidad. En la mente reconocemos que hemos hecho lo incorrecto, que estamos en el camino errado, y que debemos abandonar nuestros pecados si queremos ser salvos. Emocionalmente, nos hallamos tristes por haber desobedecido a Dios; sentimos nuestra culpabilidad y tememos nuestro castigo. En cuanto a nuestra voluntad, tomamos la decisión de apartarnos del pecado. Una traducción libre de la Versión Ampliada dice en Mateo 3:2:

Arrepiéntanse — esto es, piensen de manera diferente; cambien de actitud, lamentando sus pecados y cambiando su conducta — porque el reino de los cielos está cerca.

El arrepentimiento comienza en la mente cuando creemos lo que dice Dios acerca del pecado, de sus consecuencias y de nuestro estado. Pasa luego a nuestras emociones y voluntad.

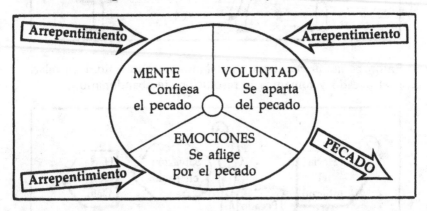

Cuando nos arrepentimos y creemos en Cristo, las barreras contra Dios (la incredulidad, la indiferencia y la rebeldía) se derrumban. Luego respondemos en fe, aceptando a Cristo como nuestro Señor y aceptando a la vez cuanto nos brinda para cada parte de nuestra personalidad. Compare el cuadro de abajo con los que están en las páginas 67 y 68.

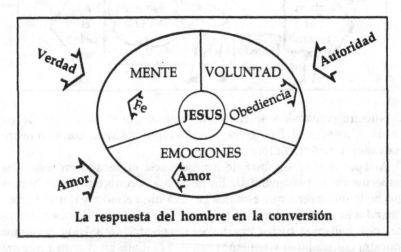

La respuesta del hombre en la conversión

Cooperamos con el Espíritu Santo en el arrepentimiento, permitiéndole hacer su obra transformadora en nosotros. El nos conduce al arrepentimiento. Obra en nuestra mente y emociones convenciéndonos de pecado y haciéndonos ver la necesidad de cambiar nuestro rumbo. El fortalece nuestra voluntad en su decisión de apartarse del pecado y volver a Dios. ¡El destrona el pecado de nuestra vida!

¿Ha notado usted que el Espíritu Santo trata de distintas maneras con las personas? Algunos se desesperan por el estado en que se hallan. Otros prorrumpen en lágrimas sin tener idea de por qué lloran; el Espíritu realiza en ellos una obra que no comprenden. Hay otros que no parecen conmoverse en lo más mínimo; sencillamente toman la decisión de abandonar el pecado y seguir a Cristo. En algunos la conversión es instantánea. En otros la convicción, el arrepentimiento y la fe en Cristo vienen de manera tan gradual, que no pueden señalar el momento exacto de su conversión.

Vemos claramente en la Biblia que el arrepentimiento es una parte vital del mensaje del Evangelio. Tanto Jesús como Juan el Bautista lo predicaban (Mateo 3:2; 4:17). Es posible que algunos vacilen en predicar el arrepentimiento porque no quieren ofender a nadie. Hay personas que se atreven a decirnos que no tenemos derecho a decirles a otros cómo deben vivir. ¿Será cierto? ¿Qué me dice de los trabajadores de carreteras que colocan una barrera a través del camino y un letrero que dice: *Desvío: puente roto*? ¿Qué decir del médico que le ordena a un paciente que cambie su dieta con el fin de salvar su vida, o del bombero que derriba la puerta de un edificio en llamas para rescatar a la gente que se encuentra allí atrapada? ¿Vacilan ellos en cumplir con su tarea por temor de ofender a las personas cuya vida está en peligro? ¡Dios nos ayude a ver el día de juicio que se avecina y a instar a la gente para que se arrepienta antes de que sea tarde! Lea 2 Timoteo 4:1, 2; Hechos 2:38.

Tengamos presente en nuestro evangelismo que el Espíritu Santo obra por medio de la Palabra y la oración para producir el cambio que se necesita en las personas. Así que, ya puede ver la importancia de ayudarlas con enseñanza bíblica y oración antes y después de que acepten a Cristo. Recordemos que la conversión es más gradual en algunas personas que en otras. El cambio comienza con el nuevo nacimiento y continúa mientras crecen espiritualmente. Por tanto, debemos alentar a los nuevos convertidos a que continúen respondiendo a Dios con fe, amor y obediencia.

El pensamiento de todo lo que Dios nos da en la salvación debe inspirarnos a hacer todo lo posible para compartir con otros las buenas nuevas y llevarlos al Salvador. La salvación que predicamos es mucho más que escapar del pecado y de su castigo. Es más aún que una nueva naturaleza y nueva relación con Dios. Es vida eterna: una nueva calidad de vida ahora y una vida futura inconmensurablemente maravillosa, vida perfecta con Cristo en su hogar celestial. Tenemos bendiciones sin número en la actualidad y tendremos gozo eterno en el futuro.

El Nuevo Testamento promete todo esto y manda darlo a conocer. Un testamento es un documento hecho por una persona para indicar su voluntad respecto a la distribución de sus bienes después de su muerte. El Testamento de Jesucristo nos señala las riquezas que puso a disposición de todos con su muerte. Tenemos que hacer saber a los herederos lo que deben hacer para recibir su parte de la herencia. Pablo, encadenado en prisión y esperando ser ejecutado pronto por su trabajo evangelístico, escribió: "Todo lo soporto por amor de los escogidos, para que ellos también obtengan la salvación que es en Cristo Jesús con gloria eterna" (2 Timoteo 2:10).

REPASO Y APLICACION

Después de contestar las preguntas, compare sus respuestas con las del capítulo 6 al final del libro.

Espero que haya coloreado o marcado de otra manera los textos sobresalientes relacionados con la salvación.

1 Si ha hecho una cadena de textos, escriba en una página en blanco (si la hay) en su Biblia el título *Dios quiere salvar*, seguido de las citas para toda la cadena. Puede utilizar este método para otros temas también si gusta.

2 Antes de su conversión ¿cuál creía que era la actitud de Dios hacia usted?
a Me amaba y quería ayudarme.
b Era una fuerza impersonal que no se interesaba en mí.
c Estaba demasiado ocupado para preocuparse por mí.
d Me miraba siempre para castigarme si me portaba mal.

3 ¿Qué es nuestro mensaje, según 1 Corintios 1:23, 24?

4 Diga lo que Cristo es para nosotros con respecto a cada uno de los aspectos del pecado, y la salvación que nos proporciona.
a Desobediencia.
b Rechazo de Dios.
c Enfermedad, esclavitud.
d Errar el blanco.

5. ¿Cuál aspecto de Cristo se da en cada uno de estos textos?
a Juan 1:29.
b 1 Timoteo 2:5.
c Juan 8:36.

6 Diga de memoria la definición de lo que es la *conversión*.

7 Practique el dibujo de las figuras que aparecen en este capítulo hasta poderlas hacer

fácilmente de memoria. ¿Cuáles piensa usar en algún estudio bíblico o sermón ilustrado? ¿En pizarrón, franelograma o carteles?

8 ¿Cuáles son las dos cosas que el pecador tiene que hacer para ser salvo?

9 ¿Qué sucede en las tres partes de la personalidad cuando una persona se arrepiente?

10 ¿Cuál Persona de la Trinidad nos lleva al arrepentimiento? Nombre dos medios que El usa para hacerlo y diga lo que eso implica para el evangelismo.

11 Siendo pastor, ¿cómo rectificaría estas opiniones equivocadas acerca de personas que acaban de aceptar al Señor?
a No creo que su arrepentimiento fuera sincero, porque sigue haciendo cosas que no debe hacer.
b Dudo de su conversión. No parecía muy acongojado por sus pecados.

12 ¿Por qué vuelven al mundo muchos de los "nuevos convertidos"? ¿Cómo evitarlo?

Ayudando a la gente a aceptar a Cristo

CAPITULO 7

Persuadimos a los hombres. 2 Corintios 5:11

BOSQUEJO

Luchar con los obstáculos
  Fe mal dirigida
  Pecados en los creyentes
  Falsos valores
  Demoras
  Temores
Mostrar lo que se debe hacer
  Creer en Jesús
  Arrepentirse del pecado
  Pedir perdón
  Aceptar y reconocer
  Seguir a Jesús
Orar con los pecadores
  Oración en grupo
  Oración individual

ESTE CAPITULO LE AYUDARA

- A reconocer cinco obstáculos para la salvación y a usar textos bíblicos para ayudar a la gente a vencerlos.
- A explicar a los inconversos (con versículos bíblicos apropiados) cinco cosas que deben hacer para ser salvos y ayudarles a tomar estos pasos hacia la salvación.
- A orar con grupos o individuos que desean ser salvos hasta que tengan la seguridad de que la obra se ha realizado.

LUCHAR CON LOS OBSTACULOS

En esta unidad (capítulos 5 — 7) estamos estudiando el mensaje evangelístico. Queremos ver cómo aplicarlo a las necesidades individuales: dar a cada persona el mensaje que Dios tiene para ella. Cada vez que hablamos con alguien sobre la salvación necesitamos la dirección del Espíritu Santo. El sabe cuáles son sus necesidades particulares y qué porción de la Palabra puede satisfacerlas. El es quien puede darnos penetración espiritual en sus problemas y poner en nuestra mente las palabras que debemos hablar. Queremos ser más sensibles a la dirección del Espíritu. Para esto estudiaremos ahora varios de los problemas que son más comunes, junto con sus soluciones.

Si podemos descubrir lo que impide que una persona acepte a Cristo, será más fácil poderle ayudar. Por tanto, en esta lección consideraremos cinco de las barreras más corrientes que Satanás pone en el camino de los que desean ser salvos: 1) una fe mal dirigida, 2) el pecado en los creyentes, 3) los falsos valores, 4) las demoras, 5) los temores.

| FE MAL DIRIGIDA |
| PECADOS EN LOS CREYENTES |
| FALSOS VALORES |
| DEMORAS |
| TEMORES |

Fe mal dirigida

Muchas personas buscan su seguridad en otras cosas ajenas a Cristo. Dios, que habla de sí mismo como de un refugio (Deuteronomio 33:27), le dijo a Isaías (28:14-20) que el pueblo se había refugiado en la mentira, falso refugio que no podría salvarlo. Las cosas en las cuales confiaban eran semejantes a una cama demasiado corta, o una sábana o frazada demasiado pequeña para cubrir a una persona. Proverbios 14:12 nos habla de un camino que parece derecho pero que conduce a la muerte. En Mateo 7:24-29, Jesús habla de la tragedia de la fe mal dirigida.

La gente confía en muchos falsos refugios en la actualidad. Algunos serán buenos en sí, pero no pueden salvar. Quizás le gustaría marcar una x junto a aquellos falsos refugios que aparecen en esta lista, y en los que muchas personas de su región confían, en vez de acudir a Jesús en busca de seguridad y salvación.

FALSOS REFUGIOS

— vida buena — esfuerzos propios — ser miembro de iglesia
— ángeles — otras religiones — oración de los padres
— espíritus — posición social — religión de su esposa
— santos — imágenes, cuadros — religión de su esposo
— antepasados — Biblia en casa — negarse a sí mismo
— dinero — observar rituales — ofrendar a la iglesia
— horóscopos — tablero de ouija — amuletos, encantamientos
— crucifijo — ayudar a otros — servir a la patria

Son miles los que ponen su fe en el hecho de que están bautizados, en lugar de ponerla en Cristo. Son cristianos sólo de nombre; jamás han tenido un encuentro personal con Cristo. No han nacido de nuevo. Otros ponen su fe en la Iglesia. ¡Qué campo para el evangelismo! Un modo de ayudar a estas personas es animarlas a que se acerquen a Dios, cualquiera que haya sido su experiencia espiritual hasta entonces. Muchos han renacido mientras oraban para que Dios los llenara con el Espíritu Santo.

Satanás hace que muchos pongan su confianza en ellos mismos en vez de confiar en Cristo. Unos sienten que son suficientemente buenos y que no necesitan a un Salvador. Otros tratan de ser cristianos, pero basados en sus propios esfuerzos. En cambio, otros se dan cuenta de que son demasiado débiles para llevar la vida cristiana y creen inútil intentarlo. Están fijándose en ellos mismos en lugar de mirar hacia Cristo y su poder transformador. El problema de muchos es que miran a Cristo como Maestro y Ejemplo a quien deben imitar, pero no lo conocen como Salvador y Señor. Es bueno que todos ellos conozcan Juan 3:3-7. *¡Es necesario nacer de nuevo!*

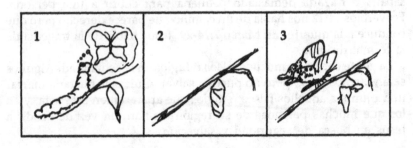

La oruga no intenta volar con el fin de llegar a ser mariposa. Todos sus esfuerzos nunca lograrían producir un cambio semejante, lo único que hace es encerrarse en su capullo, renunciando para siempre a su vida pasada, y Dios obra el milagro de la transformación. Lo que una vez pareció un gusano, sale del capullo convertido en una bella mariposa. Tiene nuevos instintos, deseos y apetitos. Vive en un mundo nuevo. Comienza a volar, no para imitar a otros ni en un esfuerzo por transformarse a sí mismo, sino simplemente porque ahora es mariposa.

¿Qué pensar de los que dicen: "Todos los caminos conducen a Dios. Una religión es tan buena como la otra si la persona es sincera en su creencia"? Muchos ponen su fe en imágenes, cuadros, santos, amuletos, encantamientos, espíritus, antepasados, y cosas por el estilo. Son sinceros, pero andan errados. Jesucristo es *el* camino, el único camino; el *único* mediador entre Dios y los hombres (Juan 14:6; 1 Timoteo 2:5). Tenemos que dirigir nuestra fe hacia su Persona.

Pecados en los creyentes

Es posible que alguna persona a quien usted trate de ganar tenga dificultades por las faltas o pecados que ve en ciertos miembros de las iglesias. ¿Por qué ha de pedir que Cristo lo salve, si los creyentes que conoce no son mejores que él mismo? Algunos dicen que la iglesia explota a los pobres y oprime a los ignorantes. Tales obstáculos nos demuestran la importancia de que demos buen ejemplo en todo lo que hagamos.

Debemos reconocer que los creyentes no son perfectos, pero Dios es quien se ocupa de las faltas de cada uno. No conocemos todas las circunstancias del caso: por qué la persona ha procedido mal, o si acaso se ha arrepentido de su mal proceder. Por eso Dios nos manda dejar que El sea quien juzgue (Mateo 7:1-3; Romanos 2:1-3).

A veces es importante darle a conocer a la persona que no todos los que se llaman creyentes lo son en verdad. Dios juzgará y rechazará a todos los falsos cristianos (Mateo 7:21). Satanás usa a los hipócritas (personas que aparentan lo que no son, falsos cristianos) para lograr que la gente se disguste con la Iglesia y se vuelva hostil a Cristo y al cristianismo.

Podemos preguntarles a esas personas: "¿Se negaría usted a recibir dinero, simplemente por el hecho de que existen algunas monedas falsas en circulación? Entonces, ¿por qué rechaza el cristianismo, en el que hay millones de personas verdaderamente convertidas, por el solo hecho de que existan algunos falsos cristianos?" Podríamos preguntarle a esa persona si conoce algún cristiano cuya vida concuerde con las enseñanzas de Jesús, o si halla falta alguna en

Jesús. Es a El a quien deben aceptar los que quieren ser salvos.

¿DEBEMOS DEJAR DE ACEPTAR DINERO?

FALSO   **GENUINO**

Tal vez la gente le hable de las atrocidades e inmoralidades cometidas por las "naciones cristianas". Dígales que no existen naciones cristianas. Aun en los lugares donde el Evangelio se ha difundido más, la mayoría de la gente no es cristiana, pues no ha aceptado a Cristo como su Salvador personal.

Falsos valores

¿Qué vale más: un hogar cómodo durante ochenta años sobre la tierra, o un hogar mucho mejor para toda la eternidad? ¿El placer temporal seguido de la aflicción eterna, o el sufrimiento temporal seguido del gozo inacabable? ¿Las riquezas terrenas o las celestiales? ¿Los momentos de popularidad y de fama en la actualidad, o el reconocimiento futuro y la recompensa eterna? ¿La aprobación del hombre o la aprobación de Dios? ¿Una vida egocéntrica o una vida cristocéntrica? ¿Lo que ofrece el mundo, o lo que ofrece Dios en Cristo?

Muchas personas están eligiendo las respuestas erróneas a estas preguntas y viven conforme a un conjunto erróneo de valores.

¡A ESCOGER!

Valores temporales		Valores eternos
Todo el mundo	*Marcos 8:36*	El alma
Gloria de los hombres	*Juan 12:43*	Gloria de Dios
Nada de sufrimiento	*Romanos 8:18-23*	Gloriosa libertad
Riquezas, honor, poder	*Hebreos 11:24-26*	Con Cristo, galardón

Algunas quisieran tener un hogar en el cielo, pero les parece que seguir a Cristo les costaría demasiado. Han sido atrapadas por el amor del mundo, y sin embargo no pueden hallar satisfacción verdadera en el mundo. Solamente Cristo puede darles gozo profundo y verdadero. Podemos usar con ellas estos textos. Quizás le gustaría hacer una cadena con ellos. Salmo 16:11; Marcos 8:34-37; Lucas 15:11-24; Juan 10:10; 12:43; Romanos 8:18; Hebreos 11:24-26.

Demoras

Parte de la estrategia militar de Satanás consiste en demorar la acción. Cuando una persona desea ser salva, Satanás trata de hacer que espere hasta más tarde, y luego más tarde, y más tarde; hasta que sea demasiado tarde. Aquellos con quienes usted hable pueden tener problemas como éstos:

1) Desean "disfrutar de la vida" ahora y aceptar a Cristo más tarde (razonamiento muy común entre los jóvenes).
2) Están "demasiado ocupados" para ir a la iglesia ahora, pero piensan asistir más tarde.
3) No comprenden qué importancia puede tener aceptar a Cristo de inmediato.
4) Desean comprender mejor el Evangelio antes de decidirse.

Podemos tratar los tres primeros problemas de la misma manera, puesto que se relacionan íntimamente. Veamos cinco motivos para no demorar más el arrepentimiento:

1) Prevención. En la parte del libro que trata del evangelismo de niños y jóvenes enseñamos lo importante que es entregarle la vida a Cristo en una edad temprana para evitar muchos problemas y la desdicha que el pecado trae.
2) Ventajas y desventajas. Hágales pensar en las ventajas y desventajas que tiene esperar hasta más tarde para recibir la maravillosa vida que Cristo les ofrece.
3) Peligro. Hábleles de ló incierto de la vida y del peligro que corren al esperar hasta que sea demasiado tarde. Lea Santiago 4:13, 14; 2 Corintios 6:2; Isaías 55:6, 7.
4) Ofensa a Cristo. Pídale a la persona que se imagine que se halla en este caso. Ha ido a la casa de un amigo para darle un regalo. El amigo lo ve a la puerta, pero no le invita a entrar. Ve el regalo y dice: — Ah, sí. Quisiera recibirlo algún día, pero ahora no. Vuelve otro día para dármelo. — ¿Qué haría él? O bien, ¿quién se atrevería a ignorar al alcalde del pueblo si éste lo honrara con una visita a su hogar? Sin embargo, ¡cuántos dejan que el Señor del cielo y de la tierra siga tocando a la puerta de su corazón sin hacerle caso! Apocalipsis 3:20.

5) Dificultad creciente. Mientras más largo sea el tiempo que uno siga aplazando su salvación, más difícil se hace que se salve. Mientras más repetimos una acción, más firmemente establecemos un estilo de conducta. Mientras más se aplaza la decisión de aceptar a Cristo, más fácil es seguir aplazándola. No será más fácil ser salvo el mes que viene o el año que viene. Hoy es el mejor momento para hacerlo. Lea Hebreos 3:15.

La cuarta razón que se da para demorarse, el deseo de comprender mejor el Evangelio antes, es a menudo una razón legítima y merece ayuda especial. Usted puede felicitar a la persona por su deseo de conocer la verdad. Invítela a hacer lo que hicieron los de Berea: estudiar el Evangelio por sí misma. Lea Hechos 17:11. Puede matricularla en un curso por correspondencia, darle un Evangelio o Nuevo Testamento, prestarle un buen libro, invitarla a su casa para conversar más al respecto, invitarla a los cultos de la iglesia o a un estudio bíblico en un grupo de oración.

Puede ofrecerse a orar con la persona para que Dios le muestre la verdad. Aconséjele que ore diariamente antes de leer las Escrituras, diciendo algo como esto: "Dios mío, muéstrame la verdad y ayúdame a aceptarla, aunque me cueste hacerlo." Si está dispuesta a obedecer a Dios, El le contestará.

Alentemos a las personas a actuar de acuerdo con la verdad que ya conocen. La vida es como un sendero sinuoso. No tenemos que verlo todo antes de dar los primeros pasos. Sabemos a dónde nos lleva el camino, de modo que ponemos nuestra mano en la mano de Dios y dejamos que El nos guíe.

Temores

Dios desea usarle para liberar a las personas influidas por temores que les impiden aceptar a Cristo. El es

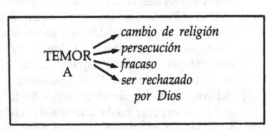

más poderoso que cualquiera de las cosas que ellos temen. Recuerde cuán a menudo Jesús decía: "¡No temáis!" Ahora El desea decirles estas palabras por labios de usted a los que tienen temores. Isaías 41:13.

Temor a cambiar de religión

Muchos afirman que no pueden dejar las creencias que sus padres les enseñaron. No desean abandonar las tradiciones de la familia ni herir la sensibilidad de sus seres queridos. Consideran un cambio de religión como una traición a su cultura.

Los que se han criado en otra religión pueden sentir temor de aceptar a Cristo aun después de estar convencidos de la verdad del Evangelio. ¿Qué sucederá si quebrantan sus votos y dejan de adorar a sus dioses, espíritus ancestrales u otros poderes espirituales?

Aun después de su conversión, algunos tienen miedo de destruir las imágenes, altares y encantamientos en los cuales antes confiaban. Desean seguir a Cristo, pero temen lo que les pudiera suceder.

¿Cómo ayudar a tales personas? He aquí cuatro sugerencias.

1) Pídales permiso para orar con ellos; pídale a Dios en esa oración que les muestre lo que deben hacer y les ayude a hacerlo.

2) Use testimonios de personas convertidas de esa religión.

3) Hable del poder protector de Jesús. No necesitarán de sus encantamientos o fetiches. El Espíritu Santo es más poderoso que los espíritus malignos (1 Juan 4:4).

4) Trate de conseguir, siempre que sea posible, que toda la familia siga a Cristo.

Para algunas personas, la fe viene gradualmente mientras leen la Biblia y van conociendo mejor al Señor. La persona que quita de la pared algo en cuya protección ha confiado, tal vez no lo encuentre tan difícil si pone en su lugar un texto bíblico que le recuerda el cuidado de Dios. El uso de calendarios con versículos bíblicos o cuadros de textos murales puede ayudarle.

Temor a la persecución

Muchos comprenden que seguir a Jesús les traerá persecución. Estarán expuestos al ridículo, al rechazo por parte de su familia y de sus amigos, o a la violencia física. A veces podemos allanar el camino para un nuevo convertido (o alguien que desea convertirse) si compartimos el Evangelio con miembros de su familia. Cierto adolescente aceptó a Cristo y quería ser bautizado en agua, pero sus padres eran de una religión no cristiana. El ser bautizado en desafío de sus deseos hubiera parecido una rebeldía contra ellos y el abandono de todo cuanto para ellos era sagrado, con el fin de seguir una religión extranjera. El pastor tuvo en cuenta los sentimientos de ellos. Fue a visitarlos y los invitó a reunirse con él para una serie de lecciones sobre la religión cristiana, a fin de que estudiaran si debían dar su consentimiento para que su hijo fuese bautizado. ¡Como resultado de las clases, ellos fueron bautizados junto con su hijo!

En aquellas regiones en que la gente está acostumbrada a tomar decisiones en grupo, los que se interesan en el Evangelio y los nuevos convertidos pueden hallar fortaleza en hacer juntos lo que tienen temor de hacer solos. Los obreros cristianos que laboran en lugares así, tratan de llevar el Evangelio a los grupos: toda la familia, una aldea entera, toda la tribu. Les presentan a Cristo a las personas clave de la comunidad si es posible, de tal modo que éstas puedan influir en los demás para que piensen en la invitación que les hace el Señor. Dios está usando este método para la salvación de grandes grupos de personas, a veces todos los habitantes de una aldea o comunidad. La entrega a Cristo es un asunto individual, pero se hace en grupo cuando cada uno de los integrantes del mismo lo recibe como Salvador y Señor.

Podemos animar a la persona que teme la persecución, al hablar con ella sobre la influencia que puede tener. Dios desea usarla para llevar la luz del Evangelio a su familia y amigos. Puede comenzar a orar por ellos de inmediato. Cuando acepte a Cristo tendrá algo maravilloso que compartir con ellos, no algo que esconder, o de lo que deba avergonzarse.

También podemos alentar a la persona haciéndole comprender que Dios la ayudará. Le dará fortaleza para lo que venga. Es un honor sufrir por Aquel que murió por nosotros. Además, Dios nos recompensará por ello. Cuanto suframos por El ahora, es como nada en comparación con la recompensa que nos dará en el cielo. Dios hablará con la persona y la alentará mientras le ayudamos a buscar y marcar en su Nuevo Testamento estos versículos: Marcos 8:34-38; Lucas 6:22, 23; Romanos 8:17, 18; 2 Timoteo 2:12; Hebreos 12:2, 3.

No nos olvidemos tampoco de que el llamado para seguir al Crucificado incluye el llevar una cruz. En los cultos de la iglesia y en nuestro evangelismo, usemos cánticos que inspiren valentía y entrega. Podemos usar también testimonios tomados de la historia de la Iglesia. La gracia de Dios, que puso una canción en los labios de los mártires mientras se enfrentaban a los leones en el anfiteatro o eran quemados en las hogueras, es suficiente para nosotros en la actualidad. ¿Tiene miedo de tomar la cruz? Eso es perfectamente natural, pero podemos asegurarle a la persona temerosa que somos sus amigos, que cuenta con nuestras oraciones y ayuda. Luego debemos prestarle la ayuda práctica que necesite mientras tome su lugar en el Cuerpo de Cristo.

Temor al fracaso

Ya hemos mencionado este problema. ¿Ha oído usted alguna vez respuestas como las siguientes al invitar a alguien a seguir a Cristo? "Me gusta el Evangelio, pero sé que no podría llevar una vida cristiana." "Lo intenté una vez y fracasé. ¿Por qué habría de intentarlo de nuevo?" "Usted no conoce mi situación. En mi familia, en el vecindario y en el trabajo es imposible seguir las enseñanzas de Cristo. Fallaría el primer día."

Podemos usar los puntos y textos del cuadro adjunto para combatir los temores al fracaso. La persona puede tener la seguridad de que recibirá una nueva naturaleza. Dios contestará su oración y le dará fuerzas. El Espíritu Santo estará en su interior y le ayudará

COMO EVITAR EL FRACASO

Nueva naturaleza, *Juan 3:1-3;*
  2 Corintios 5:17
Oración, *2 Corintios 12:9*
El Espíritu Santo en nosotros,
  Romanos 8:1-9; Gálatas 5:22
El amor de Dios, *Romanos 8:31-39*
Ayuda de la Iglesia, *Gálatas 6:1-2*

---

a resistir la tentación. El amor de Dios no la dejará, y los cristianos la ayudarán. Habrá lucha, pero Dios la ayudará a vencer.

¿Qué clase de ayuda especial les da su iglesia a los nuevos convertidos? El recién convertido aprende a caminar espiritualmente, tal como aprende un bebé. Necesita que le enseñen. Cuando tropieza y hace lo incorrecto, el diablo le dice que es un fracaso y no puede vivir para Dios. Luego puede pensar que Dios está enojado con él. Se siente tentado a darse por vencido y abandonar el camino del Señor. ¿Cuál debe ser nuestra actitud en tal caso? ¿Acaso los padres castigan o regañan al bebé cuando se cae? ¿Será Dios menos amoroso con sus hijos?

¿Ha pensado usted alguna vez del gran campo de evangelismo que hay entre los que comenzaron una vez a seguir al Señor, pero se han vuelto atrás? Los descarriados pueden haber vuelto a una vida de pecado por diferentes razones, pero muchos de ellos no vuelven a Dios porque la iglesia los ha abandonado. Parece aceptar el hecho de que son unos fracasados, y da la impresión de que no le importa. Fijamos nuestra atención en las personas nuevas y olvidamos a aquellas que en una ocasión manifestamos amar, pero que ahora abandonamos para que mueran.

¡No abandonemos a los descarriados! Podemos mostrarles que los amamos todavía. Usemos testimonios y pasajes bíblicos que los animen a consagrarse nuevamente a Dios. El los ama. Muchos de los mensajes de los profetas iban dirigidos a los hijos descarriados de Dios.

Jerry MacCauley era un fracaso irremediable: un alcohólico. Una y otra vez había intentado seguir a Cristo, y siempre había fallado. EL dinero que debía usar en alimentar a su familia lo gastaba en el licor.

Cuando murió su hijita, se robó los zapatos del cadáver y los vendió para conseguir bebida. Pero sus amigos creyentes no quisieron darse por vencidos. Llegó por fin el día en que Jerry MacCauley llegó a ser un nuevo hombre en Cristo Jesús. Comenzó a contarles a otros cómo Dios lo había libertado. Más tarde fundó una misión de rescate en donde millares de alcohólicos han sido liberados de su vicio por Cristo.

¿Qué está haciendo su iglesia para buscar a los reincidentes (los que han hecho una profesión de fe, pero se han vuelto atrás) y traerlos de nuevo al Señor? ¿Qué puede hacer usted? En los registros antiguos de la iglesia o de la Escuela Dominical es posible que halle muchos nombres que le sirvan de guía para orar por ellos y visitarlos.

Temor a ser rechazado por Dios

Muy parecido al temor al fracaso es el temor a ser rechazado por parte de Dios. Algunas personas sienten que ya han fracasado y que son demasiado perversas para ser perdonadas. Posiblemente hayan pedido perdón y no han sentido el gozo de la salvación. Por eso piensan que Dios no las ha perdonado y no lo hará. Algunos creen que han cometido el pecado imperdonable y que no hay esperanza para ellos. A tales personas podemos preguntarles si quisieran ser perdonadas e ir al cielo. Si tienen todavía el deseo de que Dios las perdone, esto es prueba de que el Espíritu Santo está todavía atrayéndolas hacia Dios y que pueden ser perdonadas.

Podemos usar los textos que estudiamos acerca del deseo que tiene Dios de salvarnos a todos. Insistamos en que nuestra salvación no depende de cómo nos sintamos después de pedir el perdón, sino más bien de que creamos la promesa de Dios.

Si puede conseguir que alguien desempeñe el papel de la persona que teme ser rechazada por Dios, haga que presente su problema. Dé la respuesta correspondiente. Haga que lea Juan 3:16; 6:37; 1 Juan 1:7, 9. Señale la palabra *todo* en los primeros dos textos. Pregúntele: "¿Lo incluye esto a usted?" Haga que lea los textos de nuevo sustituyendo con su propio nombre las expresiones *todo aquel* y *todo*. Anímelo a actuar de acuerdo con 1 Juan 1:7, 9. Exhórtelo a confesar sus pecados ante Dios, con fe en que El lo está perdonando tal como lo prometió, y dándole gracias por el perdón.

MOSTRAR LO QUE SE DEBE HACER

Después de oír el Evangelio y ser convencido de sus pecados por el Espíritu Santo, el pecador necesita saber qué debe hacer para ser salvo. La salvación es un don, pero ¿cómo recibirlo? Tal vez le gustaría usar el grabado de *la mano de la salvación*, como ayuda visual. Al enseñar o predicar al respecto, puede usarlo representándolo en un cartel, un franelógrafo, o el pizarrón, o sencillamente, puede señalar los pun-

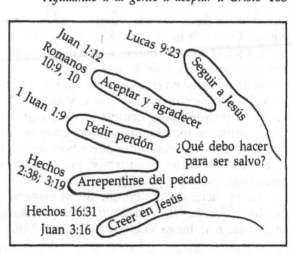

tos sobre sus propios dedos a medida que la persona con quien conversa cumpla con cada una de las condiciones. Quizás no use todos los textos cada vez, pero debe conocerlos.

Creer en Jesús

En la ayuda visual empezamos por el meñique: "Creer en Jesús." Cuando el carcelero de Filipos preguntó: "¿Qué debo hacer para ser salvo?", Pablo y Silas le dieron la respuesta de Dios: "Cree en el Señor Jesucristo y serás salvo, tú y tu casa" (Hechos 16:31).

Si yo creo en una persona, creo que es lo que dice ser, y que hará lo que ha prometido hacer. Creo que logrará sus propósitos. Creer en el *Señor Jesucristo* significa creer que El es todo lo que este título afirma respecto a El. *Señor* significa que El es nuestro divino Dueño. Es Dios Hijo y tiene derecho a regir nuestra vida. *Jesús* quiere decir "Salvador". Es el nombre que se le dio cuando vino a salvarnos de nuestros pecados (Mateo 1:21). Creo, pues, que es el Hijo eterno de Dios que vino a la tierra, fue encarnado virginalmente en María, nos enseñó la verdad respecto de Dios, murió por mis pecados en la cruz, resucitó, y volvió al cielo a preparar un lugar para mí. Es mi Sumo Sacerdote, que se preocupa por mis necesidades y ora al Padre por mí. Creo que El perdona a quienes lo aceptan como Salvador y Señor y envía a su Espíritu Santo para que viva en nosotros y nos ayude a vivir como hijos de Dios.

Cristo quiere decir "ungido". Se refiere al hecho de que Dios ha autorizado a su Hijo para realizar su obra de salvación y reinar luego sobre el mundo. Creo, pues, que Jesús es Señor sobre todo el universo; que le es dada toda autoridad en el cielo y en la tierra. Creo que El es el Juez ante el cual tenemos que comparecer algún día. Creo que es Señor de la vida y la muerte y que en El hay resurrección y vida eterna. Creo que ha de volver para establecer su reino universal en justicia y paz sobre la tierra. Y creo que me ama y desea que yo esté con El y comparta todo lo que es suyo.

Puesto que creo en Jesús, acepto sus enseñanzas como la norma de mi vida, la mejor manera de vivir, y en realidad el único modo de vivir plenamente y para siempre. Por supuesto, muchos no comprenden al principio todo lo que significa creer en Jesús. Pero es fácil ver que si creemos en Jesús, cumpliremos los requisitos de los otros *dedos de la salvación*. Nos arrepentiremos, pediremos perdón, aceptaremos a Jesús como Salvador y lo seguimos como Señor. Todo eso se resume en este pequeño dedo: "Porque de tal manera amó Dios al mundo, que ha dado a su Hijo unigénito, para que *todo aquel que en él cree*, no se pierda, mas tenga vida eterna" (Juan 3:16).

Arrepentirse del pecado

Ya hemos visto que el arrepentimiento es un cambio de actitud, un cambio de dirección en la vida. Debemos aclararle esto al pecador. Algunos piden el perdón de sus pecados porque no quieren ser castigados, pero sin intención alguna de dejar de pecar, o se arrepienten de ciertos actos pecaminosos, pero no de su rebeldía contra Dios. Quieren seguir haciendo su propia voluntad. Algunos se arrepienten en una faceta de su personalidad pero no en las otras. ¿Será de provecho alguno la expresión externa de pesar por el pecado, si deliberadamente se continúa en desobediencia respecto a Dios?

Pedir perdón

"Si confesamos nuestros pecados, él es fiel y justo para perdonar nuestros pecados, y limpiarnos de toda maldad" (1 Juan 1:9). El arrepentimiento del pecado y la petición de perdón pueden ocurrir al mismo tiempo. Pero algunas personas comprenden su culpabilidad, lamentan haber pecado, y deciden cambiar su modo de vivir, pero sin confesar sus pecados a Dios o pedir su perdón. Debemos acudir a El en busca de perdón, si deseamos realmente que nuestros pecados sean borrados. ¿Cómo? Tenemos algunos ejemplos en el Salmo 51; Lucas 18:13; Mateo 6:12.

Si la persona con la que usted trata el tema de la salvación ya ha dado el paso de arrepentimiento, 1 Juan 1:9 puede ser suficiente. El Espíritu Santo guía a algunos a confesar ciertos actos de pecado. Otros simplemente oran diciendo: "Dios mío, ten compasión de mí, que soy pecador." Uno no puede recordar todas las cosas malas que ha hecho, pero Dios las sabe todas, aun los pensamientos y emociones pecaminosos. De modo que nos allegamos a El con sencillez, reconociendo que somos pecadores y pidiéndole que nos perdone todos nuestros pecados.

Aceptar y reconocer

No basta con que crea que Jesús murió para salvar al mundo. Debo aceptarlo como mi Salvador personal y Señor (Juan 1:12). Cuando lo acepto, les doy a conocer a los demás que El es mi Salvador y Señor. Esta es mi confesión de fe en Cristo, mi reconocimiento de que ahora pertenezco a Dios. Es como el sello en el contrato, que hace que nuestra nueva relación sea oficial. Es mi endoso en el cheque para poder recibir del Banco del Cielo todos los beneficios de la salvación. Romanos 10:9, 10.

Después de orar con una persona pidiendo su salvación, usted puede darle una oportunidad de reconocer a Cristo al preguntarle: "¿Ha aceptado a Jesús como su Salvador? ¿Qué ha hecho Jesús por usted?" Anímela a que les cuente a sus amigos y familiares lo que Cristo ha hecho en su vida y haga una confesión pública de fe mediante el bautismo en agua.

Seguir a Jesús

Los primeros cuatro dedos de la "mano de la salvación" son lo que un pecador hace para recibir la salvación. Piense en el pulgar como el dedo que se cierra para tomar la salvación y retenerla. Seguir a Jesús es una continua responsabilidad diaria; es la parte progresiva de nuestra salvación. "Seguir a Jesús toda la vida." En esto consiste nuestro discipulado. No podemos hacerlo con nuestra propia fuerza, pero El nos toma de la mano y nos conduce por todo el camino que lleva a casa (Lucas 9:23).

Enseñarles a los nuevos convertidos cómo seguir a Cristo es una parte vital del evangelismo. Lo llamamos "evangelismo de consolidación". Desde el momento en que aceptan a Cristo, les aconsejamos que lean una porción del Nuevo Testamento cada día, que oren con regularidad, que asistan habitualmente a los cultos, y que les cuenten a otros lo que Jesús ha hecho por ellos.

ORAR CON LOS PECADORES

Oración en grupo

En algunos cultos el pastor o evangelista pide que los que desean aceptar a Cristo levanten la mano o pasen al frente para orar. Luego los dirige en una oración unida. Suele decirles para que repitan frase por frase, algo como esto:

"Dios mío, he pecado contra ti. Pero tú me dices que me amas tanto, que has enviado a tu Hijo para sufrir el castigo que merecen mis pecados. Así que, te ruego que me perdones. Quita mi pecado y toda mi rebelión. Jesús, te acepto ahora como mi Salvador y Señor. Gracias por haber muerto en mi lugar. De hoy en adelante soy tuyo. Ven a mi vida y ayúdame a hacer lo que tú quieres que haga. Creo que tú me perdonas y me aceptas ahora. Gracias por haberme salvado. Con tu ayuda, te seguiré todos los días de mi vida. Amén.

¿Se convierten de veras las personas al repetir una oración así en grupo? ¡Son millares los que han sido transformados en el acto! Los que simplemente repiten las palabras, sin tomar en cuenta su significado, sin rendirse realmente a Dios, no son salvos. Pero los que se apropian de una oración así, pensando en su significado y haciéndola el sincero clamor de su alma, tienen un encuentro personal con Dios y nacen de nuevo.

Oración individual

Cuando oramos con una persona, tratamos de hacer que ella ore con sus propias palabras, tal como hablaría con Jesús si lo viera. Sin embargo, no insistimos en que ore en voz alta si siente timidez al respecto. Lo que importa es que tenga un encuentro con Cristo, ya ore quedamente o en voz audible. Muchos prefieren repetir primero una oración pronunciada por el obrero cristiano. Después pueden sentirse más libres para orar cuando los animamos a darle gracias a Dios con sus propias palabras, al menos en una o dos frases, por lo que ha hecho por ellos. Esta expresión personal de su fe puede ser importante para que sientan la plena seguridad de su salvación (Romanos 10:9, 10).

Pídale al Espíritu Santo que le guíe cuando ore con una persona, pues sólo El conoce las necesidades de cada uno. En cierta oportunidad se me pidió que orara por una señora que estaba agonizante. Lo que me preocupaba era que ella estuviera lista para el encuentro con Dios al morir. Mientras oraba, me sentí impulsada a pedirle al Señor que la ayudara a perdonar a todos los que le hubieran hecho mal o la hubieran ofendido. Después de salir yo de la habitación, ella dijo:

— Alguien me hizo una vez un mal tan grande, que yo dije que jamás se lo perdonaría. ¡Ni siquiera en mi lecho de muerte! Pero ahora he perdonado a la persona que me hizo aquel daño. — Para el asombro de todos, desde ese momento la mujer comenzó a mejorar. ¡Al cabo de pocos días se hallaba del todo bien y gozando de su salvación!

Pero la gente no siempre logra traspasar con una corta oración las barreras que ha levantado contra Dios. A veces tiene que luchar contra las fuerzas satánicas que se oponen a su salvación. Batalla contra temores, dudas, tentaciones, y aun su propio yo, que se resiste a rendirse por completo a Dios. Dios sabe cuáles son los obstáculos. El quiere usarle a usted para ayudar a la persona a orar hasta vencerlos todos y quedar segura de su salvación.

Jess Brooks, inconverso que durante años había resistido todo intento de llevarlo a Cristo, estaba agonizante. Sabía que no estaba listo para morir y mandó llamar al pastor Jenkins. El pastor oró fervientemente por su salvación, pero sin resultados aparentes. El moribundo le pidió que orara de nuevo. Esta vez el pastor oró y oró hasta que por fin el poder del Espíritu Santo descendió y Jess Brooks fue salvado. Su rostro se iluminó con el gozo de la salvación y empezó a darle las gracias al pastor. — No me lo agradezca a mí — dijo el pastor —. Déle las gracias al Señor. — Oh, sí. Tengo que darle las gracias — contestó Jess Brooks —. ¡Sus oraciones lo hicieron venir!

REPASO Y APLICACION

1 Nombre cinco barreras que se interponen con frecuencia ante los que desean ser salvos. Cite el texto que usaría usted para cada una de ellas.

2 ¿Cuál barrera ha visto más? Ore por sus amigos inconversos, pensando en lo que les impide aceptar a Cristo y en cómo los puede ayudar.

3 Nombre tres temores comunes y un texto aplicable a cada uno.

4 De las ilustraciones de la casa en la arena, la oruga, y la moneda falsa, ¿cuál usaría para cada una de estas expresiones?

a Estoy tratando de ser cristiano.

b Un miembro de su iglesia me ha defraudado. Es un hipócrita.

c Todas las religiones son buenas, porque todas conducen a Dios.

5 ¿Da usted alguna clase? ¿Por qué es importante lograr que sus alumnos acepten a Cristo sin demora? Pida sus opiniones sobre lo que les impide convertirse a ellos o a otras personas.

6 Copie la "mano de la salvación" al final de su Biblia para poder usarla cuando la necesite. Aprenda de memoria los textos.

7 ¿Para cuál de los "dedos de la salvación" usaría cada uno de estos textos? (Le doy unas palabras clave para ayudarle.)

a Lucas 9:23 — su cruz
b Juan 1:12 — ser hijos
c Hechos 16:31 — serás salvo
d Hechos 2:38 — Pedro les dijo
e Romanos 10:9, 10 — con la boca
f Juan 3:16 — amó
g 1 Juan 1:9 — confesamos

8 Pida a alguien que haga el papel del inconverso y ensaye con él la solución de las distintas barreras y el uso de la "mano de la salvación".

9 Explique el uso de las dos maneras de orar con los inconversos.

Compare sus respuestas con las que se dan para la lección 7.

La comunicación eficaz

Les oímos nosotros hablar cada uno en nuestra lengua. Hechos 2:8

BOSQUEJO

Principios de la comunicación
  Propósito
  Claridad
  Oyentes
  Lenguaje
  Experiencia
  Intereses
  Reacción
  Refuerzo
Ayudas para la comunicación
  Ayudas auditivas
  Ayudas visuales
Comunicación por la música
  Objetivos de la música
  Eficacia en la música

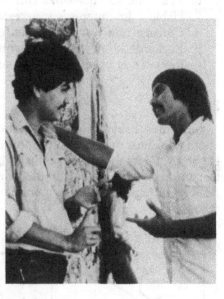

ESTE CAPITULO LE AYUDARA

- A seguir diez reglas básicas para mantener una buena comunicación en el evangelismo.
- A usar las ayudas auditivas y visuales que estén a su alcance para presentar el mensaje del Evangelio.
- A usar con mayor eficacia la música en el evangelismo.

PRINCIPIOS DE LA COMUNICACION

Hoy comenzamos a enfocar nuestra atención en otro aspecto del evangelismo. En la primera parte hemos estudiado la dinámica del evangelismo y nuestra asociación con Dios como mensajeros suyos. Ahora nos enfrentamos a este problema: *¿Cómo podemos presentar el mensaje de la manera más eficaz?* Las investigaciones modernas en los campos de la educación y la ciencia de la comunicación nos pueden enseñar mucho al respecto. Hemos resumido algunas de sus recomendaciones en diez reglas básicas que son muy importantes para nuestro evangelismo.

1. Hable con un propósito definido.
2. Enuncie claramente sus palabras.
3. Exprese claramente sus pensamientos.
4. Conozca a su auditorio.
5. Use palabras que sus oyentes comprendan.
6. Relacione su enseñanza con las experiencias de sus oyentes.
7. Hable a los intereses y necesidades de sus oyentes.
8. Consiga una reacción de parte de sus oyentes.
9. Recuerde el efecto de las actitudes.
10. Refuerce el aprendizaje con sus métodos y ayudas.

Propósito

Ya hemos hablado acerca del propósito del evangelismo, pero ahora hablamos de tener un propósito definido en cada esfuerzo que hagamos. Podemos resumir estos propósitos bajo tres encabezamientos: informar, moldear actitudes y conducir a la acción. En otras palabras, dirigimos nuestro mensaje a la mente, las emociones y la voluntad.

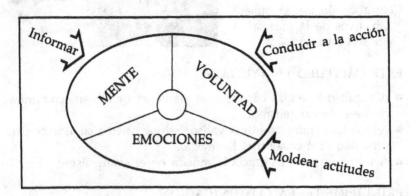

La información es lo que viene primero. La gente necesita saber en qué consiste seguir a Jesús antes de estar dispuestos a rendir su vida a Él. Los que han oído el evangelio repetidas veces necesitan algo para moldear sus actitudes y llevarlos a tomar la decisión de seguir a Cristo.

Claridad

Para trasmitir fielmente un mensaje es esencial la claridad en expresarlo. Bajo el

> *LA COMUNICACION ES*
> *el traspaso exitoso*
> *de pensamientos y de ideas*
> *entre las personas.*

título *claridad* tenemos dos reglas de comunicación: *Enuncie claramente sus palabras* y *exprese claramente sus pensamientos*. Ambas cosas son esenciales si queremos que nuestros oyentes comprendan lo que decimos.

Enunciar bien equivale a pronunciar nuestras palabras clara y distintamente. ¡Cuántas personas han perdido algún avión, tren u ómnibus porque no pudieron entender los anuncios que daba el sistema de altoparlantes, avisando la partida del vehículo. Es una tragedia peor que pierdan la ida al cielo por no comprender el anuncio que nosotros les hacemos.

Es muy importante enunciar claramente al hablar a un grupo, a alguien que es tardo de oído, a alguien cuya lengua materna o dialecto es diferente del nuestro, y cuando hablemos por teléfono o ante un micrófono. Indicamos algunas faltas de enunciación que hacen difícil la comprensión. ¿Cuáles le han irritado alguna vez o han hecho difícil que comprendiera ciertas partes de una charla, discurso, anuncio o sermón?

masc ullar
demasiado lento
demasiado rápido
demasiado fuerte
demasiado suave

pronunciación descuidada
bajar la voz al final
pronunciar palabras juntas
no pronunciar la palabra completa

Si usted tiene alguna de estas faltas de dicción, le sugiero que pida la ayuda del Señor y empiece a corregirla desde hoy mismo.

Es sumamente importante que expresemos claramente nuestros pensamientos. A menudo damos por sentado que los oyentes saben de qué se trata cuando nos referimos a algún personaje o suceso bíblico. Es posible que los miembros de la iglesia los conozcan, pero no las personas que queremos alcanzar en el evangelismo. Necesitamos explicar lo que queremos decir. Por ejemplo, si usted no conociera nada del Evangelio o de la Biblia, ¿qué pensaría al oír estas expresiones sin ninguna explicación: "Todos nuestros pecados fueron clavados en la cruz". . . "El Calvario lo cubre todo". . . "Usted es el sacrificio que Dios quiere". . . "Eso fue cuando yo estaba en el mundo". . .?

Oyentes

Conozca a su auditorio es otra regla, muy importante para la comunicación. ¿Cómo puede usted hablar el lenguaje que ellos comprenden, si no sabe qué lenguaje hablan? ¿Cómo puede apelar a sus intereses y satisfacer sus necesidades, si no sabe cuáles son? Mientras mejor nos relacionemos con la gente, mayor será nuestro interés en sus problemas y más abiertos estaremos a la dirección del Espíritu al orar por ellos y hablar con ellos.

Lenguaje

Nuestra siguiente regla de buena comunicación es: *Use palabras que sus oyentes comprendan.* Una de las mayores contribuciones que la ciencia de la comunicación le ofrece al evangelismo es la importancia que le da al oyente. Lo que puede ser un hermoso sermón para adultos puede carecer completamente de significado para los niños, a causa del limitado vocabulario de estos. Debemos adaptar nuestro lenguaje a nuestros oyentes. Lo que comprendan dependerá de su vocabulario y experiencia.

Experiencia

Relacione su enseñanza con las experiencias de sus oyentes. Esto no nos limita a hablar de cosas que ellos hayan experimentado personalmente. Más bien, quiere decir que las cosas que ellos conocen nos proveen de ejemplos y de vocabulario para explicar verdades nuevas. Otro modo de establecer esto sería: *Vaya de lo conocido a lo desconocido.* Comenzamos con lo que la gente conoce, para enseñarle algo nuevo.

Jesús fue el mejor comunicador que haya existido jamás. Utilizaba el lenguaje sencillo y cotidiano de la gente. Sin embargo, su enseñanza era tan poderosa, que sus oyentes quedaban maravillados. Les gustaba escucharlo, porque les enseñaba principios morales y espirituales basado en las experiencias de ellos. Al llamar a los pescadores Juan y Jacobo, les prometió hacerlos pescadores de hombres. Cuando hablaba de barrer la casa y de buscar una oveja extraviada, la gente escuchaba con interés, recordando sus propias experiencias. En lugar de usar términos abstractos, como *honradez* y *culpa*, usaba ejemplos de la vida diaria para dar a comprender estos conceptos.

Intereses

Queremos hablar directamente a los intereses y necesidades de los oyentes. Pero éstos varían según su experiencia, situación y edad. El testimonio de un famoso jugador de fútbol, que impresiona profundamente a un joven de dieciséis años, tal vez no resulte tan importante para la abuela de este joven. Debemos escuchar a la gente y descubrir cuáles son sus intereses y necesidades. Estos son los puntos en los cuales se hallan abiertos por lo general los canales de comunicación.

Reacción

Nuestra regla siguiente es: *Consiga una reacción de parte de sus oyentes.* Este es uno de los aspectos más importantes de la ciencia moderna de la comunicación. Se utilizan métodos para llegar a saber lo que el oyente comprende y cuál es el efecto que el mensaje está provocando en él. Se busca la reacción de la gente al mensaje.

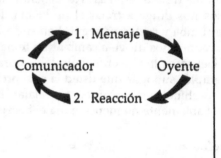

Reacción es la respuesta que recibe el comunicador del oyente — sea en palabras, acciones, o actitudes — que le hace saber cómo se ha recibido el mensaje, cuán bien se ha comprendido, y cuál ha sido su efecto.

1. Mensaje
Comunicador — Oyente
2. Reacción

En el evangelismo personal se consigue reacción cuando la persona con quien se habla hace preguntas y comentarios o contesta las preguntas que se le hacen. Se usan las preguntas en una clase y a veces en un sermón con el fin de conseguir reacción. A veces la expresión facial revela si la gente comprende el mensaje o no y cómo lo acepta. Cuando se ve que los oyentes no comprenden cierto punto, hay que procurar aclararlo con una explicación o ilustración.

Cuando usted predique, observe los rostros de sus oyentes para ver si están interesados, perplejos, o aburridos. Aun cuando los niños se portan mal en la clase en lugar de prestar atención, esta puede ser su reacción, su manera de decirnos: "No comprendo lo que usted dice. No me interesa." En vez de echarles la culpa por su poco interés, procuremos mejorar nuestra manera de comunicarles el mensaje que necesitan.

Actitudes

Nuestra novena regla para la comunicación clara del Evangelio es: *Recuerde el efecto de las actitudes.* Esto se refiere a las actitudes nuestras y a las del oyente. Ya hemos estudiado la importancia de las nuestras. Hemos visto que el amor y la sinceridad son absolutamente esenciales. Nuestra expresión, tono de voz, y acciones comunican los sentimientos nuestros hacia la gente. Nuestras actitudes en el evangelismo producen efectos en los oyentes. Estos efectos pueden ser favorables o adversos a nuestro mensaje.

Es sumamente importante observar las actitudes que presenta la gente al reaccionar ante el mensaje. Especialmente en el evangelismo personal podremos sentir así cómo va el proceso. Algunas personas son abiertas y están deseosas de aprender todo cuanto se les pueda enseñar. Otras son resistentes. Cuando les hablamos de cosas espirituales, sentimos pronto su hostilidad. Otras levantan una sólida muralla de indiferencia. No debemos ignorar esta reacción. A veces Dios nos dirige a tratar el problema de tal forma que la barrera se derrumba y podemos seguir hablando de cosas espirituales. En otras ocasiones nos dirige a cambiar de tema o a concluir la conversación.

Debemos tomar en cuenta los valores culturales de la gente. Por ejemplo, suponga que usted le está predicando a gente cuya religión le prohíbe comer carne. Al relatar la historia del hijo pródigo, probablemente no mencionaría el becerro que mataron para la fiesta.

Refuerzo

La última de nuestras diez reglas para la buena comunicación es: *Refuerce el aprendizaje con sus métodos y ayudas.* Podemos fortalecer el impacto de nuestro mensaje de muchas maneras. La repetición de las verdades principales es como un martillo que con cada golpe hunde más el clavo. El uso de diferentes métodos para presentar la verdad mantiene el interés y facilita la comprensión. Por ejemplo, en un culto evangelístico se ve un letrero, un cartel o banderín, que dice: CRISTO SALVA. Las canciones expresan el mismo mensaje, pero con más detalles. Los pecadores mismos pueden participar, cantando un coro con el mismo tema. Los testimonios les hacen saber que es algo cierto. Finalmente, el evangelista les da la Palabra de Dios acerca de cómo ser salvos.

Mientras más activa sea la participación de la persona, mejor será el aprendizaje y mayor será el tiempo que recordará lo aprendido. Por eso usamos preguntas y comentarios de parte del oyente, canciones entonadas por la congregación y otros medios para conseguir que exprese sus creencias y problemas. Esto es más que reacción. Es una parte del aprendizaje que conduce a menudo a la aceptación de la verdad, y al fortalecimiento de la fe, pues se nos dice que para comprender cabalmente una verdad es importante que la persona la vuelva a formular en su mente y si es posible, la exprese con sus propias palabras.

AYUDAS PARA LA COMUNICACION

Desde los árboles del Edén hasta las visiones de Juan en Patmos, vemos cómo Dios usa ayudas audiovisuales para comunicar su verdad a los hombres. El arco iris; la zarza ardiente; las trompetas y los truenos del Sinaí; la columna de nube y la de fuego; el terremoto, el fuego y el silbo apacible; las visiones de ejércitos invasores; las tinieblas y el velo rasgado desde arriba hasta abajo; las lenguas de fuego; las trompetas, los sellos y el triunfo del Cordero. . . Los audiovisuales en el evangelismo son parte del estilo de trabajo establecido por Dios.

Los equipos electrónicos nos facilitan maneras de extender el Evangelio que ni se soñaban en tiempos pasados. Debemos ver cómo usarlas para extender nuestro ministerio y reforzar el mensaje.

Ayudas auditivas

Las ayudas auditivas son las que
1) permiten que la gente oiga, o
2) usan el sonido para presentar o reforzar el mensaje.

altoparlantes

grabaciones

teléfonos

Usamos equipos especiales como ayudas del primer tipo.

El uso de altoparlantes

Más de 250.000 personas oyeron predicar a Billy Graham en un campo deportivo de Río de Janeiro, Brasil. ¿Cuántos de éstos podrían haberle escuchado sin el sistema de altoparlantes? Los altoparlantes son de mucho valor en las iglesias grandes y en reuniones al aire libre. Algunos obreros los instalan también sobre un auto o bicicleta y van por todo el pueblo anunciando los cultos especiales. Si usted desea hacer esto en su iglesia, averigüe primero si la ley lo autoriza, o si es necesario obtener un permiso de las autoridades.

Grabaciones

En algunas zonas no evangelizadas los obreros colocan un tocacinta o tocadiscos en un hogar donde la familia muestra interés. Los vecinos se reúnen para escuchar. Se envían cintas nuevas por correo o se recogen personalmente las grabaciones usadas y se dejan nuevas. Los que tienen circuitos de evangelización pueden hacer circular las grabaciones entre los puntos de predicación.

Puede emplearse el mismo sistema en hospitales, asilos, cárceles, escuelas, centros de estudios, orfanatos, centros de rehabilitación, y dondequiera que se ofrezca la oportunidad. Las grabaciones de buena música evangélica pueden ser bien recibidas en las radioemisoras, en las bibliotecas que tienen una sección de audio, y en los establecimientos comerciales que utilizan música para proporcionar un ambiente agradable.

En las Islas Filipinas dos señoras, trabajando con otros creyentes, grabaron algunos cánticos y un sencillo mensaje evangélico en 92 idiomas y dialectos. Trabajaban con Grabaciones Evangélicas (Gospel Recordings, 122 Glendale Blvd., Los Angeles, California, EUA). Esta organización coopera con los obreros que trabajan en muchos países entre tribus que no tienen idioma escrito. En 1982 ya había provisto gratuitamente unos nueve millones de grabaciones evangélicas en 4.120 idiomas.

Las grabaciones toman a menudo el lugar de la literatura entre los analfabetos, los ciegos, y los pueblos en cuyo idioma hay poca literatura evangélica. En algunos idiomas se ha grabado la Biblia entera, además de sermones, canciones, estudios bíblicos, libros y algunas revistas.

Se emplean mucho las grabaciones en los grupos de estudio bíblico, en programas radiales, en conexión con cursos por correspondencia, y en los programas de préstamo en las iglesias. Los creyentes las escuchan y las llevan o envían a otros en su obra de evangelización.

Usos del teléfono

¿Cuenta usted con un teléfono? Veamos algo de su potencial para el evangelismo.

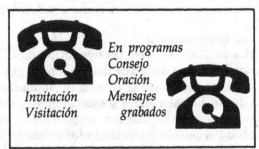

En programas
Consejo
Oración
Mensajes
grabados

Invitación
Visitación

Invitaciones. La guía de teléfonos nos proporciona una buena lista de candidatos para el evangelismo. Los creyentes pueden responsabilizarse cada uno por cierta parte de la lista. Llaman a la gente y la invitan a una campaña evangelística o a otros actos especiales. Así se puede descubrir a las personas que se interesan en el Evangelio. También se extiende una invitación personal por teléfono a amigos, personas relacionadas comercialmente con nosotros, y personas que han visitado la iglesia o han manifestado interés en el Evangelio.

Suplemento a la visitación. Algunas iglesias usan la guía telefónica para llamar a la gente de cierta comunidad, avisarle de su programa de visitación y concertar una visita.

Las llamadas amistosas pueden estimular y ayudar grandemente al nuevo convertido. Cuando un horario muy lleno no deja tiempo para una visita personal, muchas veces una corta conversación por teléfono puede alentarle a seguir adelante en su nueva vida.

Una llamada a las personas nuevas que han visitado la iglesia puede alentarlas a volver. También cuando los asistentes habituales faltan a un culto o clase, una llamada telefónica les hace ver que usted se interesa en ellos y desea su bienestar.

En programas de radio y televisión. En este tipo de evangelismo se utiliza el teléfono para observar la reacción, tener la participación del auditorio, ayudar personalmente a los interesados y enviarlos a una iglesia cercana que pueda ayudarles espiritualmente. A veces se sondea el auditorio preguntando su opinión del programa. Se invita a los oyentes a llamar para pedir literatura, oración, información, consejos, o que se cante cierta canción en el programa. Algunos llaman para dar cuenta de su decisión por Cristo, efectuada durante la transmisión. Tal informe afirma la entrega de la persona y nos proporciona una oportunidad para el trabajo de consolidación. Algunos programas populares consisten en llamadas de los oyentes presentando sus preguntas y comentarios, que luego reciben la respuesta del dirigente del programa.

Consejo y oración. "Si está usted en dificultades, llame a este número: _____," dice un anuncio en el periódico. La redacción puede variar, pero el mensaje es básicamente el mismo: ¿Con problemas? ¿Ruptura matrimonial? ¿Mala salud? ¿Desesperado? ¿Drogas? ¿Alcoholismo? ¿Pensando suicidarse? Llame a este número. Cierta iglesia que pone este anuncio en el periódico local está organizada en células de oración con un capitán sobre cada grupo. El consejero que recibe una llamada a cualquier hora del día o de la noche habla con la persona que llama, ora con ella, y le ofrece la ayuda de la iglesia. Si el problema es urgente, el consejero llama inmediatamente al capitán de cada grupo de oración, quien a su vez llama a su grupo. Al cabo de pocos minutos, son más de cincuenta personas las que están orando por el problema.

Grabaciones. Se usan mucho las grabaciones con dispositivos de respuesta automática. Se graban sermones, cantos, lecturas bíblicas, oraciones, historias bíblicas para niños, o un breve programa devocional. Estos se anuncian en el diario y en la guía telefónica. Conozco un pastor que graba un nuevo mensaje de unos tres minutos cada día. Este comienza: "Hola, habla su pastor." Luego da su nombre, cita un texto bíblico, da un testimonio, un breve mensaje acerca de cómo tener la solución de Dios para algún problema específico, y una oración. Después dice: "Ahora dígame cualquier petición de oración que tenga. Oraremos por ella. Si desea conversar conmigo al respecto o desea una visita, diga ahora el número de su teléfono para que le pueda llamar, o su nombre y dirección para que alguien de la iglesia le visite."

Cierta iglesia que conozco utiliza la grabación diaria, pero en lugar del dispositivo para recibir mensajes, invita a los que desean ayuda a que llamen a cierto número. Una persona dedicada a este ministerio aconseja a la persona, ora con ella y pasa sus peticiones de oración a la iglesia. Esta iglesia informa que se han producido muchas sanidades, respuestas a la oración y conversiones, y que se han añadido personas a la iglesia por este ministerio.

Uso individual. Cualquier creyente que tenga teléfono puede hallar oportunidades de usarlo para Dios. Una dama parcialmente paralizada quería hacer algo para el Señor, pero ¿qué podía hacer hallándose en una silla de ruedas? Pensó luego en una amiga ciega que no tenía quien le leyera. Empezó a telefonear a su amiga ciega todos los días para leerle la Biblia y orar con ella. ¡Donde hay voluntad, siempre hay alguna manera de trabajar para Dios!

Ayudas visuales

Ayudas visuales a la comunicación son aquellas que usan la vista para presentar o reforzar el mensaje. Las usamos para: 1) despertar y mantener el interés, 2) reforzar el impacto, 3) ayudar a la gente a comprender el mensaje y 4) ayudarle a recordarlo.

Visuales proyectables

Las diapositivas y filminas (vistas fijas) y las películas se usan en clases, cultos evangelísticos, programas de televisión, escuelas y otros lugares. Algunos evangelistas las usan para atraer a la gente y presentar un mensaje. Luego concluyen con predicación e invitación. Cierto obrero usó tres películas así en Centroamérica para llevar el Evangelio a veinte pueblos, con tres noches de cultos en cada uno. Muchas personas se rindieron al Señor. Algunos obreros usan vehículos equipados para exhibir las películas o vistas de día o de noche en la calle, la plaza, el mercado, o dondequiera.

Las iglesias pueden cooperar entre ellas para establecer un Centro Audiovisual en el país. Esta oficina compra las películas, diapositivas, pantallas, y proyectores. Luego los presta a las iglesias. Una ofrenda o cuota de alquiler de las iglesias que las usan cubre los gastos y permite comprar nuevas películas. Las compañías que las preparan las sacan en varios idiomas. El que piensa exhibir una película debe verla primero para saber si conviene para su auditorio.

Las clases de medios visuales de este tipo más usadas en el evangelismo son:

La vida de Cristo
Historias bíblicas
Cultos evangelísticos
Sermones o charlas
Biografías
Historia de la Iglesia
Sermones relacionados con la ciencia (Moody Films, La mano de Dios en la naturaleza)
Cumplimiento de la profecía bíblica
Testimonios dramatizados
Dramatización de problemas corrientes y su solución en Cristo

Visuales no proyectables

Hace muchos años me encontraba en cierta iglesia en Cuba para dar una serie de lecciones sobre los métodos de enseñanza. Concluía el seminario con una sesión para toda la iglesia. Extendí un retazo de franela sobre un tablero ligeramente inclinado. Luego mostré cómo los trocitos de franela pegados en la parte posterior de las figuras hacían que éstas se adhirieran al tablero. Después demostré su uso con cuadros para ilustrar una historia bíblica, un texto bíblico (Romanos 6:23) y un coro sobre la salvación. Cuatro niños y tres adultos aceptaron a Cristo. Entre ellos se hallaba Fortuna, quien tenía 16 años. Más tarde me dijo: "Toda mi vida he asistido a la iglesia, pero nunca antes había comprendido cómo ser salva." Fortuna tiene muchos años ya de ser obrera cristiana y esposa de un pastor. ¿Se sorprende usted de que ella use ayudas visuales en sus clases bíblicas?

La dramatización y las lecciones con objetos no son nuevas en el evangelismo. ¡Mire a Jeremías con un yugo sobre el cuello profetizando la cautividad de Judá (Jeremías 27)! Vea a Jesús lavando los pies de los discípulos para ilustrar sus palabras sobre la humildad.

La dramática presentación visual de los sucesos futuros que aparecen en el Apocalipsis cobra un mayor significado para nosotros cuando un evangelista usa un diagrama o cuadro profético que los ilustra. También los dramas y cuadros vivos presentados en Navidad y Pascua de Resurrección nos convencen de que otras verdades bíblicas podrían presentarse de manera similar con buen efecto.

Visuales no proyectables	
Franelograma	Carteles
Objetos	Banderines
Dramatización	Anuncios
Pizarrón	Cuadros
Títeres	Mapas
Diagramas	Dibujos

Utilizamos carteles, banderines, tableros de anuncios, pinturas, mapas, fotografías, charlas ilustradas en el pizarrón, lemas murales, cuadros en el franelógrafo, títeres, ilustraciones de varias clases en la literatura: todos como ayudas visuales en el evangelismo. Usted puede adaptar para los adultos muchas de las ayudas que se emplean en el evangelismo de niños. Los adultos disfrutan hasta con los títeres, siempre que digamos que son para el beneficio de los niños presentes. Se usan a menudo cuadros grandes relacionados con historias bíblicas en las reuniones al aire libre, en clases para niños, y en los puntos de predicación.

Usted puede comprar, pedir prestadas, confeccionar o hallar ayudas visuales para el evangelismo. Cualesquiera que sean, asegúrese de que sean lo suficientemente grandes para que las vean con claridad. Una iglesia puede desarrollar su propia colección de ilustraciones para lecciones y sermones. Los obreros pueden cooperar en su preparación y luego clasificarlas para su uso en los diversos departamentos (de niños, jóvenes o adultos).

Es bueno llevar un registro de los lugares y ocasiones en que se usan tales materiales ilustrativos. Con un control así, varias iglesias y obras de extensión pueden cooperar en la preparación y el uso de las ayudas. Pueden tener un intercambio de visitas en la presentación de dramas y otros mensajes ilustrados.

Los objetos que sirven para las ilustraciones se encuentran en todas partes alrededor de usted. Mantenga los ojos y la mente abiertos y se sorprenderá de las maneras en que Dios le ayudará a ilustrar sus mensajes.

COMUNICACION POR LA MUSICA

La música es una ayuda a la comunicación en el evangelismo, pero es más que eso. Un canto penetra más hondamente en el espíritu que las mismas palabras sin la música. Es también un canal ideal de comunicación entre el alma y Dios. El nos inspira las canciones y en la Biblia nos insta repetidamente a que las cantemos. Cuando lo hacemos, obra en nosotros y a través de nosotros para ganar a otros. La música es una poderosa herramienta para el evangelismo. ''Cantad alegres a Dios, habitantes de toda la tierra'' (Salmo 100:1).

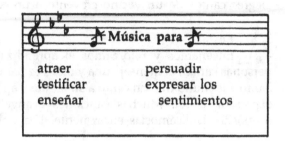

atraer   persuadir
testificar   expresar los
enseñar   sentimientos

Objetivos de la música

Debemos observar las reglas de la buena comunicación en la música, y la primera es: Hable con un propósito definido. Esto se aplica a la música en el evangelismo. Debemos decidir lo que deseamos lograr y descubrir la mejor manera de hacerlo. Deseamos usar la música como un canal de comunicación para atraer, testificar, enseñar, persuadir, y expresar los sentimientos.

Atraer

''Al principio vine a los cultos simplemente por la música; para ver cómo tocaba usted el trombón,'' le dijo un joven peruano al pastor. ''No pensaba quedarme para la predicación.'' ¡Pero se quedó! Víctor González volvió una y otra vez, se convirtió, y durante más de cuarenta años ha estado predicando el Evangelio. Sólo Dios sabe cuántos otros han sido atraídos en un comienzo por la música. Millones de personas que no asistirían a una iglesia evangélica escuchan los programas evangélicos por radio y televisión porque les gusta la música.

La música es una gran atracción en las campañas evangelísticas, en las concentraciones juveniles, y en las reuniones al aire libre. Conozco a una persona que le debe la vida a una canción. Mercedes, desilusionada de la vida, estaba a punto de ingerir un veneno cuando oyó a unas personas que cantaban en la calle: ''¿Quieres ser salvo de toda maldad?'' Decidió averiguar de qué se trataba antes de quitarse la vida. Salió a la calle, oyó el Evangelio y encontró una nueva vida en Cristo.

Testificar

Cante su testimonio en la iglesia, en el hogar, dondequiera que vaya. Fórmese el hábito de hacerlo. ¡Cuántos hijos han visto su vida modelada por las canciones que su madre cantaba en casa! ¡Y cuántas personas han sido convencidas de la realidad del Evangelio por los alegres cantos de un vecino creyente o un compañero de trabajo!

Enseñar

Enseñamos y reforzamos el aprendizaje en los cantos. Las personas cantan el mensaje una y otra vez para sí mismas. El Espíritu Santo a menudo trae un canto a su mente y aplica a su vida la verdad expresada en él. Muchas canciones evangélicas tienen el mismo propósito. Utilicémoslas eficazmente. Lea Colosenses 3:16.

Persuadir

La música que nos gusta nos pone en actitud receptiva hacia el mensaje expresado por las palabras. En el evangelismo, la música ayuda a la gente a olvidar por el momento sus antagonismos y prejuicios. (¿Recuerda cómo la música de David afectaba al rey Saúl? 1 Samuel 16:14-23). Las barreras se derrumban y el llamado de Dios penetra más hondamente, persuadiendo a la persona a actuar sobre el mensaje de la canción. Por consiguiente, usamos canciones de invitación para conducir a la acción, ya sea para la salvación, la consagración, o el trabajo al servicio del Señor.

Las palabras deben surgir del corazón para llegar al corazón. Por tanto, oremos para que el Espíritu de Dios hable a través de nosotros en las canciones de invitación. Que todo nuestro deseo de ver salvarse las almas y el amor de Dios por un mundo perdido surjan a través de nosotros, convirtiéndonos en su voz cuando cantamos "¡Venid, venid!"

Expresar sentimientos

¿Cuántas veces ha encontrado en un himno la expresión exacta de lo que usted sentía, pero no podía poner en palabras? La poesía y la música son los medios naturales para expresar los sentimientos, deseos y propósitos más profundos del alma. Por eso, en el evangelismo usamos la música — el lenguaje del alma — para ayudar a las personas a expresar lo que sienten. Así los creyentes expresan su gozo, amor a Dios e interés por los perdidos. Hasta la persona más tímida puede cantar un testimonio y una invitación.

Usamos dos tipos de canciones de invitación. Uno es la llamada nuestra y de Dios al oyente. El otro expresa la respuesta del oyente, su decisión de aceptar la invitación. Con éstas ayudamos a la persona a expresar su pena por el pecado, su deseo de perdón y su rendición a Dios. Aun cuando la persona no las cante, puede aplicar las palabras a su experiencia y derramar así su alma ante Dios.

Hallamos muchos salmos penitenciales (cánticos de arrepentimiento y confesión) en la Biblia. El más conocido es el Salmo 51. Muchas personas se han salvado al hacer de este salmo su oración. Léalo ahora.

Eficacia en la música

El director de cantos es tan responsable ante Dios por el mensaje que va en la música, como lo es el predicador por el mensaje en el sermón. La música evangelística requiere planificación, ensayos y oración para que resulte efectiva.

Tipos de música

¿Qué clase de música es más eficaz en el evangelismo? ¿La rápida y viva, o la lenta y solemne? ¿La tradicional o la contemporánea? ¿La de otras regiones, o las melodías típicas de nuestra propia cultura? Todo depende de las circunstancias. Usted se alegraría de tener una orquesta de cien músicos para una cruzada en un estadio, pero no para un culto en el hospital. Las canciones con movimientos, que les encantan a los niños, no resultarían apropiadas para los jóvenes o los adultos. Fíjese en la gran variedad de los salmos. Evidentemente, Dios quiere que usemos los distintos tipos de música para las diferentes ocasiones y propósitos.

Muchos grupos juveniles cantan el Evangelio al estilo de la música folklórica o con el ritmo popular contemporáneo. A muchas personas mayores no les agrada este tipo de música. Pero los jóvenes salen a las calles y playas, a los centros comerciales y estaciones de ferrocarril, a los recintos universitarios, los parques y las barriadas para llevar el mensaje de Cristo. "Todo cuanto tenemos que hacer para conseguir un auditorio," dice uno de los jóvenes, "es empezar a afinar nuestras guitarras." En sus canciones hablan el lenguaje que sus oyentes comprenden, y están ganando a muchos de ellos para Cristo.

Aplicando las reglas

Veamos cómo aplicar las reglas de la comunicación para hacer que nuestra música sea más eficaz.

1. *Hable con un propósito definido.* Seleccionamos las canciones primordialmente a base de las palabras. Las elegimos y usamos para atraer, testificar, enseñar, persuadir, y expresar los sentimientos y las decisiones.
2. *Enuncie claramente sus palabras.* Hacemos varias cosas para que se entienda bien cada palabra. Enunciamos claramente todas las palabras. Cantamos todos al mismo compás. Evitamos los cantos complicados en que las distintas voces cantan diferentes palabras al mismo tiempo. Mantenemos el acompañamiento

instrumental lo suficientemente bajo para que no apague las palabras, y ajustamos el volumen de las voces al lugar (o a la distancia del micrófono).

3. *Exprese claramente sus pensamientos.* Elegimos cantos que son doctrinalmente correctos y que proclaman el mensaje claramente. Cantamos canciones que expresan lo que realmente queremos decir.

4. *Conozca a su auditorio.* Consideramos el nivel de edad, el fondo religioso, la condición, y el gusto musical del auditorio.

5. *Use palabras que sus oyentes comprenden.* Elegimos canciones en el lenguaje moderno y al nivel que sea propio para el oyente.

6. *Enseñe basado en la experiencia de los oyentes.* Usamos cantos que comparan la experiencia espiritual con experiencias de la vida que son bien conocidas. Cantamos acerca de lo que Cristo ha hecho o hará por nosotros y por los oyentes. Les ayudamos a expresarse en cánticos de alabanza o himnos de consagración.

7. *Hable a los intereses y necesidades de sus oyentes.* Pedimos que el Espíritu Santo nos guíe al seleccionar canciones dirigidas a las necesidades de los oyentes, dirigiendo el mensaje desde lo más profundo de nuestro espíritu al de ellos.

8. *Consiga reacción de parte de sus oyentes.* Observamos los resultados y la reacción ante los diversos tipos de música. Averiguamos cuáles son las canciones que más le gustan a la gente y qué podemos hacer para mejorar el ministerio musical.

9. *Recuerde el efecto de las actitudes.* Los componentes del coro y otros músicos oran fervientemente para que Dios los use al cantar y tocar. Pensamos en las palabras y procuramos cantarlas con toda sinceridad con la expresión facial que les corresponde.

10. *Refuerce el aprendizaje con sus métodos y ayudas.* Usamos cantos y coros que pueden reforzar un testimonio, el sermón o la lección. A veces usamos ayudas visuales, movimientos o dramatizaciones en una presentación musical. También reforzamos el mensaje de los cantos y coros haciendo que la congregación los cante frecuentemente. Para esto seleccionamos canciones que tengan un mensaje importante, sean fáciles de aprender y de cantar, y le gusten a la gente. Distribuimos hojas con canciones para que las personas puedan llevarlas a casa y continuar cantando el mensaje.

Uso del talento

La eficacia del ministerio musical de la iglesia depende en parte del uso debido de todo el talento disponible. Una de las mayores necesidades en el mundo actual es que la Iglesia movilice, adiestre y use a todos sus miembros en el evangelismo. Jesús nos enseñó que debemos poner en uso lo que Dios nos ha dado: desarrollar nuestros talentos y usarlos para El. Dios puede bendecir nuestros talentos tan sólo en la medida en que los usemos.

El rey David fue un famoso cantor, arpista, compositor de canciones, e inventor de instrumentos de música; pero posiblemente su mayor contribución musical fue el enseñar a su pueblo a adorar a Dios mediante la música. Organizó un programa permanente de adiestramiento de músicos para cantar y tocar muchos instrumentos. La ocupación principal de cuatro mil de los levitas era la música sagrada. Dios busca aún hoy personas que, como David, adiestren y organicen a creyentes con talento musical y los dirijan en un ministerio dinámico de adoración y evangelismo.

¿Cómo podemos desarrollar y usar el talento? Algunas iglesias tienen coros por edades (uno para los niños pequeños, otro para niños mayores, otro para los jóvenes y otro para los adultos). Muchas tienen una orquesta o grupo musical. Cierta iglesia en Cuba compró unos instrumentos musicales usados y contrató a un instructor para enseñar a los que desearan aprender. Pronto el grupo musical comenzó a atraer a mucha gente a los cultos y el instructor se convirtió. Durante la semana, el grupo musical se repartía en grupos pequeños para ayudar con la música en los puntos de predicación.

Se puede comenzar el entrenamiento musical bastante temprano con una banda rítmica para los niños pequeños. ¿Que eso cuesta mucho? ¡Los he visto agitar maracas hechas en casa, frotar un trozo de madera contra una pieza corrugada, batir un pedazo de acero, y hacer resonar tapas de botellas aplastadas y clavadas a un madero! Alegremente acentúan el ritmo mientras cantan: "Cristo me ama, bien lo sé." Se unen en espíritu con el músico, que decía: "Cantad alegres a Dios, habitantes de toda la tierra. Alabadle con címbalos resonantes; alabadle con címbalos de júbilo" (Salmos 100:1; 150:5).

Las oportunidades para la música en el evangelismo son inacabables. Algunos grupos dan serenatas. Otros realizan giras, cantando en concentraciones juveniles, visitando las iglesias y ayudando en las campañas. Se dan conciertos en escuelas, parques, centros culturales, radio y televisión y dondequiera que Dios abre las puertas.

Se requieren horas y horas de duro trabajo — ensayos, ensayos y más ensayos — para desarrollar el talento y perfeccionar la calidad de la música, pero los resultados valen la pena. ¿Quién puede medir la influencia de la música cuando cada persona usa su talento para Dios?

REPASO Y APLICACION PERSONAL

1 Cite de memoria las diez reglas de la comunicación y examínese en cada una anotando dónde tratará de mejorar.

2 Escriba tres usos que cada una de estas ayudas puede tener en el evangelismo:

a Altoparlantes.

b Grabaciones.

c Teléfonos.

Indique cuáles serían prácticas para su iglesia y zona.

3 Cite cuatro ventajas que tiene el uso de ayudas visuales.

4 ¿Se emplean ayudas proyectables en el evangelismo en su zona? ¿Le parece que sería bueno? ¿Qué posibilidades hay de hacerlo?

5 Revise la lista de ayudas no proyectables que aparece en esta lección. ¿Cuáles ha usado usted? Señale las que piensa usar. Le sugiero que prepare y enseñe una lección con una, aunque sea en casa a una sola persona.

6 Nombre cinco propósitos para la música en el evangelismo. ¿Los tiene en cuenta al seleccionar las canciones o coros?

7 ¿Qué medidas se deben tomar para mejorar su comunicación en la música? ¿Qué puede hacerse para adiestrar y usar el talento musical en su iglesia? ¿Cómo podría emplearlo más para la evangelización de su país?

Testimonio y consejo

Me seréis testigos. Hechos 1:8

BOSQUEJO

Testigos para el Señor
  Importancia de ser testigo
  Testimonio de persona a persona
  Testimonio a grupos
  Testimonio con literatura
Consejeros en el evangelismo
  Reglas básicas para aconsejar
  Oportunidades para aconsejar

ESTE CAPITULO LE AYUDARA

- A reconocer sus responsabilidades como testigo para Cristo y a usar sus oportunidades en forma más efectiva.
- A reconocer sus oportunidades para aconsejar en el evangelismo y a seguir las reglas básicas para ayudar a la gente con sus problemas.

TESTIGOS PARA EL SEÑOR

"Vosotros sois mis testigos," le dijo Dios a toda una nación en el Antiguo Testamento. En el Nuevo, Jesús nos dice lo mismo (Hechos 1:8). ¿Qué quiere decir   ¿Qué es un testigo?

> *Testigo es alguien que tiene conocimiento personal de algo y da evidencias de ello; alguien que testifica en una causa.*

Estudiemos las tres partes de la definición que aparece arriba. En primer lugar, para ser testigos de Cristo necesitamos conocerlo personalmente. En segundo, nuestra vida debe evidenciar que es cierto cuanto decimos de El. En tercer lugar, debemos decir acerca de Jesús cuanto sepamos de El que pueda favorecer su causa. La tercera parte — hablar a favor de Jesús — puede resultar efectiva únicamente en la medida en que las dos primeras partes sean una realidad en nuestra vida.

Importancia de ser testigo

De todos los métodos de evangelismo que usted está estudiando, ninguno es más importante ni más eficaz que el de ser testigo de Cristo. Es importante por dos razones principales: 1) Es el plan de Dios para todo creyente, y 2) es un elemento básico de todo el evangelismo.

El plan de Dios para todo creyente

El Espíritu de Dios ha venido para darles poder a todos los que creen en Jesús, a fin de que sean testigos suyos (Hechos 1:8). Los primeros cristianos, llenos del poder del Espíritu Santo, comenzaron a decirles a todos lo que sabían de Jesús. Los apóstoles fueron amenazados de muerte si no dejaban de testificar. Lea su respuesta en Hechos 5:18-20, 29-31. ¡Oraron pidiendo más valor para seguir testificando!

No somos testigos oculares, como lo fueron los apóstoles, de la vida, muerte, resurrección y ascensión de Jesús; pero todo verdadero cristiano tiene un conocimiento personal de El. Hemos aceptado el testimonio de los testigos de la Biblia y de aquellos testigos del presente que dan evidencias de haber conocido a Cristo de una forma personal. Luego nos hemos dirigido a El en oración, convencidos de que lo encontraríamos, ¡y así fue! El perdonó nuestros pecados y trajo gozo, paz, y razón de ser a nuestra vida. Hemos experimentado su poder sanador en el alma y el cuerpo. Hemos recibido muchas respuestas a nuestra oración. Tenemos evidencias de que hay un Salvador viviente, y las debemos compartir con otros. Hechos 1:8 es tan válido para nosotros como para aquellos que lo oyeron de labios de Jesús en el monte de los Olivos: "Me seréis testigos."

Imagínese que Jesús se halla ante un tribunal. Afirma ser el Hijo de Dios y el Salvador de todos los que crean en El. En cambio, sus enemigos dicen que es un impostor. Lo llaman a usted como testigo de la defensa. ¿Dónde, cuándo, y de qué maneras está dando testimonio de todo cuanto Jesús ha hecho por usted?

Según Hechos 1:8, la presente renovación espiritual por la que pasan muchas iglesias debe ayudar a los creyentes a conocer mejor a Cristo, a demostrar su presencia en su vida y a dar testimonio de El.

El plan de Dios para *todos* los creyentes es que sean testigos de Cristo. No todos pueden predicar o enseñar, pero todo aquel que conoce a Jesús puede comunicarles este conocimiento a otros. Hasta los niños pueden ser testigos. Juanito, un niño de siete años, acompañaba a su padre cuando éste celebraba cultos al aire libre en Lima, Perú. Juanito testificaba: "Amo a Jesús por lo que El ha hecho con mi papá. El antes llegaba borracho a casa. A veces no teníamos nada que comer. Papá había gastado todo su dinero en bebida. Pero Jesús salvó a mi papá y él ya no se emborracha." Luego cantaban juntos: "Con Cristo en la familia, un feliz hogar."

Elemento básico de todo evangelismo

Un antiguo proverbio dice: "Unos gramos de experiencia valen mil kilos de teoría." Las evidencias tienen mayor fuerza que los argumentos para convencernos de la verdad. La gente quiere ver la evidencia de la verdad del Evangelio antes de estar dispuesta a entregarle la vida a Cristo. Por lo tanto, el testimonio tiene una parte vital en todos los tipos de evangelismo.

Predicación, enseñanza, literatura, canto y consejo en el evangelismo; todos deben corroborarse con testimonios de lo que Dios ha hecho por distintas personas. Los grandes esfuerzos evangelísticos deben ser precedidos, acompañados y seguidos por testimonios personales a favor de Cristo. Lea 1 Juan 1:3.

Nuestra vida como respaldo de nuestras palabras, es parte del testimonio que convence a los demás acerca del poder de Cristo. Un famoso ateo sorprendió a la congregación de cierta iglesia cuando asistió a un culto y rindió su vida a Cristo. Más tarde el pastor le preguntó: — ¿Qué parte de mi sermón lo convenció de la existencia de Dios y le hizo decidirse a entregarle su vida? — No fue precisamente el sermón — respondió el hombre —. Fue la vida del cristiano que vive al lado de mi casa.

¿Vacila usted en testificar por temor de no poder explicar bien el Evangelio? Recuerde al ciego que Jesús sanó. En vez de enredarse en una discusión teológica con los fariseos, se aferró a lo que sabía: Jesús lo había sanado. Su testimonio fue más poderoso que todos los argumentos contra Jesús. Hay un dicho: "El que tiene una experiencia jamás se hallará a la merced del que sólo tiene un argumento." En su calidad de testigo, usted no tiene que responder a todos los argumentos. Solamente diga lo que sabe respecto de Jesús. Lea Juan 9:25.

Testimonio de persona a persona

Su testimonio en el evangelismo personal puede ser planeado o imprevisto. A menudo las oportunidades se presentan de manera inesperada. En otras ocasiones tal vez tenga que crear la oportunidad de testificar ante familiares, amigos o extraños.

El testimonio generalmente comienza en el hogar o entre los

amigos. Los que nos conocen pueden notar cómo Cristo ha cambiado nuestra vida. El endemoniado gadareno se había convertido en una bestia salvaje: demente, feroz y sin esperanza. Cuando Jesús lo liberó, perfectamente normal de nuevo y lleno de gratitud, aquel hombre quería unirse a su equipo evangelístico. En cambio Jesús le mandó volver a casa, a los suyos, y contarles lo que Dios había hecho a favor suyo. Así lo hizo y proclamó por toda la provincia lo que Jesús había hecho, de modo que todos se maravillaban (Marcos 5:1-20). Muchas veces Dios usa el mismo método en la actualidad para abrir una nueva región al Evangelio. Muchos nuevos convertidos sienten la urgencia de volver a su pueblo natal o donde vive su familia para hablar de Jesús, con el resultado de que muchos de sus amigos y parientes aceptan a Cristo.

Los estudios sobre el crecimiento de la Iglesia revelan la importancia que tiene el testimonio de cada creyente ante sus familiares. Esto parece producir un crecimiento más rápido y vigoroso en la Iglesia que los otros tipos de evangelismo. No se contente con menos que la salvación de su familia entera. Dios quiere salvarlos a todos ellos. Dígaselo.

Apenas se convirtió Mateo, el cobrador de impuestos, quiso que su familia y sus amigos conocieran a Jesús también. Con este fin los convidó a un banquete donde Jesús era el huésped de honor. Hoy tam-

CONVITES Y HOSPITALIDAD

bién hay quienes celebran su conversión con una comida especial. Comparten con los invitados las buenas nuevas de su salvación. Luego el pastor o el evangelista les dice cómo ellos pueden hallar el mismo gozo y la vida nueva en Jesús.

La hospitalidad cristiana puede alcanzar para Cristo a muchos solitarios que anhelan una verdadera amistad. Cierto matrimonio joven ha ganado a muchos de sus amigos para el Señor invitándolos a comer y llevándolos después a los cultos. Algunos extienden la hospitalidad a los estudiantes universitarios, los jóvenes que cumplen su servicio militar lejos del hogar, y los que viven en orfanatos, asilos de ancianos y hogares de convalecientes.

Varias iglesias y clubes cristianos hacen uso de desayunos, almuerzos o comidas para el evangelismo. Los creyentes traen a sus invitados, a los cuales han estado testificando. En tales ocasiones, el programa puede ser un culto evangelístico o algo de interés general seguido de un testimonio especial, un corto mensaje y la oportunidad de hablar con los que se interesen o deseen oración.

Su testimonio y hospitalidad no tienen que limitarse a los inconversos. Puede ayudar a los nuevos convertidos al invitarlos a su casa para tener un rato de convivencia cristiana. Todas las iglesias se fortalecen cuando las familias se reciben unas a otras en sus hogares, comparten sus experiencias y se edifican así en la fe (Romanos 12:13).

¿Qué oportunidades tiene usted de testificar en su trabajo? ¿Qué les dice a los dependientes de los lugares donde hace sus compras; a su doctor o dentista; a la persona sentada a su lado en un ómnibus, avión tren o sala de espera; al vendedor que llega a su puerta?

¿De qué manera les demuestra a sus vecinos que usted se interesa en su bienestar? Recuerde que usted es la lámpara de Dios en su vecindario. Sea amistoso. A medida que vaya ganando la confianza de sus vecinos tendrá oportunidades de orar por sus problemas, de testificarles y de hablar acerca de las cosas espirituales.

Las iglesias pueden organizar esfuerzos evangelísticos en los cuales los creyentes testifiquen a comunidades enteras: de casa en casa, en las playas, en las barriadas, en los ghettos, en las comunidades de los hippies y en los salones de gobierno. En todas partes hay quienes necesitan conocer a Jesús, y El desea enviarles sus testigos. ¿Está usted dispuesto a ir?

Testimonio a grupos

¿Se ha dado cuenta de lo importante que es el testimonio para que haya un buen servicio evangelístico? Puede ser el testimonio de los miembros de la congregación, de ciertas personas invitadas para dar su testimonio, o bien experiencias propias o de otras personas relatadas por el evangelista.

Los testimonios de sanidad fortalecen la fe cuando se va a orar por los enfermos. Los testimonios de salvación y de bautismo en el Espíritu Santo alientan a otros a recibir lo que Dios quiere darles.

Los dirigentes de las iglesias deben dar un tiempo para que los creyentes cuenten lo que Dios ha hecho por ellos. Un momento de testimonios bien dirigido: 1) estimula la fe de todos, 2) fortalece los lazos de amor cristiano al regocijarnos los unos por las victorias de los otros, 3) desarrolla en nosotros un espíritu agradecido, 4) nos ayuda a darle a Dios la gloria por lo que El ha hecho, 6) permite que todos tomen parte en el culto y 7) nos libra del peligro de una "religión de espectadores". Aunque sólo leamos un texto bíblico que nos ha ayudado, estamos compartiendo la bendición con los demás.

¿Quiere que Dios le use en ayudar a otros a testificar? Si va a dirigir un tiempo de testimonios, comience con un corto testimonio propio.

Dígalo tan naturalmente como lo haría en conversación con alguien en su propia casa. Luego anime a los demás a contar brevemente algo que Dios ha hecho por ellos.

¿Por qué son muchas personas tan lentas en responder a la invitación a testificar? A menudo porque son tímidas. Sienten que no pueden expresarse lo suficientemente bien para hablar en público, o el temor hace que la mente se le quede en blanco. Es posible que algunos sientan que deben dejar los testimonios para personas que conozcan al Señor mejor que ellos. Tal vez la razón principal sea que Satanás no quiera que alabemos al Señor. El sabe el daño que pueden hacer a su causa los testimonios, y por eso trata de impedir que testifiquemos. Cierto anciano lo venció al levantarse y decir: — Bien, no tengo nada que contar, pero al menos puedo pararme para demostrar de parte de quién estoy.

Se puede variar de semana en semana el tipo de testimonio en que se insista, contando siempre con la dirección del Espíritu Santo. Estas sugerencias pueden ayudar a las personas a testificar:

1. Lea cada uno un texto bíblico que lo ha bendecido.
2. Si Dios lo ha sanado alguna vez, cuéntelo.
3. ¿Cómo lo ha protegido el Señor en el peligro?
4. Cuéntenos brevemente cómo se convirtió.
5. ¿Le ha hablado Dios alguna vez por medio de una canción?
6. ¿De qué modo lo ha guiado Dios alguna vez?
7. ¿Qué respuestas a la oración ha recibido últimamente?
8. ¿Cómo lo ha ayudado Dios en su trabajo?
9. ¿Cómo ha cambiado su vida después de conocer a Jesús?
10. ¿Qué lo convenció de que Dios lo ama?
11. ¿Qué ha hecho Jesús por su hogar?

Podemos tener testimonios en nuestros cultos evangelísticos y en los de adoración, en la Escuela Dominical, en los grupos de estudio bíblico y oración y en las reuniones de los departamentos de la iglesia. El acostumbrarse a hablar en un grupo pequeño les ayudará a muchos a testificar ante un grupo mayor. Si deseamos que nuestra iglesia testifique en la comunidad ¡empecémoslo a hacer en los cultos!

Si usted tiene la responsabilidad de dirigir un grupo pequeño o dar una clase, quizás encuentre útiles estos métodos:

1. Ilustrar una verdad con un testimonio y preguntar luego quiénes han tenido una experiencia similar. Pedirles que la relaten brevemente.
2. Llame la atención sobre las palabras de una canción y pregunte si alguien puede ilustrar la verdad de estas palabras con una experiencia suya.

3. Pida a una o dos personas que den su testimonio la próxima semana.
4. Pida a todos que traigan la próxima semana un testimonio breve relacionado con el tema de la lección.
5. Disponga de un momento definido para las peticiones de oración y los informes sobre las respuestas a la oración.
6. Durante el estudio de la lección aliente a la aplicación personal compartiendo experiencias.

En los cultos dé ejemplo; esté listo a testificar. Considere los testimonios tan importantes como las demás partes del culto y planee de antemano, buscando la dirección del Señor. Si la congregación es grande, a veces se puede pedir que hagan grupos de dos a cinco personas y que cada persona del grupo le dé gracias a Dios por algo.

Testimonio con literatura

USE LITERATURA PARA — Preparar Explicar Reforzar

Podemos fortalecer nuestro testimonio a veces con tratados, libros, y porciones marcadas de la Biblia. Para saber qué usar debemos considerar los intereses y necesidades de la persona y lo que queremos lograr con la literatura. Podemos usarla para:

1. Interesar la persona en el Evangelio y preparar el terreno para nuestro testimonio.
2. Dar una presentación más completa del Evangelio o explicar puntos que no podíamos aclarar.
3. Reforzar y fortalecer lo dicho en nuestro testimonio.

Muchos creyentes usan en el evangelismo personal un Nuevo Testamento o Evangelio con ciertos textos marcados por estos motivos:

1. El uso de la Palabra les da mayor autoridad cuando testifican.
2. Les da más valor para testificar.
3. Pueden hallar fácilmente los textos deseados en cierto tema (porque están marcados y por la referencia al número de la página).
4. Pueden obsequiar el Nuevo Testamento o Evangelio a la persona para que estudie por su cuenta los pasajes marcados.

Usted puede marcar un Nuevo Testamento para regalarlo o para su propio uso. Puede hacer varias cadenas según las distintas necesidades, como ya hemos visto en un capítulo anterior. Para tener una cadena sobre la salvación podría colorear o subrayar estos versículos: Juan 3:16; 10:10; Romanos 3:23; 6:23; 5:8; Juan 14:6; 1 Juan 1:9; Mateo

11:28; Apocalipsis 3:20; Juan 1:12. Estos textos se van anotando en el orden en que se desea que la persona los lea.

Al pie de cada página escriba: *Pase a la página* __, indicando el número de la página donde se halla el texto siguiente de la cadena. Si tiene el texto marcado puede omitir o incluir la referencia al mismo en un Testamento que va a regalar. En la primera hoja del Nuevo Testamento puede escribir: *Favor de buscar la página* __ *y leer el importante mensaje subrayado* (o coloreado) *que allí se encuentra.*

Tal vez quiera usar una tabla como la que aparece a continuación. Puede ponerla en la primera hoja del Nuevo Testamento. Luego escriba al pie de cada página marcada el título del texto siguiente junto con la referencia a la página donde se encuentra.

Lea la parte coloreada en la página	Un mensaje especial para usted	Luego busque la página
191	Dios lo ama	211
211	Una vida maravillosa para usted	310
310	Pero tiene un problema	315
315	¿La muerte o la vida?	312
312	Cristo murió por usted	221
221	Jesucristo es el camino	475
475	Dios lo perdonará	27
27	Cristo le dará descanso	492
492	Acepte a Cristo en su vida ahora	186
186	Dios lo hará hijo suyo.	

Los títulos de este ejemplo corresponden a los textos de la cadena acerca de la salvación. Use el número de página correspondiente en su Biblia o Nuevo Testamento.

CONSEJEROS EN EL EVANGELISMO

Reglas básicas para aconsejar

El consejo, como el testimonio, es elemento básico del evangelismo. En todo esfuerzo evangelístico debemos ayudar a las personas. Para esto, debemos escuchar sus problemas y

Dar consejo cristiano es hablar con las personas sobre sus problemas espirituales y ayudarlas a hallar las soluciones correctas.

ayudarles a encontrar soluciones específicas para ellos.

Su ministerio de evangelismo, de cualquier clase que sea, resultará más eficaz si sigue estas siete reglas básicas del consejero cristiano.

- Deje que la otra persona hable.
- Controle su actitud y emociones.
- No sea chismoso.
- No dependa de fórmulas fijas.
- Pídale ayuda a su Consejero.
- Base su consejo en la Biblia.
- Busque la ayuda de otros cuando la necesite.

Deje que la otra persona hable

Para ser buenos consejeros debemos ser buenos oyentes. Una de las principales razones del fracaso de algunos consejeros es que solamente ellos hablan. Dejemos que el aconsejado hable, pues:

1. Debemos comprender el problema antes de saber la solución.
2. Oramos más eficazmente cuando comprendemos el problema.
3. La comprensión del problema activa en nosotros el amor de Dios que es tan esencial para el evangelismo eficaz.
4. Escuchar con interés fortalece la amistad, inspira confianza, y abre el camino a un evangelismo más a fondo.
5. La persona está más dispuesta a aceptar nuestro consejo al ver que la comprendemos y deseamos sinceramente ayudarla.
6. El expresar su problema con palabras ayuda a la persona a mirarlo con mayor objetividad, a comprenderlo mejor y a ver cómo nuestras sugerencias se aplican a sus necesidades. Le permite pesar las ventajas y desventajas de su posición.
7. Las palabras de la misma persona la pueden llevar a tomar la decisión correcta. Ayudarla a hacerlo es la mejor forma de evangelismo. La gente tiende a resistirse cuando siente que la empujan a tomar una decisión con argumentos. Desea sentir que está tomando su propia decisión, porque después podrá actuar a base de convicciones firmes y entrega.
8. El conocer el problema nos guía en la selección de la literatura apropiada y en nuestros esfuerzos por ayudar a esa persona en el futuro.

Le sugiero que se pregunte seriamente: ¿Escucho lo suficiente a las personas a quienes quiero ayudar espiritualmente? ¿Quién habla más cuando aconsejo a una persona? ¿He escuchado a las personas de mi clase bíblica, iglesia y comunidad lo suficiente para poder aplicar la Palabra de Dios a sus necesidades? Ore respecto a esto.

Controle su actitud y emociones

Aquí tiene usted cuatro reglas que le pueden ayudar:

1. Tome los problemas con seriedad. Pueden parecerle ridículos algunos de los problemas de los niños o jóvenes, pero no los

trate livianamente. Para la persona pueden ser muy importantes.
2. No muestre una actitud crítica. No sea como el hermano mayor del hijo pródigo. Déle gracias a Dios de que el hijo quiera volver del país lejano. Tal vez el problema le horrorice, pero recuerde que el Padre espera a esa persona con los brazos abiertos.
3. Sea sincero. El amor cristiano, la paciencia, el interés y la comprensión son importantes, pero la expresión insincera de afecto resulta repugnante.
4. Evite las complicaciones emocionales. Algunos consejeros se han enamorado de las personas a quienes aconsejaban y han aumentado sus problemas en lugar de ayudar a resolverlos. Si es posible, que sean hombres los que aconsejan a los hombres, y mujeres las que aconsejan a las mujeres.

No sea chismoso

Debemos tener buen cuidado de no traicionar la confianza de las personas a quienes aconsejamos. Ni siquiera en nuestras peticiones de oración debemos dar una información que las personas no quieran divulgar. No debe ser nuestro deseo iniciar rumores y especulaciones respecto a la gente y sus problemas. Un pastor (o consejero) chismoso pierde la confianza de las personas y perjudica su propio ministerio.

No dependa de fórmulas fijas

Ya hemos dado algunas sugerencias sobre la forma en que se pueden enfocar diversos problemas, pero no debemos tomarlas como fórmulas fijas. Cada persona es diferente de todas las demás. Aun entre aquellos que tienen problemas similares, unos son más abiertos que otros al consejo. Algunos están ansiosos de ayuda, mientras que otros se resisten a aceptarla. A algunos los veremos una sola vez, pero nos encontraremos con otros frecuentemente. Con tal variedad, se ve que no podemos aplicar la misma fórmula en todos los casos. Más bien busquemos la dirección de Dios para saber cómo aconsejar a cada uno.

Pida ayuda de su Consejero

Jesús es nuestro Consejero. Este es uno de sus nombres (Isaías 9:6). Pidamos su ayuda antes de hablar con las personas, durante la conversación, y después. Contamos con su ayuda y dirección por medio del Espíritu Santo en el ministerio de aconsejar. Podemos orar con confianza, pues Él sabe exactamente lo que necesita cada persona y nos puede traer a la mente lo que debemos decir.

Base sus consejos en la Biblia

El Espíritu Santo usa la Biblia para convencer a los pecadores y convertirlos. Por consiguiente, use la Biblia. Base sus consejos en lo que ella enseña. Es bueno que la persona lea los textos que se aplican a su caso. Podemos prestarle un Nuevo Testamento.

Busque la ayuda de otros cuando la necesite

Ningún consejero tiene la solución de todos los problemas. Si no sabe cómo resolver algo, admítalo y busque ayuda. Los consejeros con poca experiencia pueden hacer mucho daño dando consejos sobre problemas que no comprenden. Cuando los miembros de la iglesia necesitan ayuda para dar un buen consejo sobre cierto problema, deben llamar al pastor o a algún creyente maduro. Pueden hacerlo en la iglesia al final del culto o en una cita para conversar con el pastor y la persona aconsejada. El consejero puede acudir también a alguien en busca de la respuesta a una pregunta, consejos, ayuda en la oración y literatura apropiada.

Oportunidades para aconsejar

El testimonio y el consejo a menudo van juntos. Su testimonio puede proporcionarle la oportunidad de conducir a una persona a Cristo, o bien puede ser que al dar consejos use su testimonio. Pensemos en seis clases de oportunidades.

¿Dónde se aconseja?
En casa
En su comunidad
En los cultos
En trabajos con personas
En la obra pastoral
En los medios de comunicación

En casa

En cierta reunión de obreros cristianos, el predicador preguntó cuántos habían sido conducidos al Señor por su madre. De los 120 predicadores presentes, 100 alzaron la mano para indicar que ése era su caso. Muchas madres con niños pequeños se sienten aprisionadas en casa y sin oportunidad alguna para el evangelismo. ¡Sin embargo, tienen un trabajo de valor inestimable como consejeras cristianas!

Susana Wesley, madre atareadísima de una familia grande, se propuso ayudar a todos sus hijos en su vida espiritual. Tenía con cada uno de ellos una cita semanal para hablar a solas. Era una hora libre de interrupciones en la que hablaban de sus actividades, de sus problemas y de su vida espiritual. ¿Quién puede medir la influencia de sus piadosos consejos sobre sus hijos Juan y Carlos Wesley en el sobresaliente ministerio de ellos?

Mencionamos en primer lugar la influencia de la madre a causa de su estrecha relación con los hijos en la casa, pero el padre es la cabeza del hogar y el responsable ante Dios de su orientación espiritual. Muchas madres cristianas cuyo esposo no es creyente, tienen que tomar toda la responsabilidad espiritual de guiar a sus hijos. ¡Cuánto mejor es cuando ambos padres guían a los hijos en los caminos del Señor!

El altar familiar (el servicio devocional diario en el hogar) proporciona oportunidades para ayudar a toda la familia y a las visitas que estén en la casa. La familia lee la Biblia y habla sobre cómo el pasaje leído se aplica a la vida. Oran los unos por los otros, por cualquier problema que tengan, y por las necesidades de otras personas. Adoran a Dios y le dan gracias por sus bondades. Esta comunión en las devociones familiares ayuda a los hijos a acudir a sus padres en busca de su consejo cuando lo necesitan.

En su comunidad

Hemos hablado ya de las muchas oportunidades que hay en la comunidad para testificar o ayudar a alguien con un consejo. La hospitalidad y las visitas, su ministerio en la iglesia y por teléfono, y el testimonio dado a sus amigos le pueden facilitar la oportunidad de llevar a sus amigos y parientes a Cristo.

En los cultos

Gran parte del éxito de muchas campañas evangelísticas depende de los consejeros adiestrados. Si esto es así, ¿por qué no poner a trabajar a esos consejeros adiestrados en todos los cultos evangelísticos de la iglesia? Se les pueden asignar diversas partes de la congregación. Luego, cuando se da una invitación a aceptar a Cristo, los consejeros observan a los que responden en su sector y se dirigen a ellos para ayudarles.

Algunos predicadores piden que los que desean oración levanten la mano, dando oportunidad así a los consejeros para acercarse a los que responden y acompañarles al altar para que oren con ellos. Otros sencillamente dan la invitación a pasar al altar. Luego los consejeros se dirigen hacia el altar y resulta más fácil para los que desean la salvación unirse con ellos y pasar al frente.

Los consejeros ayudan a las personas a aceptar a Cristo, escriben su nombre y dirección, les dan literatura apropiada, les dan buenos consejos y se los presentan a otros creyentes. En los días siguientes tratan de ayudar a sus aconsejados a "servir a Cristo como Señor en la fraternidad de su Iglesia". Hablaremos más sobre este ministerio en otro capítulo.

En trabajos con personas

Ciertas clases de trabajos proporcionan muchas oportunidades para los consejos de tipo evangelístico. Se necesitan consejeros profesionales para ciertos programas sociales de la iglesia o del mundo secular. Los capellanes de las fuerzas armadas, los hospitales y las prisiones saben que aconsejar es una parte vital de su ministerio. Los médicos, enfermeras y maestros cristianos nos hablan de las numerosas oportunidades que se les presentan para guiar a alguien a Cristo.

Los consejeros tienen gran participación en la conversión de muchos niños y jóvenes en los campamentos de la iglesia. También la labor en los orfanatos, centros de rehabilitación, hogares para ancianos, y otros programas sociales — en realidad, cualquier trabajo con gente, dondequiera que ésta se encuentre — proporciona oportunidades para la amistad con personas que necesitan ayuda. Esto abre la puerta para el testimonio y el consejo.

En la obra pastoral

Cada pastor es un consejero. Algunos mantienen horas de oficina en la iglesia y también dan consejos sanos cuando realizan su trabajo de visitación. El consejo para matrimonios o familias es a menudo una parte de la labor del pastor. Muchas personas que buscan la ayuda de la iglesia en las emergencias hallan en él un oído atento, una mano ayudadora, y una solución para sus problemas espirituales.

Cierto pastor dice que el consejo prematrimonial es una puerta abierta para el evangelismo. A base de su propia experiencia dice que un consejero matrimonial cristiano que trabaje en esto todo el día podría presentarles el Evangelio a más pecadores en un año, que los que muchos pastores logran alcanzar desde el púlpito.

En los medios de comunicación

	Usemos los medios de comunicación
Literatura	*Cartas*
Radio	*Teléfono*
	Televisión

Las columnas de consejos se hallan entre las secciones más leídas de los diarios. ¿Por qué no tenemos más columnas de consejos escritas por creyentes? Billy Graham dice que él alcanza a mayor número de personas con su columna que con cualquier otro de sus ministerios. En esas columnas se contestan de manera general las preguntas enviadas por los lectores. Luego se da ayuda específica en una carta personal.

¿Necesita consejo la gente de su comunidad? En las comunidades donde yo he vivido lo necesitan. En un pequeño periódico del barrio donde vivíamos mi esposo y yo en Bruselas, Bélgica, conté 16 anuncios de médiums o adivinos que ofrecían sus consejos, pero no hallé anuncio alguno de un teléfono o una dirección donde alguien brindara la ayuda de Dios para los problemas humanos. Le invito a buscar en los periódicos locales. ¿Encuentra en ellos columnas de consejos, horóscopos y anuncios de adivinos? ¿Le gustaría que apareciera en ellos una columna de consejos escrita por un creyente?

Los programas de consejos por radio y televisión son populares. Los oyentes llaman por teléfono o envían sus preguntas por escrito. El que dirige el programa contesta la pregunta o la entrega a un grupo de personas para que la estudien y den la respuesta y el consejo solicitados. Después se continúa el trabajo por medio de cartas y visitas. Hablaremos más sobre esto en los capítulos próximos.

REPASO Y APLICACION PERSONAL

1 Aprenda de memoria la definición de lo que es un testigo. ¿Cuáles son los tres requisitos?

2 Según Hechos 1:8, ¿con qué propósito ha venido el Espíritu Santo?

3 Cite dos razones por las cuales es importante ser testigo.

4 ¿Qué método de testificar usó
a el endemoniado de Gadara?
b el apóstol Mateo?

5 ¿Destinan un momento a los testimonios en su iglesia? ¿Qué piensa hacer para animar o ayudar a los creyentes a testificar?

6 Cite tres fines que queremos lograr al usar la literatura junto a nuestro testimonio.

7 Califique la forma en que cumple las reglas siguientes relativas a la forma correcta de dar consejo. Escriba: B (bien), R (regular) o D (débil), según sea el caso, antes de cada regla.
— Deje que la otra persona hable.
— Controle su actitud y emociones.
— No sea chismoso.
— No dependa de fórmulas fijas.
— Pida ayuda de su Consejero.
— Base su consejo en la Biblia.
— Busque la ayuda de otros cuando la necesite.

8 Nombre seis campos generales de actividad donde se pueden dar consejos.

9 ¿Cuáles sugerencias de este capítulo piensa adoptar para mejorar su ministerio de testificar y aconsejar?

Evangelismo con literatura

Para que corra el que leyere en ella. **Habacuc 2:2**

BOSQUEJO

Importancia de la literatura
  Ventajas
  Uso en el evangelismo
Selección de literatura
  Contenido
  Apariencia
Distribución de literatura
  Obsequio de literatura
  Préstamos de literatura
  Venta de literatura
  Cooperación en literatura

ESTE CAPITULO LE AYUDARA

- A reconocer la importancia de la literatura en el evangelismo y a usarla más eficazmente.
- A escoger literatura para el evangelismo sobre la base de su contenido y su apariencia.
- A estar más atento a las oportunidades que usted y su iglesia tienen de evangelizar con literatura y aprovecharlas lo más posible.

IMPORTANCIA DE LA LITERATURA

Alguien ha dicho: "Dime lo que lees y te diré quién eres." En la batalla que se libra en el mundo entero para ganar las almas de los hombres, la página impresa es una de las armas más eficaces. Diarios, revistas, libros, panfletos: todas estas cosas están formando la opinión del lector, modelando su carácter y fijando el curso de su vida.

La página impresa puede ser usada para vida o para muerte; para bien o para mal. La sensualidad, el materialismo, el humanismo

— los deseos de la carne, los deseos de los ojos, y la vanagloria de la vida — despiden su hedor de muerte desde muchas publicaciones que se hallan en los puestos de diarios y las librerías.

Los representantes de las doctrinas falsas van de puerta en puerta vendiendo libros que propagan sus errores. Los programas para enseñar a leer a los adultos hacen más urgente cada día este reto. Un millón de adultos por semana están aprendiendo a leer. Estos millones de nuevos lectores absorben ávidamente cualquier material impreso que se les da. ¿Hemos de abandonar el campo a las falsas enseñanzas, o le daremos a la gente la verdad en una buena literatura?

Ventajas

¿Por qué es tan poderosa la literatura? ¿Por qué gastan tanto en ella las sectas falsas y las organizaciones políticas? ¿Qué ventajas tiene la literatura sobre los demás medios de comunicación en el evangelismo? He aquí diez respuestas. Le sugiero que aprenda de memoria esta lista.

VENTAJAS DE LA LITERATURA

1. Permanencia
2. Retención
3. Multiplicación
4. Autoridad
5. Estudio objetivo
6. Identificación del lector
7. Satisfacción
8. Penetración
9. Conveniencia
10. Economía

Permanencia

"La palabra hablada se graba en el aire; la palabra impresa se graba en granito." ¿Qué hubiese sido del mensaje cristiano si nunca se hubiera escrito la Biblia? ¿Qué sucede cuando una persona escucha el Evangelio, pero no tiene nada a lo cual referirse, nada que le refresque la memoria?

Retención

Recordamos mejor lo que vemos que lo que oímos. El mensaje escrito y bien ilustrado mantiene la atención del lector y le permite volver a cualquier parte que no haya comprendido. Le ayuda así a grabar el mensaje más profundamente en la memoria.

Multiplicación

Por medio de la literatura, un testimonio o mensaje evangélico puede multiplicarse millones de veces y difundirse a través del mundo. Por ejemplo, el curso evangelístico *Los grandes interrogantes de la vida* se ha publicado en 58 idiomas. El Instituto Internacional por Correspondencia ha distribuido más de ocho millones de ejemplares en 145 países. Se han recibido millares de testimonios de conversión.

Autoridad

La gente en general le atribuye mayor autoridad a la página impresa que a la palabra hablada. La mayoría de las personas tienden a creer cualquier cosa que ven impresa. Esto se ve especialmente entre quienes tienen poca educación formal.

Estudio objetivo

No podemos discutir con un libro como lo hacemos con una persona que quiera cambiar nuestras opiniones. Si un tratado nos muestra nuestras faltas, no tenemos que defendernos. Lo podemos estudiar objetivamente, con la mente abierta. Esta es una de las razones por las que son millares los que se convierten con los cursos por correspondencia.

Identificación del lector

A todos nos gustan las historias. Podemos identificarnos con los personajes. Sufrimos junto con el héroe en sus pruebas, y nos alegramos con él en su triunfo. Los testimonios, las biografías y las novelas cristianas ayudan a las personas a darse cuenta de que necesitan a Cristo. Las convencen de que Dios puede ayudarlas a resolver sus problemas tal como ayudó a la gente acerca de la cual están leyendo.

Satisfacción del hambre de leer

En muchos lugares las masas manifiestan un hambre intensa de leer. Podemos satisfacerla con varias clases de literatura.

Penetración

La literatura puede penetrar en lugares donde las barreras políticas, sociales o religiosas no dejan entrar al obrero cristiano.

Conveniencia

Las circunstancias pueden hacer inconveniente o imposible para algunas personas la asistencia a los cultos evangelísticos, pero pueden leer literatura evangélica o estudiar un curso por correspondencia a su propia conveniencia en la intimidad del hogar.

Economía

Con la producción en masa y un buen sistema de distribución, el evangelismo por medio de literatura es una de las formas más económicas de alcanzar a las masas con el mensaje de salvación. En vista de los resultados, es una de las mejores inversiones que podemos hacer.

Uso en el evangelismo

Puesto que Dios mismo le dio a Moisés las tablas de piedra en el Sinaí, nos está diciendo desde entonces que el mensaje hablado debe ser autenticado, suplementado y conservado mediante la Palabra escrita. Por lo tanto, la literatura es una parte vital del evangelismo en la actualidad. Ya hemos estudiado el uso de la Biblia en el evangelismo. Usamos también otros materiales impresos para difundir el Evangelio, o para fortalecer otros esfuerzos. La diversidad de maneras en que puede usarse la literatura la hace muy importante.

Usos de la literatura

Con emisiones radiales	En la visitación
Con programas de televisión	En testimonio y consejo
En cultos evangelísticos	Para anunciar los cultos
En la escuela dominical	Para cantar el mensaje
En grupos de estudio bíblico	Para ayudar a los nuevos
En estudios por correspondencia	Para obsequios

SELECCION DE LITERATURA

Bien sea que vayamos a preparar, publicar o distribuir literatura evangélica, debemos considerar dos cosas que determinan su efectividad: 1) el contenido, y 2) la apariencia. Espero que los cuestionarios siguientes le ayuden en la selección de literatura para el evangelismo o en la preparación de la misma.

Contenido

La literatura debe ser interesante si queremos realmente que la gente la lea. El título debe despertar su interés y crear el deseo por leer el tratado, artículo, o libro. El mensaje debe ser claro, interesante y apropiado. Debe mostrarle al lector la solución de sus problemas y llevarle a la acción. Por supuesto, el mensaje debe ser doctrinalmente sano y relevante para el lector. Lo que puede interesar a cierto grupo puede ser de poco interés para otro. Por lo tanto, debemos pensar en los lectores al seleccionar la literatura y seguir así las reglas de la buena comunicación. Por supuesto, la literatura debe ser bien escrita y gramaticalmente correcta.

Antes de decidirse por cualquier clase de literatura para el evangelismo, hay que leerla por completo. Quizás quiera evaluarla de acuerdo a las preguntas siguientes. Le sugiero que tome ahora un tratado y lo califique como fuerte (F), regular (R) o débil (D) en cada punto.

Evaluación del contenido	F	R	D
1. ¿Despierta interés el título?			
2. ¿Es importante su mensaje?			
3. ¿Es doctrinalmente correcto?			
4. ¿Es apropiado para la gente con la cual lo usará?			
5. ¿Da la verdad positivamente sin atacar a nadie?			
6. ¿Es interesante en su totalidad?			
7. ¿Es claro y preciso?			
8. ¿Es correcto gramaticalmente y en sus declaraciones hasta donde usted pueda asegurarlo?			
9. ¿Es fácil de leer: de vocabulario fácil y oraciones no demasiado largas?			
10. ¿Tiene un impacto fuerte, que conduce a la acción?			

La literatura destinada a evangelizar debe decirle al lector dónde puede conseguir más ayuda. Para esto podemos usar un sello de goma para estampar una invitación en ella. Algunos tratados dejan lugar para el nombre y dirección de la iglesia local con un horario de los cultos. Puede ser también una invitación a sintonizar cierto programa radial o de televisión a una hora determinada, o una invitación para que el lector escriba a una dirección y solicite un curso gratuito por correspondencia.

Apariencia

"Cuando abrí el sobre y hallé la primera lección de su curso por correspondencia, la tiré al cesto para papeles", escribió un sacerdote, "pero era tan atractiva, que volví a tomarla para echarle una mirada." La leyó, contestó las preguntas, envió la lección a la oficina del Instituto Internacional por Correspondencia para que la revisaran y pidió las lecciones siguientes. Terminó el curso y desde entonces lo recomienda a otros.

Muchas veces la apariencia de la literatura es lo que determina si será leída o no. Si no parece interesante, muchas personas no la leerán.

El lector juzga inconscientemente la veracidad o la importancia de lo que lee por su apariencia. Tiende a recibir o rechazar el mensaje según esa impresión. La literatura evangélica compite hoy con publicaciones muy atractivas de otras ideologías. ¿Qué impresión da la apariencia de nuestra literatura?

El atractivo de la literatura depende de 1) la calidad del papel, 2) el tamaño del tipo de imprenta (la letra no debe ser muy pequeña ni difícil de leer), 3) un diseño agradable, 4) el color, 5) la claridad de impresión, y 6) las ilustraciones. La calidad del papel debe ser aceptable según las normas locales. El tipo de letra debe ser fácil de leer. El colorido (en las ilustraciones, el texto o el papel) no es esencial, pero hace la literatura mucho más atractiva. El diseño o esquema agradable consiste en la distribución del material en la página de una manera atractiva: no demasiado denso, bien ilustrado, suficientemente fraccionado para que sea fácil de leer.

¿Son importantes las ilustraciones? ¡Fíjese en cómo la gente hojea un libro o una revista para ver las ilustraciones antes de decidirse a leerlos! Las ilustraciones tienen como finalidad despertar el interés, ayudar al lector a comprender el mensaje, y hacer que recuerde mejor los puntos principales. Mientras mejor se ajusten a la cultura del lugar donde se usa la literatura, más fácil será que el lector se identifique con el mensaje y lo aplique a su vida.

Los tratados cortos y libros pequeños son buenos para el evangelismo a causa de su apariencia, contenido, y economía. A la gente muy ocupada le parecen más fáciles de leer y más invitadores que los libros o folletos más largos. Un mensaje corto generalmente hace un impacto más fuerte que uno más largo, y cuesta menos. Los libros de bajo precio se venden mejor que los caros. Así que, si usted vende o regala literatura, puede alcanzar mayor número de personas con el material más breve.

Puede evaluar la apariencia de la literatura con estas preguntas. Le sugiero que evalúe ahora en cuanto a su apariencia el mismo tratado cuyo contenido ya examinó.

Evaluación de la apariencia	F	R	D
¿Tiene papel de buena calidad?			
¿Es fácil de leer el tamaño de letra?			
¿Es atractivo el diseño o esquema?			
¿Está bien ilustrado?			
¿Son apropiadas las ilustraciones?			
¿Es suficientemente corto?			

DISTRIBUCION DE LITERATURA

Un joven marinero italiano se levantó a testificar en una iglesia de Roma. Contó que había hallado una botella flotando en el río Tíber. Dentro de la botella sellada encontró un mensaje evangélico que lo condujo a la salvación. Mientras hablaba, las lágrimas rodaban por las mejillas del pastor. El había sido encarcelado una y otra vez por predicar el Evangelio. Pero aun en la cárcel había hallado manera de continuar evangelizando, Metía un tratado o texto bíblico en una botella vacía y la sellaba con un corcho. Después, por entre los barrotes de su celda, la lanzaba al río. ¡Dios había usado una de sus botellas para salvar al marinero! ¡Ojalá nosotros estemos tan atentos como él para aprovechar nuestras oportunidades!

Obsequio de literatura

Debemos alentar a todos los miembros de nuestras iglesias a obsequiar, prestar o vender literatura cristiana.

Distribución gratuita de literatura

Cualquiera que sea capaz de sonreír y extender la mano puede repartir folletos. Este puede ser un fácil primer paso en el evangelismo. La amable invitación a leer el folleto a veces abre el camino a una conversación sobre temas espirituales.

Las oportunidades son inacabables donde hay libertad religiosa. Cierto zapatero metía un folleto en cada par de zapatos que salía de su tienda. Una señora da un tratado a cada vendedor o visitante que llega a su casa. Se puede decir una palabra de agradecimiento por los servicios prestados, mientras se le ofrece un folleto al dependiente o al cartero. El pago de sus cuentas puede ir acompañado también de un tratado.

Usamos también el correo para obsequiar literatura, ya sea con cartas, invitaciones o cursos por correspondencia. Se puede usar la guía telefónica para realizar una distribución sistemática que alcance a las personas cuyo nombre aparece en ella. Algunos obreros examinan los diarios y envían literatura apropiada a las víctimas de accidentes, los recién casados, la familia de un difunto, los padres de los recién nacidos, y los recién llegados al lugar.

Las personas que trabajan con literatura también van donde está la gente, ya sea para venderla o para distribuirla gratuitamente. Van a los mercados, centros comerciales, lugares de recreación, ferias, estadios, pistas de carreras, cárceles, hospitales y otras instituciones. Las salas de espera, donde las personas tienen tiempo para leer, ofrecen excelentes oportunidades. También la distribución de casa en casa hace posible alcanzar con el Evangelio a todas las familias de un sector. ¡En un programa de esta índole en Calcuta, India, los creyentes distribuyeron un millón de tratados en un día!

¿Usa su iglesia un estante o mostrador para exhibir la literatura gratuita? Se puede colgar una repisa en la pared o colocar un estante sobre una mesa o mostrador, con un letrero que diga: "Gratis: tome uno." Los creyentes pueden exhibir la literatura de esta manera en su lugar de trabajo o conseguir permiso para colocar un estante en los lugares antes mencionados. Así se han colocado en restaurantes, estaciones de policía, lavanderías, hospitales, barberías, salas de espera de médicos y dentistas y terminales de trenes, autobuses, vapores y aviones. . . ¡y no hay que olvidarse del templo!

Las oportunidades para esta clase de distribución son mayores en algunos países que en otros. La iglesia (o un grupo de personas de la iglesia) puede encargarse del proyecto. Las personas responsables deben surtir las repisas periódicamente y mantenerlas limpias y ordenadas.

Regalos y premios

¿Qué mejor regalo hay que una Biblia, un buen libro, o una subscripción a una buena revista cristiana? Su iglesia puede usarlos como premios de asistencia, de memorización de textos bíblicos, o por alguna actuación sobresaliente. Podemos obsequiar literatura en nuestro evangelismo personal y de varias maneras. Una iglesia de Mali, Africa, les ofreció suscripciones gratuitas a cierta revista a cien funcionarios del gobierno y maestros de la ciudad. Treinta y tres aceptaron la oferta. Las iglesias de Kuwait les obsequiaron por un tiempo dos libros, *Cuidado del bebé y del niño* y *Paz con Dios*, a todas las madres que tuviesen su bebé en el Hospital de la Misión Arabe.

Posiblemente su iglesia o uno de sus departamentos quisiera adoptar uno de estos proyectos. ¿Cuál le gustaría a usted?

1. Una suscripción de un año a una revista evangélica para cada nuevo convertido de su iglesia.

2. Suscripciones para salas de espera de dentistas y médicos.
3. Libros de relatos bíblicos para niños en salas de espera, escuelas, bibliotecas y hospitales.
4. Libros y revistas para los presos.
5. Libros y revistas para la biblioteca pública y para las de la iglesia, escuelas y cárceles.
6. Libros en Braille para los ciegos.
7. Biblias, libros o subscripciones para maestros de escuela, profesionales y funcionarios públicos.
8. Nuevos Testamentos para estudiantes, policías, bomberos, personal militar, y en cuartos de hoteles y moteles.
9. Literatura ofrecida por radio o televisión o en los diarios.

La iglesia podría tener un buen surtido de literatura de calidad para obsequiar. Los miembros pueden usarla para cumpleaños, bodas, aniversarios, graduaciones y otras ocasiones especiales. Una revista es una manera de presentarle a la persona el Evangelio mensual o semanalmente.

Préstamos de literatura

Es posible que su iglesia no tenga fondos para regalar mucha literatura, pero sí para prestar libros y revistas. Puede desarrollar un programa adaptado a sus circunstancias, sea con una biblioteca, una sala de lectura, o un ministerio personal de préstamo de libros. El valor de una biblioteca o sala de lectura en el evangelismo depende más de su uso que del número de libros que tiene. Una biblioteca puede comenzar con media docena de libros en una clase de escuela dominical, grupo juvenil, centro de estudiantes, o grupo de estudio bíblico del vecindario. Los miembros de la iglesia pueden cooperar donando un libro usado o el precio de un libro nuevo para empezar el proyecto. Un bibliotecario o comité pueden ayudar en el desarrollo y uso de la biblioteca. Podrían tener libros de evangelismo, desarrollo de la vida espiritual, preparación de obreros, y simplemente de lectura agradable para todas las edades.

La existencia de una sala de lectura aumentará el uso y la utilidad de su biblioteca. En la iglesia ésta puede ser una sala de escuela dominical, o se pueden tener un estante de libros y unas cuantas sillas en un rincón del auditorio. Un biombo puede separar la "sala de lectura" del salón principal por una hora o media hora antes del culto. También se puede tener una sala de lectura en una librería o en un centro de estudiantes. Así se alcanza a muchas personas que no asistirían a la iglesia.

Algunos obreros tienen bibliotecas móviles o portátiles. Llevan en una camioneta, bicicleta o automóvil un buen surtido de libros para prestar y algunos para vender. Betty Mooney nos habla de un proyecto semejante en su artículo "Tin Trunk Libraries" (Bibliotecas en baúles metálicos), en el libro *Toward World Literacy* por Frank C. Laubach y su hijo Robert (Syracuse University Press, 1960, página 139). Se divide una biblioteca básica de quinientos libros en diez de cincuenta libros cada una. Estas se ponen en baúles metálicos. Dos baúles — uno para nuevos lectores y el otro para los que ya leen bien — se llevan a cinco pueblos diferentes. Pasados dos meses, los baúles se cambian de pueblo, con lo que cada pueblo tendrá una nueva biblioteca. Los que usan la biblioteca abonan una pequeña cuota y pagan por los libros que pierden. Esto ayuda con los gastos y hace que la gente aprecie los libros más. A medida que la gente adquiere gusto por la lectura, comienza a comprar libros.

Suponga que su iglesia va a tener una biblioteca ambulante. Usted es presidente del comité organizador. Para que todos tengan parte en este ministerio, se va a celebrar un "Día de la biblioteca". Usted tiene una lista básica de cien libros. Quizás pueda usar algunas de estas sugerencias:

1. Usar un cartel o banderín que diga: *Compre un libro — Traiga un libro*. Animar a cada miembro a dar por lo menos el precio de un libro y a traer por lo menos un libro suyo para el proyecto.

2. Distribuir copias de su lista de libros entre los diversos grupos (jóvenes, niños, mujeres, varones) o hacerla circular. Los que deseen tomar parte, individualmente o como grupo, deben escribir su nombre junto a los títulos de los libros que comprarán o traerán.

3. En cada libro escriba: *Donado por* _____, y el nombre de la persona o el grupo que lo ha donado.

4. Haga que un vendedor de una librería cristiana traiga los libros de su lista, hable a la congregación en el Día de la biblioteca, y ponga en venta los libros. Se les puede poner el nombre del donante e irlos colocando en un estante a medida que los compren.

5. Colocar una copia de su lista sobre una pizarra o copiarla en un cartel de buen tamaño para que todos la vean. Vaya tachando los títulos al recibir el dinero para comprarlos.

6. Tenga un programa especial con testimonios sobre el evangelismo con literatura o el efecto que produce la lectura de literatura cristiana. Haga una presentación y dedicación de los libros. Presente al comité de literatura y los que se encargarán de los libros y tenga una oración de dedicación por ellos.

7. Haga planes para tener informes y testimonios de tiempo en tiempo sobre el desarrollo del programa.

No olvide el ministerio personal de cada creyente en esto de prestar literatura. "A usted le gustaría un libro que yo acabo de leer," le dice un creyente a su vecino. Le cuenta lo suficiente del libro como para despertar su interés, y luego ofrece prestárselo. Sugiero que usen un cuaderno de apuntes para saber dónde están sus libros y quién los ha leído ya. Apunte el título del libro, el nombre y dirección de la persona a quien se lo presta, la fecha del préstamo, la fecha de devolución y cualquier comentario que usted quiera hacer al respecto.

Venta de literatura

¿Cuál es, a fin de cuentas, la razón de que se venda literatura cristiana como una forma de evangelismo? ¿Por qué no nos limitamos a prestarla u obsequiarla? Por dos razones: 1) Excepción hecha de los regalos especiales, la gente pone mayor valor en las cosas que le cuestan algo. 2) No tenemos el dinero suficiente para regalar toda la literatura que se necesita para el evangelismo. Por esta razón damos ofrendas para pagar parte de los costos de publicación y así podemos vender la literatura para el evangelismo a un precio bajo, dentro de las posibilidades de la gente.

Mientras más eficientes seamos en nuestra organización y métodos de venta, más literatura podremos vender, mayores serán los resultados y más cercano estará nuestro programa al autofinanciamiento. Por esto, los que venden la literatura deben estudiar cuánto puedan sobre los principios de ventas, métodos de promoción, depósitos de libros, campañas de venta, librerías y otros tipos de distribución.

Librerías y distribuidores

Las librerías evangélicas no sirven solamente para la venta de literatura. Son centros de evangelismo. Lo que se exhibe en sus vitrinas despierta el interés y hace pensar a la gente. Los carteles anuncian reuniones especiales, programas radiales o televisados, ventas especiales y literatura gratuita. Cuando hay materiales escolares, útiles de oficina y buenos libros seculares en la vitrina, se atraen clientes que de otro modo no entrarían en una librería religiosa. Las repisas de exhibición en el interior permiten que los clientes les echen una ojeada a los libros y revistas. Algunas librerías tienen una sala de lectura. Los que trabajan en la librería están allí para cumplir un ministerio y a menudo tienen oportunidad de ayudar espiritualmente a las personas.

Las librerías son también centros de recepción y distribución de literatura cristiana a través de distribuidores, rutas de venta, librerías seculares, puestos de diarios, librerías filiales, depósitos de libros e iglesias. Los vendedores llevan la literatura a varios distribuidores y al hombre de la calle. Cierta librería de América Central animaba a cada pastor a tener un depósito de libros en su iglesia. Un vendedor los visitaba mensualmente para entregar pedidos, recibir nuevos pedidos y cobrar cuentas. La organización de mujeres de una iglesia desarrolló su propia ruta de ventas por medio de la visitación de casa en casa. Compraban cien revistas mensuales a un precio ventajoso y las llevaban a los suscriptores al precio de suscripción. Usaban la visita para el evangelismo personal y también obtenían una ganacia para invertirla en sus proyectos misioneros.

Una mesa o mostrador para literatura en un extremo de la iglesia puede llegar a ser una fuerza tan vital en el evangelismo como el púlpito en el otro extremo. Si es un ministerio saturado de oración, venderle una Biblia a un nuevo convertido y mostrarle cómo usarla se convierte en algo tan espiritual como predicarle. Los creyentes pueden también obtener allí los tratados, libros, Biblias, revistas y textos murales que desean usar, vender, prestar o regalar. Si ellos tuviesen que hacer su propio pedido por fuera, probablemente no lo harían. Sin embargo, puesto que la iglesia sirve como distribuidor, muchos pueden participar en la evangelización por medio de la literatura. Algunos tienen una repisa con literatura en venta en su lugar de negocios. Otros que tienen puestos en el mercado venden libros de poco precio juntamente con sus mercancías.

Las librerías seculares y los puestos de diarios venden lo que el público quiera comprar. ¿Por qué no usarlos como distribuidores de libros y revistas cristianos que tengan buena acogida? Ya tienen libros sobre astrología, espiritismo y otras religiones. ¿Acaso no podrían vender unos libros evangélicos? Mucha gente que no entraría en una librería o una iglesia cristiana verían y comprarían nuestros libros en librerías seculares o puestos de diarios. Edwin Carlson habla del uso de este método en el Sudán, Africa Oriental:

> Comencé a distribuir revistas y libros evangélicos a los puestos de venta de diarios y de libros ubicados en casi todas las paradas de ómnibus y esquinas de las calles. Los encargados de estos puestos se mostraban muy bien dispuestos a vender nuestros libros y revistas cuando les ofrecíamos una comisión del 25% y prometíamos recoger a fin de mes lo que no se hubiese vendido. Algunos rehusaron la literatura al principio porque era cristiana. Temían la desaprobación del público. Sin embargo, a los pocos meses vieron que sus competidores hacían buena ganancia vendiendo nuestra literatura. Entonces nos suplicaron que les diéramos toda la literatura posible. Confeccionamos unos atractivos exhibidores para las revistas y los colocamos en las mesas

para distinguir nuestra literatura de la otra.

Tanto las publicaciones en árabe como en inglés contaban con lectura muy fácil para los nuevos lectores y los que tenían poca educación, y también con literatura de alto nivel intelectual. Funcionarios del gobierno, comerciantes, estudiantes y obreros; todos les compraban literatura evangélica a los vendedores públicos de las esquinas. (Condensado de *Toward World Literacy*, Laubach y Laubach, páginas 143-144).

Todos los que trabajan con literatura deben estar atentos a las oportunidades especiales, tales como puestos en las ferias, convenciones y campañas evangelísticas. Debemos buscar lugares estratégicos para la venta de literatura: en las cercanías de una universidad, en un centro comercial, un puesto en el mercado, una concesión en una feria o a la entrada de un campo deportivo. Cierta señora dedicada a negocios decidió trabajar en una concesión a la entrada de una pista de carreras con el fin de testificarles a sus clientes. Junto con los helados y refrescos, ella les ofrecía el Pan de Vida por medio de una repisa de libros en el mostrador.

Métodos de promoción

Nuestra literatura no se vende por sí sola. Debemos tratar de que la gente vea que la necesita. Este es un principio fundamental del arte de vender. Debemos promover cualquier cosa que queramos vender.

Ante todo, un buen vendedor debe estar entusiasmado con lo que ofrece. ¿Le gusta a usted leer? Si no, tal vez la literatura no sea su mejor campo de evangelismo. Su entusiasmo por lo que lee provocará en otros un apetito por la lectura. Exprésalo. Comparta algo que haya leído. Puede usar citas e ilustraciones y mencionar la fuente de ellas en su predicación, enseñanza y conversación. Al vender literatura, muéstrele al cliente alguna parte del libro o la revista que usted sabe que le gustará.

A veces las iglesias evangélicas de un pueblo se unen en una campaña para vender Biblias. La dirige un representante de la Sociedad Bíblica. Primero se celebran sesiones de adiestramiento. Luego, todos son asignados por equipos a diferentes sectores para la venta de casa en casa. En el sector comercial pueden tener puestos de venta. Después de que Dios les bendice en esta empresa, los obreros cobran ánimo para esfuerzos futuros con otros tipos de material escrito.

La campaña de ventas (o un ministerio general de literatura) puede combinarse con la visitación, la consolidación de otros esfuerzos evangelísticos, o la búsqueda de personas interesadas en el Evangelio. Puede usar una tarjeta para cada cliente y apuntar en ella su nombre y dirección, lo que compró, la literatura que le pide que traiga en su próxima visita, y cualquier comentario que tenga: una petición de oración, sus intereses y necesidades espirituales, o su progreso espiritual. Más tarde las tarjetas servirán de guía para la oración, las visitas posteriores y la selección de literatura útil para cada persona. Algunos obreros llevan consigo la literatura necesaria para atender los pedidos de una vez. Otros sólo llevan muestras y reciben pedidos que despachan posteriormente.

Los obreros pueden repetir sus ventas casa por casa cada vez que tengan un nuevo libro o revista. Tal vez prefieran concentrar sus esfuerzos en una ruta de venta a clientes habituales. Estos pueden ser escogidos al estudiar las tarjetas de apuntes y ver quiénes han demostrado interés.

Suponga que usted tiene una librería evangélica con una sala de lectura y también es presidente de una comisión de literatura en su iglesia local. ¿Cuáles de los métodos de promoción que aparecen en el recuadro "Promoción de literatura" serían prácticos para usted o para la iglesia?

Cooperación en literatura

El evangelismo por medio de la literatura depende de la colaboración de muchas personas. Las iglesias dependen de las sociedades bíblicas, de las casas editoras y de las librerías en cuanto al material. Estas a su vez dependen de las iglesias en cuanto al apoyo económico y el respaldo en ora-ción. La literatura gratuita destinada al evangelismo puede ser provista única-mente en la medida en que las iglesias y las personas coope-ren para hacerlo po-sible. Gracias a este tipo de apoyo, pode-

mos ver esfuerzos como el del Instituto Internacional por Correspon-dencia, que les ha suministrado cursos gratuitos de evangelismo en 58 idiomas a sus alumnos en 145 países. La cooperación lo ha hecho posible.

La cooperación hace posible que se impriman los materiales en cantidades mayores y a precios más favorables. En algunas partes los pastores se reúnen y se suscriben a un servicio mensual de tratados. La cantidad ayuda a mantener bajos los precios y el editor los

Promoción de literatura

1. Mesa de literatura en la iglesia y su obra de extensión
2. Carteles para presentar obras nuevas: libros y revistas
3. Anuncios en periódicos cristianos y seculares
4. Anuncios en el tablero de avisos de la iglesia
5. Exhibición atrayente de literatura
6. Programa de lectura para varias edades, con premios y reconocimiento público
7. Leer, citar y recomendar ciertas obras desde el púlpito
8. Anunciar y ofrecer libros por radio o televisión
9. Dramatización de parte de un libro en programas especiales
10. Resumen de un libro en cultos, por radio o televisión
11. Club literario con informes sobre el libro del mes
12. Ofertas de la época (Pascua, Navidad, etc.)
13. Cupones de descuento en el precio de libros
14. Celebrar la "Semana del libro" con programas, exhibiciones, descuentos, carteles, ofrendas, testimonios, orientación para el evangelismo con literatura, dedicación de obreros
15. Entrenamiento para los que participan en ventas
16. Campaña de ventas en su pueblo y los pueblos vecinos
17. Ventas especiales: dar descuentos o recibir libros usados como parte del pago
18. Amplia distribución de catálogos, listas de libros
19. Cartas con propaganda para los radioyentes, televidentes y los que están en la lista de la ruta de ventas
20. Campañas de venta y rutas de venta, informes del trabajo
21. Diapositivas o películas de promoción
22. Biblioteca en la iglesia o sistema de intercambio de libros
23. Sala de lectura en la iglesia y en la librería
24. Promoción en convenciones de la iglesia, reuniones especiales
25. Participación en ferias comerciales, ferias del libro
26. Estimular la participación con comisión en las ventas, competencia, reconocimiento para el vendedor del mes o del año
27. Un comité de literatura activo, con responsabilidades definidas
28. Insistencia continua en el aspecto espiritual del ministerio por medio de la literatura y apoyo para el mismo en oración
29. Visita de un representante de la Sociedad Bíblica
30. Cooperación en campaña para enseñar a leer a los adultos

aprovisiona de tratados de buena calidad en forma periódica.

La escritura, ilustración y publicación de literatura para el evangelismo son también partes vitales del ministerio. La traducción y adaptación de materiales para las diversas culturas es otra parte importante de la obra. Existe una gran necesidad de obreros en estos campos. Sugiero que se ore por todos los que se hallan dedicados al ministerio de literatura.

REPASO Y APLICACION PERSONAL

1 Cite 10 ventajas que tiene el uso de literatura en el evangelismo (puede dar la palabra clave de cada ventaja).

2 Nombre cinco usos que tiene la literatura para las iglesias.

3 Si tiene tratados para el evangelismo, use las dos tablas de evaluación para calificar su contenido y apariencia.

4 ¿Cuáles son las tres maneras generales de distribuir literatura?

5 Suponga que usted es presidente de una comisión de literatura en su iglesia. ¿Dónde podría colocar tres repisas para folletos?

6 ¿Qué literatura les regala o vende su iglesia a los nuevos convertidos?

7 ¿qué libros tiene o quiere conseguir usted para prestar? ¿A quiénes los prestaría?

8 ¿Qué facilidades tienen los miembros de su iglesia para comprar literatura cristiana? ¿Qué se podría hacer para mejorar la situación?

9 ¿Se ha hecho alguna vez una campaña de venta de la Biblia en su pueblo o comunidad? Si no se ha realizado, ¿qué se podría hacer?

10 Si le es posible, visite una biblioteca y vea qué libros religiosos tiene. Averigüe la posibilidad de donar libros.

11 Trate de visitar una librería cristiana y la Sociedad Bíblica.

Evangelismo por radio y televisión

Por toda la tierra salió su voz. **Salmo 19:4**

BOSQUEJO

Potencial para el evangelismo
  Ampliación del alcance
  Eliminación de barreras
  Coordinación de esfuerzos
Principios de programación
  Tipos de programas
  Estación y tiempo
  Presentación de programas
Relaciones públicas
  Con la estación
  Con los auspiciadores
  Con los oyentes

ESTE CAPITULO LE AYUDARA

- A apreciar el potencial de la radio y la televisión para el evangelismo y a ver cómo podrían ser usadas con mayor efectividad donde usted vive.
- A aplicar algunos principios básicos para planear la forma de presentar el Evangelio por radio o televisión.
- A usar buenos métodos de promoción y de consolidación de resultados para lograr que el evangelismo por radio o televisión sea más eficaz.

POTENCIAL PARA EL EVANGELISMO

Si usted quisiera hacer llegar un mensaje al mayor número posible de personas en el tiempo más corto posible, ¿qué haría? Usaría la radio y la televisión. Su potencial para alcanzar a las masas es mayor que el de cualquier otro método, y la repetición diaria o semanal del mensaje fortalece su impacto en los oyentes. Aprender a aprovechar bien su potencial es una tarea importante de la iglesia en la actualidad. Podemos notar las ventajas de la radio y la televisión para el evangelismo en: 1) la ampliación de nuestro alcance, 2) la destrucción de barreras y 3) la coordinación de esfuerzos.

Ampliación del alcance

El que predica en una cadena nacional de radio o televisión puede llevarles el Evangelio en una hora a más gente, que el apóstol Pablo en toda su vida. En un solo día son más los que escuchan el Evangelio por radio y televisión, que cuantos lo oyeron durante los tres primeros siglos del cristianismo.

Las emisoras radiales calculan que por cada carta que reciben en respuesta a una oferta o informando sobre la recepción de cierto programa, hay entre cien y mil oyentes que no escriben. Un amigo nuestro en Sudamérica recibió alrededor de diez mil cartas de los oyentes de su programa radial diario. Según la fórmula para calcular el número de oyentes, entre uno y diez millones de personas escuchan su predicación.

Hay potentes radioemisoras evangélicas, como HCJB, ELWA, IBRA, TWR, y FEBC, que difunden el Evangelio en muchos idiomas por todas partes del mundo. Decenas de estaciones evangélicas alcanzan a sus comunidades y las zonas de alrededor con el mensaje.

La televisión es más cara que la radio, pero su potencial para el evangelismo es enorme. Tres cultos de una campaña de Billy Graham fueron televisados en tiempo preferencial por una cadena nacional en los Estados Unidos de Norteamérica. ¡Más de 5.000 personas escribieron o telefonearon para decir que habían aceptado a Cristo como Salvador en respuesta a la invitación! En 1975, en cuatro ciudades brasileñas, 22.000 personas solicitaron los libros ofrecidos por Billy Graham en una emisión televisada.

¡Hagamos uso del gran desarrollo de las comunicaciones para alcanzar a una población en explosión! Si la radio y la televisión llegan a la gente de su región, la voluntad de Dios para su iglesia podría ser un programa local, un programa grabado puesto en la estación local, o el respaldo económico de un programa nacional.

Superación de barreras

Las emisiones radiales del Evangelio, del mismo modo que la literatura, atraviesan las barreras de la distancia, del nivel social y de las restricciones políticas o religiosas. Además, el impacto diario de los buenos programas está echando abajo los muros del prejuicio. La

Palabra hablada atraviesa la barrera del analfabetismo y penetra la oscuridad de los ciegos.

Mientras que la literatura tiene la ventaja de la permanencia, la radio y la televisión tienen algunas ventajas en cuanto a penetración. Un 44% de la población adulta del mundo no sabe leer, pero muchos de ellos escuchan la radio. Los programas radiales de potentes emisoras cubren extensas regiones y llevan el Evangelio a muchos hogares que de ningún otro modo serían alcanzados para Cristo. Ciertos países parecen estar cerrados al Evangelio, pero el Cristo resucitado todavía entra a muchas habitaciones que tienen "las puertas cerradas", revelándose a grupos de personas reunidas alrededor de un aparato de radio.

Coordinación de esfuerzos

La radio y la televisión llegan a ser doblemente eficaces en el evangelismo si las combinamos con otros métodos en un plan coordinado. Trabajando con las iglesias que se hallan en la zona de recepción, las emisoras pueden contar con la ayuda espiritual de las iglesias locales para los que aceptan al Señor a través de sus programas. Pueden enviar a las iglesias los nombres y direcciones de las personas de sus pueblos que han mostrado interés en el Evangelio.

Un registro de la reacción de los oyentes en los diversos pueblos puede proporcionar una guía valiosa para la actividad evangelística de las iglesias. Colocando alfileres o banderitas de varios colores en un mapa se les puede mostrar a los pastores dónde hay mayor reacción favorable a los programas y dónde hay creyentes que podrían formar el núcleo para una iglesia en una zona no evangelizada. Las emisoras pueden enviar nombres y direcciones, juntamente con la información pertinente a las iglesias u obreros que se hacen cargo de la obra en cada zona.

Las emisiones del Evangelio pueden ayudar a unificar la obra y estimular el evangelismo. Los anuncios, informes de reuniones en varios lugares, testimonios, peticiones de oración y mensajes dinámicos ayudan a los creyentes aislados a comprender que son parte del gran Cuerpo de Cristo.

PRINCIPIOS DE PROGRAMACION

Tipos de programas

Un antiguo proverbio dice: "El que nada se propone, nada consigue." Los resultados logrados por la radio o televisión dependerán en gran parte de que sepamos lo que deseamos hacer y hallemos el mejor método de hacerlo. Esto significa planear nuestros programas para obtener los resultados deseados.

Suponga que usted va a planificar programas de radio o televisión para su iglesia. ¿Cuáles de estas metas quisiera alcanzar? Posiblemente todas, pero no se proponga conseguirlas todas con el mismo programa. Algunas iglesias tienen hasta cuatro pro-

Metas para los programas
Fortalecer a los creyentes
Aconsejar a los nuevos creyentes
Evangelizar a los jóvenes
Evangelizar a los niños
Evangelizar a los adultos
Promover el estudio bíblico
Derribar los prejuicios
Echar las bases para una campaña
Promover la iglesia
Orientar en doctrinas básicas

gramas al día para diferentes clases de oyentes. Otras dan diferentes tipos de programas en ciertos días de la semana. La mayoría dan un solo tipo de programa.

¿Hay donde usted vive otras iglesias que ya estén alcanzando eficazmente algunas de las metas citadas arriba? En lugar de duplicar sus esfuerzos, le sugiero que atienda otra necesidad con otro tipo de programa. Además, ¡no se tiene que usar el mismo formato por cincuenta años! La variedad mantiene interés en la presentación. He aquí 16 tipos de programas entre los cuales usted puede elegir.

1) Programa noticioso

Ciertas emisoras dan un resumen de las noticias. Luego añaden: "Y ahora, las buenas noticias de la Palabra de Dios," antes de leer un texto bíblico. Algunas dan noticias religiosas de todo el mundo y hablan de los acontecimientos de la comunidad cristiana local.

2) Entrevistas

El cambio de voz en las entrevistas ayuda a mantener el interés del oyente. Las entrevistas son buenas para dar testimonio y presentar el punto de vista evangélico sobre asuntos de interés general. Las entrevistas imaginarias con personajes de la Biblia pueden darle nueva vida al mensaje que ellos tienen para nosotros.

3) Paneles de discusión

Los paneles de discusión son como las entrevistas, pero toman parte mayor número de personas. Presentan varios aspectos de un tema.

4) Lectura bíblica

Alguien lee con claridad y buena expresión pasajes cuidadosamente seleccionados. Cuando se trata de relatos bíblicos, ayuda poner un fondo musical, utilizar efectos de sonido y realizar cambios de voces para los distintos personajes. Para los programas infantiles se podría usar un libro de historias bíblicas.

Tipos de programas	
Noticias	Dramatización
Entrevista	Poemas
Panel	Estudio bíblico
Biblia	Sermón
Música	Devocional
Charla	Evangelístico
Para niños	Preguntas
Para jóvenes	Anuncios

5) Programa musical

Se puede estructurar un programa musical a base de las peticiones que hagan los radioyentes, o alrededor de un mismo tema. Podemos usar grabaciones y hablar acerca de la canción, quién la escribió, quiénes la cantan. Se anuncia quién la pidió y dónde vive (el pueblo). A menudo una persona pedirá que se le dedique cierta canción a alguien para su cumpleaños o aniversario. Este tipo de programa crea un ambiente amistoso alrededor de la emisora local y por lo general es muy popular. Establece buenas relaciones y proporciona buenos contactos para el trabajo de consolidación.

En el programa musical que presenta un tema, se eligen las canciones que mejor lo desarrollen. Se arreglan en el orden apropiado. A veces se usará solamente una parte de una canción. Entre una y otra canción se hace puente con textos bíblicos, dichos famosos, o unas breves palabras para desarrollar el tema y dar el fondo para la próxima canción. Podemos usar grabaciones, talento en vivo o una combinación de los dos en este tipo de programa. Cuando usamos grabaciones en la televisión, podemos usar cuadros para ilustrar el mensaje de cada canción.

6) Charlas de corazón a corazón

Las charlas de corazón a corazón se dirigen a un grupo especial y tratan acerca de los problemas o necesidades de ese grupo. Podrían ser para jóvenes, padres, niños, hombres, mujeres, o adultos en general. El tono es amistoso, de conversación. Las emisoras utilizan a menudo este tipo de programa para las mujeres durante el día, cuando la mayoría de los hombres están en el trabajo. Puede ganar la amistad del oyente, ayudarle en los problemas que surgen en una familia y mostrar cómo los resuelve una familia cristiana. También puede dar sugerencias prácticas sobre costura, cocina, cuidado de los niños, formas de estirar el presupuesto, y cómo hallar ayuda espiritual.

7) Programas para niños

Por lo general, los programas infantiles cuentan con la participación de algunos niños junto a obreros adultos. Alentamos a los oyentes a unirse con los niños en el programa en el canto de coros, o la memorización de textos bíblicos y las respuestas a las preguntas. Mientras mayor sea la participación de los oyentes, tanto mejor. Podemos ofrecer premios a los que envíen la respuesta a cierta pregunta, o invitarles a enviar sus peticiones y a unirse a un club de oyentes. Los relatos — de la vida real, de la Biblia o cristianos novelados — son muy buenos en los programas para niños. Si el programa es para niños de edad escolar, deben darse en una hora en que los niños no estén en la escuela.

8) Programas juveniles

Se puede tener un locutor con un ministerio especializado para la juventud, pero nada hay que atraiga tanto a la juventud como la juventud misma. Por eso, es mejor que sean ellos los que intervengan con la música, los testimonios y entrevistas, los paneles de discusión, y las películas evangélicas.

9) Dramatización

Muchos tratados, testimonios e historias bíblicas pueden ser dramatizados. Se pueden usar películas o personas de la iglesia. Por radio, un narrador relata la acción y hace saber quién va a hablar. Mucho depende del diálogo y los efectos de sonido.

10) Poemas

Se puede tener un programa corto de poesía bien leída con música de fondo o sin ella, o bien se pueden usar poemas en programas musicales y devocionales. La poesía alternada con ilustraciones hace interesante el programa. Anime a los oyentes a pedir la repetición de las poesías que más les gusten. Se pueden ofrecer copias de los poemas a los que escriban pidiéndolas. Esto servirá para dar a conocer los gustos de sus oyentes y abre las puertas para el evangelismo personal.

11) Estudios bíblicos

Las universidades ofrecen a menudo cursos de estudio independientes y ayudan a sus estudiantes mediante charlas sobre cada lección en radio o televisión. Podemos usar el mismo método con algunos de los cursos del IIC. Algunos pastores o maestros dan cursos preparados por ellos mismos y ofrecen un libro sobre el tema o una copia de las charlas a los que los soliciten.

12) Charlas o sermones

Las charlas pueden dar la perspectiva cristiana sobre cualquier tema, desde los sucesos mundiales hasta los problemas hogareños. Los sermones pueden ser evangelísticos, devocionales o doctrinales. Deben ser interesantes. Es muy difícil que un radioyente escuche atentamente una sola voz por más de quince minutos seguidos, por lo que estos mensajes deben ser cortos.

13) Programa devocional

Los creyentes aislados, las personas recluidas, los nuevos convertidos y otros creyentes reciben mucha ayuda de los programas devocionales diarios. Algunos de estos duran solamente cinco minutos. Comienzan por lo general con un coro característico, un saludo, una estrofa de una canción seguida de un texto bíblico, un corto comentario, a veces un testimonio, oración, y una invitación a asistir a los cultos de la iglesia o a escribir a cierta dirección si quieren pedir oración por algo en especial o necesitan ayuda espiritual.

14) Programa evangelístico

Ciertos cultos de la iglesia o de una campaña pueden ser transmitidos directamente (programas en vivo), o pueden ser grabados y adaptados para la transmisión. El culto puede originarse también en el estudio de radio o televisión. Suelen constar mayormente de música, testimonio, predicación, invitación y oración.

15) Preguntas y respuestas

Las respuestas cristianas a los problemas de la vida real hacen que los programas sean interesantes, populares y útiles. Los oyentes escriben sobre sus problemas. En el programa, unos ayudantes leen extractos de las cartas y un consejero ofrece su consejo al respecto.

Una variante es hacer que los oyentes telefoneen para hacer sus preguntas sobre el tema que se está tratando, pero las cartas dan al consejero la ventaja de preparar su respuesta, distribuir en orden las preguntas, y terminar con una nota altamente positiva. A veces un panel contesta las preguntas. También puede haber testimonios relacionados directamente con los problemas.

16) Anuncios breves

Los anuncios breves son microprogramas de treinta segundos a un minuto de duración, como los comerciales. Pueden repetirse varias veces al día en medio de los programas normales de la emisora. Muchas personas que no escucharían un programa evangélico reciben el mensaje antes de poder cambiar de sintonía. Es probable que una serie de anuncios breves alcance más gente que un programa normal, y puede costar menos.

¿Qué se puede hacer en un tiempo tan corto? Pueden presentarse un texto bíblico, un pensamiento para el día y una dirección donde se puede obtener más información o literatura gratis. También se pueden anunciar cultos especiales e invitar al público a asistir o dar la reseña de un libro en venta en una campaña de distribución de literatura. Se puede escoger un lema, como *Cristo es la respuesta*, y tener cada día un testimonio breve para apoyarlo.

Si usted tiene la responsabilidad de planear un programa de radio o televisión para su iglesia, los talentos que haya disponibles le ayudarán a decidir cuál clase de programa habrá que usar. Cuando se utiliza un buen talento local, esto atrae fuertemente a la gente del lugar. Pero si la calidad de música es pobre, sería mejor usar música grabada o tener un programa sin música. Se puede iniciar un ministerio por radio o televisión con programas grabados por otros. Luego, a medida que se gane experiencia y se capte un auditorio, se puede desarrollar un programa local.

Estación y hora

A menudo una iglesia que está empezando un programa tiene que tomar cualquier hora que esté disponible. Luego planificará su programa de acuerdo con la clase de personas que estén escuchando a esa hora. El administrador de la emisora puede informar respecto de los hábitos de audición de la gente, y qué horas son mejores para los diferentes grupos.

A veces la iglesia puede elegir entre una estación potente y otra débil; entre una de onda corta y otra de onda larga, o entre una comercial y otra religiosa. Las encuestas demuestran que el 66% de los oyentes tienen una estación favorita y prefieren quedarse con ella. Le convendrá saber qué estación es más popular entre la clase de gente a la que desea alcanzar.

Algunas iglesias cometen el error de elegir una estación o un horario para su programa solamente a base del costo. Quizás ganaríamos más gente para Cristo con un programa corto en una emisora potente y popular, que con uno largo en una emisora que cobre menos por hora, pero sea más débil y menos popular. Igualmente, comprar tiempo barato durante aquella parte del día o de la noche en que los oyentes son escasos podría resultar una pobre inversión de dinero y de esfuerzo en el evangelismo. Los creyentes pueden hacer un esfuerzo especial para escuchar un programa cristiano en una hora poco conveniente, pero no podemos esperar que los inconversos lo hagan.

Muchas estaciones permiten que solamente un pequeño porcentaje de su tiempo sea usado para programas religiosos. A menudo no hay tiempo disponible en las horas de mayor sintonía, o el costo de esas horas es demasiado caro. Por estas razones, muchas iglesias de varias denominaciones cooperan para operar emisoras religiosas. Tales estaciones ofrecen por lo general mejor tiempo, tarifas más bajas, cooperación plena y anuncios gratuitos de las actividades de las iglesias. Se puede aumentar la audiencia con un buen trabajo de promoción.

Presentación de programas

Estas reglas básicas le ayudarán en el evangelismo por radio o televisión. Algunas son simplemente las reglas de comunicación.

1. Ensaye y presente el programa y los anuncios utilizando un libreto escrito. Practique hasta que toda la lectura se haga con fluidez y buena expresión.
2. Practique con el reloj, anote el tiempo exacto para cada parte, y adapte el programa al tiempo disponible.
3. Haga que el mensaje (charla, sermón, anuncios o comentarios) sea corto, preciso e interesante.
4. Use palabras que sus oyentes comprendan.
5. Asegúrese de la veracidad de lo que dice.
6. Personalice. Piense en uno de sus oyentes y háblele directamente a él.
7. Procure que el programa se relacione con las necesidades de los oyentes y de la localidad.
8. Haga uso de la variedad en su programa.
9. Sea prudente y agradable. No haga críticas, no use términos ofensivos, ni sea dogmático respecto de asuntos controversiales que son de menor importancia o no son esenciales al evangelismo.
10. Manténgase cerca del micrófono.
11. Pronuncie sus palabras con claridad.
12. Hable con naturalidad en tono de conversación, no muy fuerte ni demasiado bajo.

13. No hable demasiado rápido ni muy lentamente. La rapidez hace que nuestras palabras resulten confusas e incomprensibles. Los discursos muy lentos y con largas pausas matan el interés. En los dos casos, los oyentes dejan el programa.

14. Mejore su voz. Le sugiero que lea en voz alta diez minutos al día. Practique hablando en un tono más bajo que el acostumbrado (el tono, no el volumen). Las voces de tono bajo suenan mejor en la radio.

15. Si es posible, use una grabadora de cinta para practicar la lectura. Después escuche su expresión y cómo suena su voz.

16. Ore por cada programa y pida a otros que oren por él.

17. No tenga temor. Presente el programa con confianza, con la esperanza de que Dios lo use.

RELACIONES PUBLICAS

El éxito de cualquier programa de radio o televisión depende en cierta medida de las buenas relaciones con: 1) la estación, 2) los auspiciadores, y 3) los oyentes.

Con la estación

En el libro *Handbook for Christian Broadcasting* (Gospel Publishing House, 1946, páginas 30-33), Thomas F. Zimmerman dice:

El radioemisor evangélico debe tener presente la responsabilidad que la estación de radio tiene para con el público. . . Los equipos de radio deben ser usados de tal modo que se evite la censura del público a la emisora que transmite el programa. . . Ellos (la gente de la radio) se interesan por salvaguardar el prestigio de la estación ante todos los grupos, y no permitirán algo tan negativo como los ataques a otras creencias y grupos.

Si usted tiene un programa de radio o televisión, muéstrese amistoso con el personal de la emisora. Averigüe cuáles son sus normas y reglamentos y coopere. Pague puntualmente y exprese su gratitud por las consideraciones especiales. Procure llegar siempre adelantado, para que se puedan hacer fácilmente todos los arreglos para el programa. Demuestre cortesía cristiana. Pida los consejos o sugerencias que sean necesarios para mejorar su programa. Ore por el personal y testifique cuando tenga la oportunidad.

Mantenga informado al administrador de la emisora respecto del número de personas que escriben acerca del programa e indíquele los lugares de donde escriben. La buena reacción de parte del público fortalecerá el concepto que se tenga de su programa. Cuando sea necesario hacer un cambio en el horario, el administrador deberá tener en cuenta el grado de aceptación que tiene el programa. Si su programa tiene una amplia audiencia, es posible que se le dé consideración especial para que ocupe horas mejores, reciba tarifas reducidas, o se le dé tiempo gratuito para un programa especial.

Con los auspiciadores

Toda emisión evangélica necesita quienes la respalden en oración y en lo económico. Este ministerio se dirige a un auditorio invisible. Sólo Dios sabe quién está escuchando y cuáles son sus necesidades. Por esta razón enrolamos a los creyentes para que oren pidiendo que todas las partes del programa sean dirigidas por Dios. Al tener noticias de los oyentes, los creyentes que participan en este trabajo oran por ellos y sus peticiones. Los miembros de la iglesia que auspician el programa con sus ofrendas deben apoyarlo también con sus oraciones, y los creyentes entre los oyentes pueden ser auspiciadores en cuanto a oración. Algunas emisoras envían una lista de oración mensual a los auspiciadores, con peticiones e informes de oraciones contestadas.

Muchas iglesias incluyen en su presupuesto el costo de su programa de radio o televisión. Puede cubrirse el costo mediante promesas individuales de miembros de la iglesia. Otros programas dependen de las ofrendas que reciben de sus oyentes. A veces varias iglesias cooperan para producir semanalmente un programa, cada una haciéndose responsable de costear el programa una semana al mes. Muchas iglesias e individuos cooperan para sostener un programa nacional o dedicado a evangelizar un campo nuevo.

A veces la misma emisora o algunos establecimientos comerciales auspician un programa que consideran un servicio público a la comunidad. Algunas estaciones comienzan su día de transmisiones con un pensamiento para el día, un texto bíblico y una breve oración. Es una buena propaganda para algunas firmas comerciales que financien un programa de este tipo.

Sea cual fuere la fuente de financiamiento, no permitamos que los problemas económicos echen una sombra sobre nuestro mensaje. Algunos gobiernos o estaciones emisoras no permiten que se pidan fondos en el programa. Donde esté permitido, se puede invitar a los oyentes a compartir el costo del programa, pero pedir su respaldo puede ser contraproducente. Muchos dejan de sintonizar algunos programas porque "siempre están pidiendo dinero".

También debemos mantener las cuentas claras, enviar puntualmente los recibos por las ofrendas, y estar listos para rendir cuentas en cualquier momento del dinero recibido y los gastos hechos (2 Corintios 8:20, 21).

Con los oyentes

Las transmisiones evangélicas sin ningún trabajo destinado a consolidar sus resultados son como sembradíos que se plantaran y cultivaran, pero nunca se recogiera la cosecha. Debemos tener alguna manera de establecer una comunicación de doble vía con nuestros oyentes. Necesitamos conseguir que reaccionen al programa de tal modo que podamos ayudarles espiritualmente. Después de establecer el contacto con ellos podemos proseguirlo con literatura, cartas, cursos por correspondencia y visitación. Cuando sea aconsejable, podemos darle el nombre y dirección de la persona al pastor de la iglesia más cercana entre las que cooperan en el programa, para que la visite. Digo "cuando sea aconsejable", porque en algunas circunstancias los oyentes no se atreven a correr el riesgo de una relación abierta con la iglesia.

Ya hemos mencionado que los programas por radio y televisión pueden preparar el terreno para las campañas evangelísticas. También las campañas y las reuniones de confraternidad pueden ayudar a cosechar el fruto de las transmisiones evangélicas. Mediante la cooperación, los que hacen el programa pueden ser algo más que "una voz que clama en el desierto": se convierten en plantadores de iglesias y edificadores del reino de Dios.

REPASO Y APLICACION PERSONAL

1 Nombre tres barreras opuestas al evangelismo que atraviesan los programas de radio o televisión.

2 Cite cuatro beneficios que tiene la cooperación de las iglesias de una zona en un programa radial o de televisión.

3 Nombre diez clases de programas religiosos. ¿Qué clase se transmite ahora en su zona? ¿Cuál quisiera usted iniciar?

4 Suponga que varias estaciones tienen tiempo disponible para el programa de usted. Su propósito es el evangelismo. ¿Cuál estación elegiría?
a La más popular entre los creyentes.
b La más popular entre los inconversos.

5 ¿Qué talentos musicales tiene en su iglesia que pudiera utilizar en radio o televisión?

6 Repase las reglas para la presentación del programa. Haga un libreto para un programa de media hora del tipo que usted quisiera dar. Ensaye la lectura.

7 Si le es posible, visite una estación de radio o de televisión.

8 Si puede usar una grabadora de cinta, le sugiero que consiga la cooperación de otras personas para grabar un programa. Luego escúchenlo y conversen sobre las maneras de mejorar la presentación.

9 Nombre tres grupos con los cuales debemos mantener buenas relaciones en nuestro evangelismo por radio o televisión.

10 Cite tres cosas que debemos hacer para tener buenas relaciones con la estación.

11 ¿Qué clase de financiamiento sería más práctico para un programa en su zona?

12 Si las iglesias de su zona quisieran cooperar en un programa, ¿qué sería bueno para promoverlo y financiarlo?

a Visitar las iglesias para promoverlo.

b Conseguir promesas de sostenimiento mensual con ciertas cantidades.

c Enviar un noticiero mensual.

d Informes en reuniones de confraternidad.

13 ¿Qué métodos usaría usted para relacionarse con los oyentes?

a Invitarles a escribir.

b Ofrecer literatura, cursos por correspondencia, o premios.

c Invitarles a una reunión de confraternidad entre oyentes.

d Organizar clubes de oyentes.

La extensión de la Iglesia

CAPITULO
12

Hasta lo último de la tierra. **Hechos 1:8**

BOSQUEJO

Evangelismo y crecimiento de la Iglesia
  Propósito de Dios en el evangelismo
  Condiciones para el crecimiento
Zonas de responsabilidad
  Cortando el mapa
  La movilización de una iglesia
Cómo cubrir su zona
  Circuitos de evangelismo
  Reuniones al aire libre
  Grupos de estudio y oración
  Programa de iglesia madre

ESTE CAPITULO LE AYUDARA

- A dirigir sus esfuerzos en el evangelismo hacia tres formas de crecimiento de la Iglesia.
- A marcar en un mapa el sector de responsabilidad de una iglesia y asignar zonas de responsabilidad para el evangelismo por equipos en esa iglesia.
- A estudiar con su iglesia varios métodos para alcanzar su zona de responsabilidad con el Evangelio y elegir los más prácticos.

EVANGELISMO Y CRECIMIENTO DE LA IGLESIA

Hoy iniciamos una nueva unidad en nuestro estudio acerca del evangelismo. Hemos estudiado los principios de la buena comunicación y cómo usarlos para comunicar el Evangelio. Ahora queremos enfocar nuestra atención en otra parte de la Gran Comisión: ¡ID! Podemos conocer el mensaje y ser capaz de comunicarlo a la perfección, pero a menos que alcancemos a la gente para la cual está destinado, ¿para qué sirven todo nuestro conocimiento y nuestra habilidad?

Puesto que muchos de los métodos que estudiaremos en esta última unidad se refieren a la obra de la Iglesia, miraremos primero la obra de extensión. En esta veremos el propósito de Dios para el evangelismo y su relación con el crecimiento de la Iglesia.

Propósito de Dios en el evangelismo

El propósito de Dios para el evangelismo es la formación y crecimiento de la Iglesia. Esta es la razón por la cual murió Cristo. Por esto vino el Espíritu Santo. He aquí la razón por la cual Dios le ha llamado a usted y me ha llamado a mí al evangelismo.

La salvación consta de dos aspectos distintos: la *separación* del pecado y el *acercamiento a* Dios y a su pueblo. *De* enemigos pasamos *a* ser miembros del cuerpo de Cristo. *De* una vida dirigi-

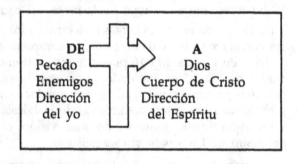

DE	A
Pecado	Dios
Enemigos	Cuerpo de Cristo
Dirección	Dirección
del yo	del Espíritu

da por el yo pasamos *a* una vida dirigida por el Espíritu, en que cada uno ocupa su lugar y desarrolla sus funciones como miembro del Cuerpo de Cristo, la Iglesia. Cuando los convertidos se reúnen para la adoración, la confraternidad y el servicio cristiano, se forma la Iglesia en cada comunidad. La Iglesia crece cuando el testimonio de éstos conduce a otros a una nueva vida en Cristo. El evangelismo que no integra a los convertidos a la vida, fraternidad y obra de la Iglesia no cumple el propósito de Dios para los convertidos, la Iglesia, y el evangelismo.

— ¿Quién los hizo a ustedes? — preguntó una maestra de escuela dominical a los niños de su clase —. Dios me hizo — respondió uno de los pequeños — pero no estoy terminado todavía. — Hace mucho tiempo Dios dijo: "Hagamos al hombre a nuestra imagen, conforme a nuestra semejanza (Génesis 1:26). ¿Se referían estas palabras simplemente a Adán, o al propósito de Dios en cuanto a todas sus relaciones con la humanidad? A través de toda la Biblia vemos a Dios formando un pueblo para sí, a su propia imagen, pero aún no estamos terminados. Debemos crecer. La Iglesia debe crecer geográfica, numérica y espiritualmente. Este es el propósito de Dios, tal como se revela en las enseñanzas del Nuevo Testamento y en sus modelos de evangelismo.

En los evange-
lios Jesús declara
su inalterable pro-
pósito: "Edificaré
mi iglesia" (Mateo
16:18). No basta
encontrar la oveja
extraviada; debe
ser llevada al redil
junto con las otras
ovejas. El hijo per-
dido que vuelve al

La Iglesia crece

geográficamente
Hechos 1:8; Apocalipsis 7:9, 10
numéricamente
Hechos 2:47; Apocalipsis 7:9, 10
espiritualmente
Efesios 4:11-16; 2:17-22

---

hogar debe tomar su lugar en la mesa del padre.

Pablo enseña en sus epístolas la doctrina y los principios relacionados con el crecimiento de la Iglesia. La comprensión de los propósitos
de Dios en Efesios 4:11-16 puede tener un tremendo impacto en su
ministerio. Dios les ha dado ministerios especiales a diferentes
personas para que puedan adiestrar y ayudar a cada creyente a crecer
y hacer su parte en el crecimiento de la Iglesia.

En Apocalipsis, Juan ve en una visión el cumplimiento del
propósito de Dios para el evangelismo:

> Después de esto miré, y he aquí una gran multitud, la cual nadie
> podía contar, de todas naciones y tribus y pueblos y lenguas,
> que estaban delante del trono y en la presencia del Cordero,
> vestidos de ropas blancas, y con palmas en las manos; y clama-
> ban a gran voz, diciendo: La salvación pertenece a nuestro Dios
> que está sentado en el trono, y al Cordero. (Apocalipsis 7:9, 10).

El libro de los Hechos es un dinámico registro en cuanto a
evangelismo y crecimiento de la Iglesia. Es la revelación del propósito
de Dios y el modelo para el evangelismo. "Y el Señor añadía cada día
a la iglesia los que habían de ser salvos" (Hechos 2:47). La iglesia se
extendía geográficamente y se multiplicaba numéricamente. A medida que se establecían congregaciones locales en los centros de
población, éstas se iban extendiendo para fundar otras iglesias
alrededor de ellas.

Puesto que el evangelismo es obra de Dios y nosotros somos
obreros suyos, sus propósitos deben ser nuestra guía en todo
esfuerzo evangelístico. Geográficamente, el modelo establecido es
Jerusalén. . . Judea. . . Samaria. . . y hasta lo último de la tierra. La
Iglesia debe extender sus límites, avanzar hasta las zonas más
remotas, hacer que Cristo sea conocido doquiera que los hombres
caídos necesiten un Salvador. Debemos trabajar para que la novia de

Cristo, esa gran compañía de los redimidos de toda tribu y nación, se complete.

Numéricamente, Dios no está contento con que sólo haya unos pocos salvados aquí y otro puñado allá. La novia de su Hijo debe ser una gran multitud. Por eso, en estos últimos días debemos hacer todo esfuerzo posible para ganar a las multitudes para Cristo.

El crecimiento espiritual debe estar a tono con el crecimiento geográfico y numérico. De otro modo, todo el programa se va por la tangente y no cumple el propósito de Dios. El desea que todo creyente nacido de nuevo crezca y asuma su responsabilidad en la obra de la Iglesia. Quiere que toda la Iglesia se desarrolle espiritualmente. Por esto debemos usar los métodos de evangelismo y cuidado de los recién convertidos que produzcan crecimiento espiritual. Cada método, cada estrategia, cada plan, cada esfuerzo en el evangelismo debe ser examinado a la luz del propósito de Dios.

Condiciones para el crecimiento

La Biblia compara el evangelismo a la obra de un campesino al preparar el campo, plantar la semilla, cultivar las plantas y cosechar el fruto. Es necesario plantar la semilla que corresponde en el lugar

Para una buena cosecha

Semilla correcta
Campo correcto
Métodos correctos
Tiempo correcto

apropiado y utilizar los métodos correctos en el momento oportuno si se desea buena cosecha.

La semilla correcta

En sus parábolas, Jesús menciona dos clases de semillas que deben ser plantadas: la Palabra de Dios y el pueblo de Dios. Ya hemos hablado de plantar la Palabra de Dios. Pero nosotros somos la semilla de Dios. El campo de Dios es el mundo y El planta a sus hijos en los lugares en que desea que su Iglesia crezca. Somos la semilla que debe multiplicarse a medida que conducimos a otros a Cristo. Debemos ser semilla de la clase apropiada. La Palabra debe hacerse carne en nosotros, demostrando su poder en nuestra vida. Debemos estar dispuestos a ser plantados en cualquier lugar en que Dios nos quiera tener — aceptar su campo para nosotros — de modo que su Iglesia pueda crecer en cualquier parte del mundo (Mateo 13:37, 38).

¡Que Dios bendiga a los creyentes que viven en zonas no evangelizadas y están abriendo camino para el Evangelio con el testimonio de su vida! Muchas iglesias fuertes jamás se hubieran abierto si no fuera por la hospitalidad de una familia de creyentes que les dio alimentos y alojamiento a los obreros que llegaban allí en un ministerio de fin de semana o a quedarse hasta fundar una iglesia.

El campo correcto

Las parábolas de Jesús nos enseñan que para el crecimiento de la Iglesia en el evangelismo debemos considerar las características del campo: su extensión, las diferentes partes y la productividad de cada parte. En cuanto a su extensión, el campo es el mundo. Toda la Iglesia debe trabajar sistemáticamente para llevar todo el Evangelio a todo el mundo: a cada parte del mundo y a cada una de las personas que hay en él.

El gran campo del mundo se divide en muchas secciones o comunidades. Cada comunidad tiene sus propias características: su cultura, costumbres, estructura social, normas y creencias propias. Dios quiere plantar obreros en cada comunidad para que comprendan las características de ella, hablen su idioma y adapten sus métodos para satisfacer las necesidades de la gente.

Los límites de las comunidades pueden ser geográficos, étnicos (o sea, raciales), sociales, políticos, o una combinación de éstos. La vida en el campo es diferente a la vida en la ciudad. Algunos obreros plantan iglesias eficazmente en la ciudad, pero no aciertan en las zonas rurales. Otros tienen un ministerio maravilloso en las aldeas, pero no así en la ciudad. ¡Cuán importante es que cada obrero deje que Cristo, el Señor de la mies, le envíe al campo correcto, al lugar en que él pueda rendir mejor su labor.

Jesús nos enseña que las condiciones del terreno en cada parte del campo influyen sobre su productividad: las zonas pedregosas, los lugares infestados de espinas, el sendero endurecido por el tráfico, o el buen terreno. El lugar donde la semilla cae afecta a su grado de crecimiento y productividad. Las características de cada comunidad afectan a su grado de receptividad respecto del Evangelio y el crecimiento de la Iglesia allí.

¿Por qué nos relataría Jesús la parábola de los terrenos que se halla en Lucas 8:5-15? ¿Sería simplemente para hacernos saber que algunas personas son más difíciles de ganar que otras, para animarnos a seguir sembrando la semilla a pesar de la poca productividad de algunas zonas, o para hacernos examinar las causas de un crecimiento anémico y de unas cosechas escasas? ¿Espera El que hagamos lo que podamos para limpiar el terreno de espinas y rocas, que cultivemos cada parte del campo según su propia necesidad, o que aprovechemos al máximo nuestras oportunidades donde la gente sea receptiva, dándoles a estas zonas una prioridad máxima en nuestros esfuerzos evangelísticos?

El mismo Señor que nos envía a todo el mundo a predicar el Evangelio a toda persona nos enseña también a ponerle atención al modo en que la gente responde para concentrar nuestros esfuerzos en aquellas comunidades más receptivas. La Iglesia primitiva siguió este modelo. Contaba solamente con un puñado de obreros, y lo mejor que cabía hacer era plantar iglesias en las zonas más receptivas. A medida que cada una de éstas crecía, se iba convirtiendo en un centro de evangelismo. Se extendía a toda la zona circunvecina. Allí se predicaba y se fundaba otra iglesia dondequiera que un grupo de personas aceptaba a Cristo.

El tiempo correcto

En los distintos lugares se determina por el clima cuál ha de ser el momento de la siembra y cuál el de la cosecha. Dios tiene su tiempo para la siembra y la cosecha en sus diversos campos también. Las circunstancias locales afectan a la receptividad de la gente ante el Evangelio. Estas pueden cambiar. Algunas zonas que fueron en otro tiempo muy resistentes, han llegado a ser receptivas al desaparecer ciertos obstáculos. Ahora la Iglesia está creciendo rápidamente en algunas de estas zonas. Por esto seguimos orando y trabajando aun en los campos difíciles, sabiendo que a su tiempo Dios dará la cosecha.

Los métodos correctos

Las gigantescas máquinas segadoras que cruzan los extensos y llanos campos de trigo de las pampas argentinas no podrían funcionar en los sembradíos escalonados de las laderas empinadas de los Andes. En esos lugares la guadaña manual y la hoz son lo más práctico. Un método de evangelismo que es excelente para cierta comunidad no tiene por qué ser el mejor para otra. Debemos adaptar nuestros métodos al campo de labor, ver cuáles métodos son buenos para nuestra comunidad y usarlos. Por ejemplo, en algunas zonas la gente parecía hostil al Evangelio porque no asistía a las iglesias cristianas, pero ahora muchos están aceptando a Cristo en sus hogares al ser alcanzados por la radio y los cursos enviados por correspondencia.

En algunos lugares las campañas evangelísticas atraen a millares. En otros no se permite este tipo de presentación, pero se ganan almas a base del testimonio personal. Estudiaremos muchos métodos diferentes de evangelismo para que cada obrero descubra los que mejor se acomodan a su campo y a su iglesia.

ZONAS DE RESPONSABILIDAD

Cortando el mapa

¿Ha visto alguna vez a los dirigentes de una iglesia cortar un mapa en pedazos y distribuirlo entre un grupo de obreros? Cada uno acepta como una solemne responsabilidad la evangelización de su parte del mapa. Este sencillo paso podría constituir el curso a seguir por un programa dinámico de evangelismo total en su zona. Posiblemente la organización nacional de su iglesia ya haya fijado ciertos distritos. Veamos ahora cómo hallar la zona de responsabilidad de cada iglesia. Por lo general debe alcanzar hasta la mitad de la distancia que hay hasta la iglesia más cerca de las que están cooperando en el plan, pero debemos tomar en cuenta las barreras geográficas y los caminos.

Las condiciones de cada iglesia se consideran también al repartir el terreno para la evangelización. Los sectores no evangelizados se asignan a las iglesias que los pueden alcanzar con mayor eficacia. Una iglesia grande con muchos obreros debería asumir mayor responsabilidad que una iglesia pequeña que apenas comienza. Sin embargo, ésta también debe tener su campo de labor.

Si la distancia entre iglesias es demasiado grande, podemos fijar en el mapa una cierta sección entre ellas como campo misionero. Buscaremos luego en esa zona una ubicación para plantar una iglesia.

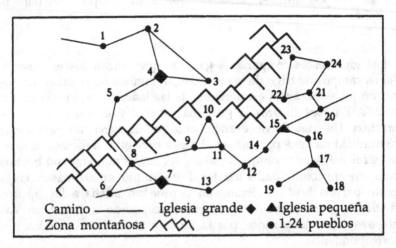

Camino ———— Iglesia grande ◆ ▲ Iglesia pequeña
Zona montañosa ∧∧∧ ● 1-24 pueblos

Esto se convierte en blanco de oración y evangelismo para todo el distrito. Todas las iglesias pueden cooperar con obreros y ofrendas para abrir una iglesia en ese lugar. Las iglesias vecinas ayudan en su desarrollo, hasta que pueda asumir la responsabilidad del evangelismo en su parte del mapa.

Vamos a ver un ejemplo. En el mapa de arriba hay dos iglesias grandes en los pueblos 4 y 7, y dos iglesias pequeñas en los pueblos 15 y 17. Es muy fácil marcar la zona de responsabilidad para la iglesia que está en el pueblo número 4. Esta debe seguir la línea de la cordillera e incluirá los pueblos 1-5. Aunque el pueblo 10 está más cerca del 4 que del 7, usted podrá advertir que no existe camino de conexión por entre las montañas.

Digamos que todas las iglesias del distrito desean cooperar para que se funde una iglesia nueva este año en un punto estratégico. Están considerando dos zonas como posibles campos misioneros: la de los pueblos 9-11, y la de los pueblos 21-24. Ambas zonas parecen igualmente receptivas al Evangelio. ¿Cuál recomendaría usted, y por qué?

Yo escogería la zona 21-24, mayormente porque la iglesia grande del pueblo 7 sería capaz de alcanzar los pueblos 9-11 con algo de facilidad, puesto que tiene un buen número de obreros y fondos. En cambio, la pequeña iglesia del pueblo 15 no tiene las facilidades necesarias para alcanzar a los pueblos 20-24. Sin embargo, sí puede hacerse responsable de los tres pueblos más cercanos: 14, 16 y 20.

Favorezco la ubicación de la iglesia en 21 para que los miembros de la nueva iglesia puedan reunirse más fácilmente con los creyentes de 15 y 20 en las reuniones de confraternidad, pero la verdadera elección del lugar dependería de muchas cosas: receptividad, creyentes que haya en el lugar, disponibilidad de local, tamaño del pueblo, y por sobre todo, la dirección del Señor.

Aquí se ha marcado con un círculo la proyectada iglesia del pueblo 21 y con una línea discontinua el campo misionero que con el tiempo será su zona de responsabilidad. Luego se señalan con líneas gruesas los límites que tendrían

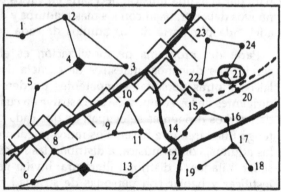

las zonas de las iglesias ubicadas en los pueblos 4, 7, 15 y 17. Si los pastores se ponen de acuerdo en cuanto a esta división, se corta el mapa y cada uno toma su parte.

Ahora cada zona de responsabilidad de una iglesia local es como un distrito pequeño. El pastor es el supervisor de esta zona. Todos los creyentes de su iglesia y los de las obras de extensión son sus obreros.

Comparten con él la responsabilidad de llevar el Evangelio a cada hogar en su parte del mapa. Para distribuir eficientemente la responsabilidad, la iglesia se moviliza. Los miembros se organizan en equipos. A cada equipo se le asigna su responsabilidad, y todos se adiestran para la obra que van a hacer.

Cada pastor debe tener un mapa grande (o mapas) de su zona. Pueden ser de la ciudad, municipalidad, condado o provincia. En el mapa se marca la ubicación de cualquier obra de extensión, club bíblico, escuela dominical filial, o grupo de estudio y oración que la iglesia tenga y los hogares de sus miembros. Pueden indicarse con alfileres o tachuelas de distintos colores. Se señala también dónde hay personas interesadas en el Evangelio que recibirían bien visitas o cultos en su casa. Se marcan además las rutas de transporte público.

Movilizando a la iglesia

Después de esto, ¡a movilizar a la iglesia para la acción! Todo hombre, mujer, joven, niño o niña que conozca a Cristo debe integrarse a uno de los equipos. Las familias pueden trabajar juntas en la zona más cercana a su hogar. Posiblemente algunas formarán el núcleo de una iglesia filial o se sentirán llamadas a mudarse a una sección no evangelizada para empezar una obra allí. Los conjuntos musicales pueden trabajar juntos, visitar varios campos o fraccionarse para dar la ayuda musical necesaria en varios equipos. Los creyentes nuevos deben trabajar con los más maduros y debe haber supervisión adecuada por parte de los adultos de cada equipo.

Parte del programa de movilización es el adiestramiento para servir. Los diáconos, maestros de escuela dominical, predicadores laicos y otras personas competentes pueden ser designados como dirigentes de los equipos. Se les instruye en cuanto a sus responsabilidades. Los dirigentes se ocupan de que cada miembro de su equipo tenga una tarea que hacer. Los niños pueden ayudar, lo mismo que los adultos, con la música, a distribuir las hojas de cantos, a doblar y sellar tratados, a distribuir literatura, invitar gente a los cultos, orar, testificar y hablar con personas de su edad acerca de Jesús.

El curso de adiestramiento puede tener una culminación en un culto de consagración. Ya para entonces deben estar marcados en el mapa del pastor los sectores de responsabilidad de los equipos. Se puede cortar un duplicado del mapa en el culto para entregarles los sectores a los dirigentes. Cada uno recibe junto a su equipo su sector con una oración de dedicación al ministerio que se le confía.

COMO CUBRIR SU ZONA

Sin duda usted deseará que su iglesia cubra bien toda su zona de responsabilidad y que se planten iglesias donde ha-

Métodos de extensión
• Circuitos de evangelismo
• Reuniones al aire libre
• Grupos de estudio y oración
• Programa de iglesia madre
• Trabajo de visitación

cen falta. Mientras estudia estos métodos, ore para que Dios le ayude a usar los mejores en su zona.

Circuitos de evangelismo

Los predicadores de circuito metodistas de los siglos dieciocho y diecinueve tenían un método excelente para alcanzar a lomo de caballo todos los pueblos, aldeas y comunidades con el Evangelio. Mediante el establecimiento de rutas fijas o circuitos, cada predicador cubría sistemáticamente su zona, levantaba nuevas iglesias y pastoreaba varias congregaciones al mismo tiempo. Hoy usamos con buen resultado dos tipos de circuitos: los circuitos ocasionales y los fijos.

Circuitos ocasionales

Un pequeño puñado de obreros de Huarás, Perú, allá por el año 1930 se enfrentaron con la responsabilidad de llevar el Evangelio a todo el departamento de Ancash. No había otro obrero evangélico en las decenas de pueblos comprendidos en esa vasta zona. Resolvieron el problema mediante un sistema de circuitos de evangelismo. Sobre un burdo esquema de cada provincia del departamento marcaron los pueblos y aldeas, y las rutas que habrían de seguir para alcanzarlos a todos. Cada provincia se constituyó en un circuito.

Luego dos obreros, con las alforjas llenas de literatura, salieron a lomo de mula hacia el primer pueblo de uno de los circuitos. En cada pueblo de la ruta celebraban cultos al aire libre, vendían Biblias, Nuevos Testamentos y Evangelios, distribuían tratados, conversaban con las personas que manifestaban interés, y oraban con los que querían ser salvos. En los pueblos donde la gente mostraba mucho interés, se quedaban varios días antes de seguir viaje al siguiente pueblo de la ruta.

En cada pueblo, los obreros anotaban el nombre y dirección de los que habían aceptado al Señor, habían comprado una Biblia o mostraban especial interés. Más tarde les escribían a esas personas, les enviaban literatura, les daban consejos y les recomendaban que aprendieran de memoria ciertos textos bíblicos. En el viaje siguiente, buscaban en cada pueblo a los que tenían en su lista y les animaban a seguir al Señor.

Así hacían en cada provincia. Algunos de los circuitos más cortos podían cubrirse en dos semanas, con un día en cada pueblo. Otros requerían un mes. A veces pasaban dos o tres años entre una y otra visita a ciertas provincias, pero al menos toda la zona quedaba cubierta. Los grupos de creyentes comenzaron a reunirse regularmente para orar, leer la Biblia y cantar, aun cuando no tuviesen pastor. Ahora hay iglesias establecidas a través de toda aquella región.

Algunas personas dicen: "Nunca hemos celebrado cultos en ese pueblo, porque no estamos en condiciones de continuarlos con regularidad." Por supuesto, los cultos fijos son mejores que una visita ocasional, pero ¿qué diremos de la gente que muere sin la oportunidad de oír el Evangelio mientras nosotros esperamos? Los que murieron en el Señor en ciertos pueblos remotos del Perú durante el segundo cuarto del siglo veinte pueden dar gracias a Dios de que alguien compartiera el Evangelio con ellos, aun cuando haya sido tan sólo una vez cada dos o tres años.

En Chimbote, Perú, usamos una variante semanal del circuito ocasional para alcanzar a 16 pueblos y aldeas de la zona circundante. Cada semana los pastores y miembros principales de la iglesia apartaban de sus magros ingresos lo que podían para alquilar un taxi y hacer un circuito evangelístico el domingo. Ese era el día de mercado, en el cual la gente de las zonas rurales se hallaban en los mercados de los pueblos situados a lo largo de la ruta. Si se reunía suficiente dinero, el grupo de obreros salía al clarear el día en una de las rutas más largas. Celebraba culto tras culto a lo largo de todo el camino y llegaba de vuelta a Chimbote a tiempo para el culto del domingo por la noche. Cuando los fondos escaseaban, trabajábamos en una ruta más corta. Con el tiempo, las congregaciones que se desarrollaron pudieron tomar la responsabilidad de una evangelización más a fondo en cada zona.

Circuitos fijos

El circuito fijo tiene ciertas ventajas sobre el circuito ocasional. Las visitas se hacen en días fijos sobre una base mensual, bimensual, o semanal. Por lo general son más frecuentes que las del circuito ocasional. Es probable que los obreros sientan una responsabilidad mayor, además de que la gente sabe cuándo esperar los cultos y puede reunirse para ellos. Juan Wesley y otros predicadores metodistas primitivos seguían este modelo. Viajaban a caballo y solían predicar en dos o tres caseríos o poblados de su ruta cada día.

Los pastores de circuito de la actualidad utilizan muchos medios de transporte, desde la carreta de bueyes hasta el avión, y pueden disponer su ruta en un circuito largo o en varios cortos. Los líderes locales dirigen los cultos cuando el pastor no está presente. Cuando las iglesias están bastante cerca, el pastor puede preferir vivir en un punto central e ir a cada una de ellas por turno.

Algunos pastores tienen cuatro iglesias a su cargo. Predican en una el domingo por la mañana, en otra el domingo por la noche, y en las dos restantes en noches diferentes durante la semana. Otros pastores designan un domingo al mes para cada iglesia, y tienen estudio bíblico y oración con cada una en una noche de la semana. De esta manera varias congregaciones pequeñas pueden cooperar con sus diezmos y ofrendas a sostener a su pastor en un ministerio de tiempo completo cuando ninguna de ellas podría haberlo hecho sola.

Los institutos bíblicos y las iglesias pueden enviar varios equipos a trabajar en una ruta. Cierta iglesia cubana acostumbraba alquilar un ómnibus y llenarlo de jóvenes cada viernes por la tarde. En cada pueblo el ómnibus dejaba un grupo. Ellos celebraban un culto en la plaza o donde se ofreciera un hogar para ello. Después que el último grupo celebraba su culto al final de la ruta, el ómnibus regresaba recogiendo a los grupos a lo largo del camino.

En las escuelas dominicales, clubes bíblicos y obras de extensión que se establecen, se levantan ofrendas desde el principio para ayudar con los gastos. Esto no solamente posibilita la extensión, sino también enseña a los creyentes a adorar al Señor con sus ofrendas y les va preparando para formar iglesias que puedan sostenerse.

Reuniones al aire libre

En algunos lugares las reuniones al aire libre son un buen método para alcanzar a una comunidad con el Evangelio. Cierta iglesia que conozco decidió celebrar un culto evangélico en cada esquina de su ciudad. Los testimonios en reuniones así contribuyen mucho al rápido crecimiento de la Iglesia en muchos países. En las calles y en los mercados (especialmente en el día importante de mercado en una zona) los obreros alcanzan a muchas personas que vienen a la ciudad procedentes de las granjas y aldeas de los alrededores para vender sus productos y hacer compras. Los que se convierten regresan a casa y son testigos en sus comunidades. Se informa sobre el crecimiento de la Iglesia en Chile:

> Los pentecostales se reúnen para la adoración, para alentarse mútuamente, y para tener la oportunidad de encontrarse con Dios. El lugar en donde persuaden a los hombres está afuera,

donde los hombres están: en las esquinas de las calles, en las cárceles, en los parques y las plazas.

El esfuerzo evangelístico pentecostal no es la actividad profesional de los ministros, sino más bien responsabilidad y privilegio de todo creyente. Al recién convertido se le anima a declarar públicamente su fe dando testimonio en la calle. Los ministros más prominentes de la actualidad relatan cómo empezaron su vida de testimonio cristiano de esta manera.

Cuando se les preguntó cuál era la razón de que sus iglesias continuaran creciendo, dijeron: "Crecemos porque predicamos al aire libre. No esperamos hasta que los hombres se interesen en ir a la iglesia. Nosotros vamos a ellos para despertar su interés. Les interesa lo que les decimos en las esquinas porque no hablamos de teorías frías, sino de lo que hemos experimentado. Les hablamos de cómo Dios nos ha ayudado y sanado. Hablamos de una vida victoriosa y describimos el gozo que sentimos. Cantamos música alegre que confirma nuestras palabras. Cuando les mostramos a los hombres que Dios ha prometido hacer lo mismo por cualquiera que se lo pida, muchos de ellos aceptan a Cristo. En el culto siguiente están con nosotros para dar su testimonio." (Extractado de *Avance evangélico en la América Latina*, por W. R. Read, V. M. Monterroso y H. A. Johnson, El Paso: Casa Bautista de Publicaciones.)

La duración de un culto al aire libre depende de su propósito. Para llevar gente a un culto evangelístico, varios equipos pueden tener breves reuniones callejeras de unos cinco minutos en la vecindad de la iglesia o del lugar donde se celebrará el culto. Pueden comenzar con música instrumental para atraer a la gente, unos pocos coros, un texto bíblico, y uno a dos testimonios breves, que son seguidos por una invitación para acompañar al grupo al culto que está a punto de empezar. Los obreros distribuyen tratados donde aparecen la dirección de la iglesia y el horario de los cultos. Algunos grupos marchan a la iglesia al son de una banda y con estandartes desplegados. El número de personas va en aumento a medida que avanzan. Este método ha contribuido mucho al gigantesco crecimiento de las iglesias en Brazil.

En contraste, muchos cultos al aire libre son cultos evangelísticos completos. Hay otros que pueden durar horas en los lugares concurridos donde la gente va y viene. Los obreros se alternan predicando, testificando, distribuyendo literatura, y hablando con los que manifiestan interés. Recuerdo uno en el Perú que duró nueve horas, con un corto intermedio a mediodía para comer algo.

Las reuniones al aire libre pueden celebrarse con dos o tres personas o con un grupo grande, con equipo especial o sin él. Algunas de las recomendaciones siguientes se basan en las que se dan en el libro *Personal Evangelism* por J. C. McCauley y Robert H. Bolton (Chicago: Moody Press, 1958, páginas 237-239).

1. Elija cuidadosamente la ubicación. Plazas, parques, centros comerciales, playas, esquinas donde hay mucha gente, mercados callejeros. . . todos estos lugares ofrecen posibilidades. Debe haber buena luz, no demasiado ruido del tráfico, y lugar para el culto sin obstaculizar el tráfico.

2. Consiga los permisos necesarios y establezca buenas relaciones con la policía y con los comerciantes del lugar escogido.

3. Haga buen uso del equipo disponible: altoparlante, instrumentos musicales, grabaciones, películas o vistas fijas, cuadros o lecciones con objetos para enfocar la atención de la gente, una mesa plegable para exhibir la literatura, una pequeña plataforma portátil o caja sobre la cual pararse el que hablará, y luces.

4. Identifique su grupo, si es posible con un banderín o letrero, con el fin de que la gente no lo confunda con algún grupo subversivo o alguna secta falsa.

5. Planifique su programa. Use la variedad para no dejar caer el interés. Cada una de las partes del programa debe ser breve.

6. Los creyentes deben hacer el evangelismo personal con los de su propio sexo. Pueden dar la bienvenida a los que se detienen a escuchar, ofrecer compartir un himnario u hoja de coros, trabar amistad, preguntar si la persona conoce personalmente a Cristo, aconsejarla y orar con ella si se presenta la oportunidad, o cuando menos, darle un folleto e invitarla a los cultos. Si la persona tiene que irse antes de que termine la reunión, el creyente puede apartarse un poco del grupo para hablar brevemente con ella sin estorbar a los demás. Con los que manifiestan interés, a veces es bueno hacer una cita para seguir conversando.

Grupos de estudio y oración

Hombres y mujeres de negocios, amas de casa, presos, estudiantes, niños, gente de todos los niveles y profesiones, están encontrando a Cristo en clases de estudio bíblico y grupos de oración. Muchos que no irían a la iglesia van a casa de un vecino y aun abren su propio hogar u oficina para un grupo de estudio sobre un tema de interés. La mayoría de los grupos se reúnen semanalmente, pero algunos se juntan mensual o bimensualmente.

Hay mucha variedad en este método de extensión. La iglesia puede tener escuelas filiales (extensión de su escuela dominical) con clases para las distintas edades. Otros son mayormente grupos de amigos que se invitan para compartir un rato de estudio. Otros son clubes de personas que estudian por correspondencia. En la Islas Filipinas, los obreros de las iglesias fundaron más de mil clubes bíblicos para enseñar en varios idiomas ciertos cursos del IIC. En un período de seis años (1970-1976) se matricularon un total de 25.000 alumnos. Un cursillo de adiestramiento preparaba capitanes para los clubes. Estos se reunían luego con sus estudiantes para tener clases en hogares, escuelas, parques, oficinas de negocios y cárceles. Millares de vidas han sido transformadas por este ministerio.

En 1982, cien miembros de cierta iglesia de Nueva Orleans, Louisiana, EE. UU., se juntaban una noche por semana para estudiar el curso *¿Quién es Jesús?*, del ICC. Durante la semana enseñaban en cien grupos de la zona urbana lo que habían estudiado. En Seúl, Corea del Sur, los miembros de la iglesia del pastor Yonggi Cho llegaron a más de 300,000 en 1983. Gran parte de ellos se habían convertido en más de 20.000 grupos de estudio bíblico y oración abiertos al vecindario en las casas de los miembros de la iglesia.

En cuanto a las escuelas dominicales filiales, un pastor bautista de un pequeño pueblo cerca de nosotros en Cuba hace muchos años nos dio un buen ejemplo. Su iglesia no había alcanzado a muchas personas en la comunidad. Entonces él comenzó a pensar: "Si los miembros de mi iglesia pueden hablar con sus vecinos acerca del tiempo, pueden hablar con ellos acerca de Dios." Después de un cursillo de adiestramiento se comenzaron a abrir escuelas filiales hasta tener once en aquel pueblo pequeño. ¿Por qué tantas? Habían descubierto que los niños no salían de su vecindario inmediato para jugar ni para ir a una escuela dominical. Por esto se abrieron escuelas a dos cuadras de distancia la una de la otra y todas de la iglesia. En cada una alcanzaban a un grupo completamente diferente.

En un programa de extensión así, una iglesia pequeña con facilidades y finanzas muy limitadas puede alcanzar a una comunidad grande. Cierta iglesia cubana que visitamos tenía lugar para unas 600 personas en su edificio, pero tenía una asistencia a la escuela dominical de 1600 cada semana. Los miembros celebraban 40 escuelas dominicales en su ciudad y los alrededores.

No hay límite de edad en esta clase de evangelismo. Daniel, un muchacho de diez años, inició con un amigo más joven que él su propia escuela filial en la playa, para los amigos que nadaban allí con ellos. El joven maestro y su ayudante preparaban cuidadosamente sus lecciones, enseñaban las historias bíblicas y mantenían fielmente su libro de registro. ¡Cumplían con su parte de la Gran Comisión!

Programa de iglesia madre

Ya hemos hablado del programa en que una iglesia inicia iglesias filiales dentro de su zona de responsabilidad. La iglesia madre puede ceder algunos de sus miembros como núcleo de una nueva iglesia o para que sean obreros en ella. Cuando esto sucede, la pérdida de miembros de la iglesia madre se recupera generalmente muy pronto con nuevos convertidos. Dios bendice a la iglesia que está dispuesta a sacrificar tiempo, comodidades, dinero y miembros para extenderse y establecer nuevas iglesias.

Elección del sitio

Tres principios estratégicos nos guían en la selección del sitio para una obra de extensión o iglesia filial: 1) el cuidado de los nuevos convertidos, 2) el crecimiento máximo, y 3) el evangelismo total. Necesitamos la dirección del Espíritu Santo para saber cuál lugar es mejor para lograr estos fines.

Para el evangelismo total establecemos iglesias en lugares estratégicos desde los cuales se pueda alcanzar bien a cada comunidad, ya sea ésta receptiva o no. Pablo y sus compañeros de labor iban a los grandes centros de población y a veces se quedaban en una ciudad dos o tres años. Consolidaban a los convertidos firmemente en la Palabra y éstos se extendían desde el sitio central a todos los alrededores.

En el evangelismo total llevamos la iglesia a la gente en lugar de esperar que toda la gente venga a una sola iglesia. Es posible que los cultos en los hogares y las iglesias pequeñas de barrios en las ciudades realicen una evangelización más cabal que la que pudiera hacer una sola iglesia grande. Estas podrían ser iglesias filiales abiertas y apoyadas por la iglesia madre.

En este plan de evangelismo total tomamos en cuenta los otros dos principios al escoger dónde empezar. Damos prioridad al cuidado de los nuevos convertidos y a la evangelización de las zonas receptivas.

Pasos para el desarrollo

Arturo Lindvall ha promovido el siguiente plan de acción entre las iglesias de las Asambleas de Dios en América Latina.

Modelo apostólico de extensión

1. Orar. Este es el factor más importante. A menos que el Espíritu Santo conmueva el corazón, no habrá acción.
2. Hacer un llamamiento pidiendo voluntarios.
   a. para enseñar en escuelas dominicales abiertas en hogares.

    b. para abrir su hogar a las clases de la escuela dominical.

3. Acción en la zona:

    a. Iniciar las escuelas filiales con equipos de obreros.

    b. Tener reuniones semanales con los obreros.

    1) para orar, media hora o más.

    2) para dar enseñanza. Al principio se les da la lección que ellos van a enseñar. Más tarde se les dan principios de enseñanza y otros cursos de adiestramiento.

    3) para compartir

      a) estadísticas. Una regla de la supervisión es que hay que rendir cuentas por todas y cada una de las responsabilidades. Los registros semanales de las escuelas nos permiten ver su crecimiento.

      b) bendiciones. Estos informes animan a todos, especialmente a los que ven pocos resultados en sus escuelas.

      c) problemas. Todos el grupo se desarrolla al orar por éstos y buscar juntos la solución a los problemas que se enfrentan en el ministerio.

4. Comenzar cultos en una noche de mediados de semana en las casas donde se dan las escuelas dominicales filiales. Esto puede ser varias semanas o un mes después de empezar las escuelas.

5. Comenzar cultos nocturnos el domingo en algunos de los hogares distantes de la iglesia. Cuando varias personas hayan aceptado al Señor, se formará un núcleo que debe principiar a trabajar unido para alcanzar su comunidad en vez de cruzar la ciudad para asistir a la iglesia madre.

6. Celebrar clases de orientación en cuanto a la vida cristiana y a las doctrinas básicas para los nuevos convertidos y los que se interesen del vecindario.

7. Bautizar a los convertidos que han recibido instrucción.

8. Organizar una nueva iglesia cuando el grupo sea suficientemente grande. Luego ella puede seguir los mismos ocho pasos para abrir otra iglesia.

¿Funciona un plan como éste? En mayo de 1965 se les presentó a las cuatro iglesias de las Asambleas de Dios de Bogotá, Colombia, con seis sesiones de adiestramiento en cada una. Un total de 45 hogares se brindaron para las clases y 60 jóvenes se ofrecieron para ser maestros. En un mes la asistencia total de las escuelas dominicales dio un salto desde 800 personas hasta 2.800. Los pastores y maestros calcularon que por lo menos 1.500 de los 2.000 nuevos asistentes jamás habían estado antes en una escuela dominical o iglesia protestante. En el mes de julio de 1966 (catorce meses después de presentar el plan a las iglesias) se celebraron campañas evangelísticas de seis días cada una en siete obras de extensión donde se pensaban iniciar los cultos dominicales nocturnos. Al cabo de seis meses, cuatro de estos grupos contaban con suficientes miembros bautizados para constituirse en iglesias organizadas. En junio de 1967 se habían organizado cuatro iglesias más. En un período de dos años las iglesias organizadas aumentaron de cuatro a dieciséis. Gran parte de esto se logró por la insistencia en la movilización total de las iglesias y por el hecho de que la vida espiritual exige un ministerio espiritual.

El plan presentado por Arturo Lindvall es excelente para conservar los resultados de una cruzada evangelística. El adiestramiento de los obreros se hace antes de la campaña con el fin de inaugurar el plan inmediatamente después de ella. Así se proporcionan clases bíblicas en el vecindario para los nuevos convertidos y sus familias. Se podría empezar con un curso especial para nuevos convertidos en vez de los materiales de la escuela dominical. Luego se continúa con los otros pasos del plan tan pronto como sea posible.

Ya hemos mencionado la cooperación de los pastores y las iglesias con la oficina nacional del Instituto Internacional por Correspondencia para plantar nuevas iglesias. La iglesia madre puede enviar obreros con un representante del IIC para una reunión de estudiantes en un campo nuevo donde haya un buen número de estudiantes del ICC. Así, y de los clubes bíblicos del IIC, han nacido un buen número de iglesias en varios países. La iglesia madre fortalece a los que son ganados por correspondencia y les ayuda a ocupar su puesto en la familia de Dios.

REPASO Y APLICACION PERSONAL

1 ¿A qué clase de crecimientos de la iglesia se refiere
a Efesios 4:11, 12, 16?
b Efesios 2:19-22?
c Hechos 1:8?
d Hechos 2:47?

2 ¿Cuál es el propósito de Dios respecto del evangelismo, según se ve en Mateo 16:18?

3 Nombre dos clases de semillas que es necesario sembrar para que nazcan iglesias.

4 ¿Qué lección ve usted al comparar Marcos 6:11 con 15:16?

5 Nombre cuatro cosas que deben ser correctas para que se recoja una buena cosecha en la obra de Dios.

6 PROYECTO. Si usted es pastor de una iglesia u obra de extensión, puede desarrollar este proyecto. Adáptelo como sea necesario. Si no es pastor, podría consultar a su pastor sobre la posibilidad de hacerlo.
a Consiga un mapa de su zona.

b Marque con color los sitios donde están las iglesias evangélicas.

c Señale la zona de responsabilidad de su iglesia.

d Consiga o haga un mapa más grande de su zona de responsabilidad. Si ésta es grande, haga otro mapa también que muestre las calles de la zona inmediata a su iglesia.

e En tarjetas de índice escriba el apellido y dirección de cada familia que aparezca en la lista de miembros de la iglesia.

f Separe las tarjetas de acuerdo a la ubicación geográfica.

g Marque con un lápiz de color en el mapa la residencia de cada familia.

h Use otro color para indicar cada obra de extensión: club bíblico, escuela dominical, punto de predicación. etc.

i Estudie el mapa para ver si alguna parte está sin alcanzar con el Evangelio.

j Estudie la ubicación de los creyentes en relación con las actividades y las zonas sin atención.

k Estudie la capacidad y ubicación de los miembros y agrupe las tarjetas en los equipos que parezcan apropiados para cubrir la zona.

l Ore para que el Señor le indique quién debe dirigir cada equipo. Escójalos y cambie las tarjetas si es necesario para tener un buen dirigente en cada equipo.

m Demarque los límites de responsabilidad para cada zona.

n Recuerde que todo es tentativo hasta presentar el plan a la iglesia. Los planes definitivos se deberán hacer junto con los miembros. Es posible que algunos prefieran ciertas zonas por tener en ellas parientes o amigos que los recibirían bien.

7 ¿Qué clase de trabajo de extensión hace su iglesia?

¿Qué plan de trabajo vendría bien para superarlo o fundar otra iglesia?

¿Se ha probado en su país el sistema de circuitos? Si así es, ¿cuáles han sido los resultados?

¿En qué centros estratégicos se deben abrir iglesias que puedan servir de iglesia madre para sus respectivas regiones? Ore al respecto y anote lo que le diga el Señor.

Ministerio con grupos especiales

¿Y quién es mi prójimo? **Lucas 10:29**

BOSQUEJO

Necesidad de ministerios especiales
   Grupos ocupacionales
   Grupos culturales o étnicos
   Los físicamente impedidos
   Grupos de varias edades
Organización y extensión
   Organización por edades
   Actividades de extensión
   Evangelismo entre estudiantes
Rescate y rehabilitación
   Misiones
   Evangelismo en prisiones

ESTE CAPITULO LE AYUDARA

- A reconocer las necesidades particulares de varios grupos dentro de su comunidad y ayudar a su iglesia a desarrollar ministerios especializados para atenderlas.
- A ayudar a los departamentos de su iglesia a trabajar más eficazmente en el evangelismo con varios grupos, o alentar la organización necesaria para realizar esta labor.
- A ver la necesidad de evangelismo de rescate y rehabilitación que exista a su alrededor y pensar lo que su iglesia puede hacer al respecto.

NECESIDAD DE MINISTERIOS ESPECIALES

En una lección anterior hablamos de hallar nuestra escoba particular y la parte de la casa que Dios quiere que barramos en busca de las monedas perdidas. Este capítulo debe ayudarnos a lograrlo. Las personas pertenecen a diferentes grupos por causa de su edad, ocupación, rango social, fondo étnico o cultural, ubicación, y otras circunstancias. Por esto, suplementamos el evangelismo general con el evangelismo dirigido a grupos particulares, con el fin de alcanzar a todos con mayor eficacia.

Si usted tiene la responsabilidad de trabajar con cierto grupo, le sugiero que se forme el hábito de estudiar sus características y las maneras de ayudarlo espiritualmente.

Grupos ocupacionales

Son millones las personas que no pueden asistir a nuestras iglesias ni a nuestras campañas evangelísticas por motivo de su trabajo. Se hallan cumpliendo su servicio militar, trabajando en hospitales, manejando trenes, autobuses y aviones. Atienden las comunicaciones telefónicas, radiales y de televisión. Están velando por la comodidad y seguridad del público en hoteles y restaurantes o en su trabajo de bomberos y policías. O quizás estén preparando la comida para la familia y cuidando de los niños pequeños en casa. Si ellos no pueden venir a la iglesia a oír el Evangelio, la iglesia debe llevarles el Evangelio a ellos.

Los hombres de una iglesia que se halle en un puerto pueden encontrar un campo de evangelismo en los muelles. Pueden averiguar las horas de llegada y partida de los barcos extranjeros y distribuir literatura en el idioma de la tripulación. Una organización que se encarga de la evangelización de los marinos provee literatura gratis en muchos idiomas. Las iglesias pueden donar libros y revistas. Algunas iglesias tienen una misión evangélica cerca de los muelles. La amistad cristiana, la hospitalidad y la bienvenida a los cultos fortalecen a los marinos creyentes y les ayudan a ganar a algunos de sus amigos para Cristo.

Las iglesias cercanas a las bases militares pueden mantener un centro donde las personas que estén sirviendo a la patria en aquel lugar puedan hallar amistad, refrigerio, un ambiente hogareño y ayuda con sus problemas espirituales. Muchos pastores celebran cultos en una capilla de la base y ayudan al capellán, si es que lo hay, en su ministerio entre los militares y sus familias. La capellanía misma es en sí un ministerio especializado. La hospitalidad puede ayudar a ganar a las personas solitarias. Hay muchas cosas que pueden ayudar a ganarlos y fortalecerlos: las cartas dirigidas a los miembros de las fuerzas armadas, las publicaciones especiales para ellos, el obsequio de porciones de la Biblia, otros regalos y la oración.

Otros grupos pueden ser alcanzados por medio de cultos adaptados a su horario y lugar de trabajo. Los estudios bíblicos en vecindarios alcanzan a muchas madres que tienen niños pequeños. Muchos profesionales y negociantes encuentran a Cristo en desayunos, almuerzos o cenas evangelísticos celebrados en hoteles y restaurantes. Las reuniones para orar a mediodía en las fábricas fueron la característica sobresaliente de un gran avivamiento. Para alcanzar a los obreros migratorios se dan cultos en sus campamentos. En ciertas partes existe para los que trabajan en el ferrocarril un ministerio similar a las misiones para marineros. Otro ministerio interesante es el de los barcos evangelísticos. Algunos navegan los mares. Y hay obreros cristianos que viajan por los canales de Bélgica para llevar el Evangelio a las familias que viven y trabajan en los lanchones que hay en ellos.

Grupos culturales o étnicos

El evangelismo dirigido a grupos étnicos no es nada nuevo. Jesús lo ordenó en la Gran Comisión: "Id, y haced discípulos a todas las naciones" (Mateo 28:19). La palabra que traducimos "naciones" es *ethna*. De ella viene la palabra *étnico*. Un grupo étnico se compone de gente que tiene el mismo fondo racial o cultural. Todos somos miembros de algún grupo étnico. En una nación existen por lo general varios grupos étnicos.

A veces los grupos étnicos vecinos están separados por profundos antagonismos. Son resentimientos enraizados en la historia; desconfianzas, prejuicios, odios. Esto también sucedía en los tiempos de Jesús. Los judíos y los samaritanos no se trataban (Juan 4:7-10). Muchas iglesias pasan por alto este problema. Ministran a un grupo y se preguntan por qué los miembros del otro grupo no vienen a los cultos. Es que existe un profundo abismo. El amor de Cristo puede tender un puente, pero para alcanzar a la gente donde se encuentra, debemos evangelizar en ambos lados del abismo.

Para alcanzar a las personas en los diversos rangos sociales a los que pertenecen, hablar su idioma y apelar a su interés y necesidad, nos hace falta un evangelismo especializado. Ricos y pobres, intelectuales y analfabetos, personas de sociedad y parias; todos necesitan a Cristo. El fondo cultural de algunos les hace preferir una forma tranquila de adoración, mientras que otros expresan lo que sienten de manera exuberante y emocionada. Los métodos y formas del evangelismo varían grandemente, de acuerdo a la orientación que les va dando el Espíritu Santo a los obreros para que atiendan a las necesidades de cada grupo.

Piense usted en conocidos suyos que sean de diferentes grupos étnicos o culturales. ¿Es el idioma una barrera para su evangelización? ¿Se sentirían en ambiente ellos y sus amigos en la iglesia de usted? ¿Resultaría práctico trabar amistades que preparen el camino para tener estudios bíblicos en un hogar? ¿Qué me dice de la literatura disponible en el idioma de ellos? ¿Cómo se puede llegar a los diversos grupos que existen en su región?

Los físicamente impedidos

El estado físico de muchas personas las pone en grupos especiales respecto del evangelismo. Por ejemplo, ¿cómo pueden los sordos oír el Evangelio? Hay más de un millón en los Estados Unidos solamente. Muchos de ellos aprenden a hablar por señas y leer los labios en escuelas especiales. Muchas iglesias toman en cuenta su necesidad y tienen obreros que han aprendido a comunicarse con ellos. Realizan evangelismo personal, celebran cultos para los sordos e interpretan para ellos en los cultos regulares. Se celebran convenciones, campamentos, retiros y programas de preparación ministerial para sordos.

Ministerio con los físicamente impedidos

Regalar o prestar cassettes a individuos, clínicas, hospitales
Regalar o prestar literatura apropiada
Tener una clase de lenguaje por señas en la iglesia
Interpretar los cultos en lenguaje por seños para los sordos
Matricular a la gente en cursos por correspondencia (IIC tiene
    algunos en cassette o en Braille en varios idiomas)
Ayudar a los ciegos en los cursos por correspondencia: leerles la
    lección y anotar sus respuestas
Visitarlos con frecuencia o llamarlos por teléfono
Ayudar de maneras prácticas: leer para los ciegos, escribir las
    cartas que le dicten, ayudarlos a hacer compras, llevarlos a los
    cultos.

¿Qué puede decirse con respecto a los ciegos? En 1949 Mildred Whitney oraba pidiendo una oportunidad de hacer algo por el Señor. Como ama de casa, con esposo y nueve hijos, ya tenía bastante trabajo, pero quería tener un ministerio. Pronto se sintió impresionada por la necesidad de los ciegos. Se puso a estudiar de noche y aprendió el alfabeto Braille, usado por los ciegos para leer al tacto. Aprendió cómo preparar materiales para imprimir en Braille. Ella y su esposo iniciaron una publicación mensual para ciegos con artículos que ella transcribía en Braille. Realizaron este trabajo por años en su hogar. Más tarde se convirtió en parte del programa de misiones nacionales de las Asambleas de Dios. En el año 1970, la señora

Whitney y sus colaboradores recibieron pedidos de literatura en Braille en cuatro idiomas y para dieciséis países.

Aquellos que se interesen en trabajar con sordos o ciegos pueden pedir información al respecto y materiales disponibles a la División de Misiones Nacionales, 1445 Boonville, Springfield, MO 65802, EE. UU. Esta división tiene un programa de préstamo de materiales. Sería provechoso visitar una escuela para sordos o para ciegos. Esto probablemente nos presentaría oportunidades para trabajar como voluntarios.

Además de los sordos y los ciegos, hay muchas otras personas cuyo estado físico les impide asistir a la iglesia. Se pueden localizar a través de los clubes que les brindan ayuda, como el club Rotario y otros, y visitando clínicas, hospitales, asilos de retardados mentales y asilos de ancianos.

Muchos de los que tienen impedimentos físicos viven una vida muy solitaria. Piense en los que usted conoce y en las oportunidades de alcanzar a otros. ¿Qué podría hacer su iglesia?

Grupos de varias edades

Ya hemos aprendido que para comunicar un mensaje debemos ponerlo en el lenguaje del oyente y con términos relacionados con su experiencia. Debemos dirigirlo a sus intereses y necesidades, ¡y existe una diferencia enorme de lenguaje, interés, experiencia y necesidades entre los niños y los adultos! Además de esto, a los jóvenes no les gusta que los traten como niños. Por estas razones las iglesias tienen varias organizaciones para alcanzar y ayudar a las personas de distintas edades.

Evangelismo de niños

Rubén A. Torrey, gran evangelista, dijo una vez: "Es casi la cosa más fácil del mundo guiar a un niño de cinco a diez años para que acepte a Cristo de manera concreta. A medida que va avanzando la edad, la tarea se hace cada vez más difícil." La niñez es la edad de la fe sencilla. El niño cree todo lo que se le dice. Para él resulta fácil creer en las cosas que no puede ver. Le es fácil también aceptar la autoridad de la Palabra de Dios. Además de esto, los héroes de la fe que aparecen en la Biblia se pueden convertir en sus ejemplos ideales, los modelos que quiere imitar en los años en que es impresionable y su vida está aún en formación.

"Arbol que crece torcido, jamás su tronco endereza", dice el refrán. El árbol tiene que crecer recto. Después será imposible enderezarlo. Los que se afirman sólidamente en Cristo y en su Palabra durante los años de la niñez, tienen mucha más facilidad para tomar decisiones correctas durante los críticos años de la juventud. Antes de llegar a los doce años de edad ya han formado la mayoría de los hábitos que tendrán durante toda su vida. También han formado el criterio de valores que guiará sus decisiones.

"Gana un adulto y salvarás un alma; gana un niño y salvarás toda una vida." ¿Por qué se ha de permitir que los niños se aparten cada año más de Dios? ¿Por qué no ahorrarles la amargura de una vida egoísta, vivida sólo para su propio placer? Ayudémosles a hallar el gozo que hay en caminar con Cristo, de modo que puedan disfrutar al máximo la vida.

Deseamos ver a los niños salvados y en el reino de Dios. Son su tesoro y no queremos que Satanás se adueñe de ellos. Dios desea recibir su amor y servicio. El tiene una obra para cada uno, un lugar especial en su reino.

¿CUAL simboliza al niño?

Evangelismo juvenil

Jamás ha sido más importante el evangelismo juvenil que en estos momentos, en que más de la mitad de la población del mundo tiene menos de veinticinco años de edad. En muchos sentidos, el período más crítico de la vida se halla entre los trece años y los veinticinco. Los jóvenes tienen que detenerse en las encrucijadas para tomar decisiones que habrán de fijar el rumbo de su vida. Eligen su vocación, su cónyuge de por vida, sus creencias y su modo de vivir. Las tentaciones bullen a su alrededor y los atraen hacia el camino de la autodestrucción moral, espiritual y física. Las nuevas teorías y enseñanzas desafían las creencias que ellos tenían en su niñez. Nuevas causas e ideologías demandan su adhesión. Al mismo tiempo, Jesucristo se presenta ante ellos y clama: "Yo soy el camino, la verdad y la vida."

La juventud es una época de crisis para los que han aceptado al Señor en su niñez. Entran en un mundo completamente nuevo, con nuevas responsabilidades y tentaciones. Esta es la edad en que adquieren una mente crítica y desean saber qué razones hay para creer y por qué deben seguir a Cristo. Muchos jóvenes se apartan de Dios y de la Iglesia en esta edad. Esto sucede a menudo cuando la gente de la iglesia no comprende sus problemas y su necesidad de ayuda espiritual. El evangelismo es para ellos también, como llamamiento a renovar su dedicación, a entregarse de nuevo a Cristo. Necesitan reafirmar su fe en Cristo sobre el fundamento de una nueva comprensión del Evangelio.

Los años de la juventud son años dinámicos. Por lo general los jóvenes están llenos de energía, idealismo y valor. La historia nos muestra que los jóvenes pueden constituirse en una potente fuerza para Dios en el mundo. . . o en una dinámica fuerza para el mal.

Dios tiene una labor para estos jóvenes. La Iglesia necesita de su vigor, fe, valor, dedicación y trabajo. Necesita que ellos se consagren a Cristo en el evangelismo para alcanzar a su generación con el Evangelio. Su ejemplo es importante. Los jóvenes quieren ser como los de su propia edad o los que son un poco mayores que ellos. De ahí que los niños escuchen a los jóvenes y sigan su ejemplo más fácilmente que el de sus padres. Por esto Dios está usando a los jóvenes en todas las clases imaginables de evangelismo: cultos al aire libre, escuelas dominicales filiales, coros y orquestas, cafés, organizaciones estudiantiles, cultos en las playas, distribución de literatura, visitación, programas por radio y televisión, consejos, predicación, enseñanza, oración y testimonio.

¿Puede recordar a algún joven o señorita a quien usted admiraba y trataba de imitar cuando era niño? Ore por los jóvenes de su iglesia para que Dios los ayude y los use como ejemplos y obreros fieles.

Evangelismo de adultos

Los adultos tienen la responsabilidad de ser los líderes que necesitan el mundo, la iglesia y el hogar. En todos los niveles de vida, en todos los países y en todos los tipos de responsabilidad, la gran necesidad de nuestros tiempos es que haya hombres y mujeres llenos de Dios y dirigidos por El. Nuestro mundo necesita urgentemente la evangelización de los adultos.

La Iglesia necesita adultos que lleven la responsabilidad del liderato. El empuje dinámico de la juventud debe estar equilibrado con la madurez de juicio ganada por la edad y la experiencia. En los cultos en la calle y las cárceles, en las campañas y las obras de extensión, la presencia de los adultos junto a los jóvenes gana la confianza y el respeto de la gente. Además, los adultos que trabajan son la columna vertebral económica de las iglesias, tanto respecto de su sostén, como de su gran alcance evangelístico. Además de esto, la vida espiritual y la estabilidad de los mayores pueden inspirar y alentar a los jóvenes.

Dios ha dispuesto que sean los padres y no los hijos quienes dirijan la familia. El padre es cabeza del hogar. A los hijos les cuesta mucho vivir para Cristo cuando los padres son inconversos. Para levantar iglesias edificadas sobre fundamentos sólidos, debemos ganar a los jefes de familia y ayudarles a tomar la responsabilidad de la dirección espiritual de su hogar. Este es el modelo establecido en la Biblia (Josué 24:15; Hechos 11:14; 16:31, 32).

Jesús llama todavía: "Venid en pos de mí, y os haré pescadores de *hombres*" (Mateo 4:19). Es cierto que los adultos no son tan fáciles de ganar para Cristo como los niños, pero muchos de ellos están buscando una solución a los problemas de la vida. Cierto hombre se mudó a una casa a dos cuadras de una iglesia evangélica. Decidió que aceptaría la primera invitación que recibiera para asistir a ella. Cuarenta años más tarde alguien lo invitó a asistir a una campaña evangelística en esa iglesia. ¡Fue y se convirtió! ¿Quién tenía la culpa de que no se convirtiera antes; de la tragedia de los cuarenta años desperdiciados? La invitación llegó a tiempo, ¡pero fácilmente pudo haber sido demasiado tarde!

Esto nos recuerda lo urgente que es llevarles el Evangelio a las personas de edad avanzada, que se hallan al borde de la eternidad. Si no las alcanzamos hoy, ¿tendrán otra oportunidad mañana? Muchos son personas muy solitarias, deseosas de amistad. Se sienten desamparados, olvidados. ¿Qué está haciendo su iglesia para llevarles el amor de Cristo?

ORGANIZACION Y EXTENSION

Organización por edades

Cuando mencionamos la organización por edades, ¿qué es lo primero que le viene a la mente? Yo pienso primero en la escuela dominical (o la escuela bíblica local, como se llama a veces). Esta tiene un propósito triple: 1) ganar personas para Cristo, 2) ayudarlas a crecer espiritualmente, y 3) adiestrarlas para el servicio cristiano. Para alcanzar estas metas la escuela dominical organiza a toda la congregación en clases según su edad, sexo o necesidad especial. Además de las clases normales, se pueden formar clases especiales.

Por ejemplo, podría haber una clase para nuevos convertidos, una para la preparación de maestros, otra para niños retardados, una para sordos, y una para personas de otro idioma. La Biblia

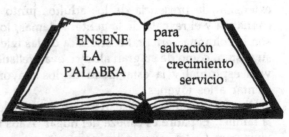

ENSEÑE LA PALABRA — para salvación crecimiento servicio

es el libro de texto para toda la escuela, pero las lecciones se seleccionan de acuerdo con el nivel, los intereses y necesidades de los distintos grupos a los que van dirigidas.

Muchas iglesias tienen, además de la escuela dominical, organizaciones de caballeros, damas, jóvenes y niños. Cada una puede tener su propio programa de extensión o sus proyectos para alcanzar a las personas de su edad.

Actividades de extensión

La escuela dominical que esté organizada para evangelismo tiene un programa de extensión destinado a llevarles el pan de vida a quienes tienen hambre. Ya hemos hablado de las escuelas filiales. Algunas escuelas tienen también un registro de cuna y obreras dedicadas al trabajo con los infantes y con las madres de los bebés. El Departamento del Hogar alcanza a las personas recluidas o a otras que no pueden asistir a la iglesia, pero reciben sus lecciones de parte de un visitador. Este las ayuda con las lecciones. Otros obreros organizan clubes bíblicos o tienen una "Hora del cuento" para niños en paseos públicos, parques, orfanatos, escuelas u hospitales. Otros alcanzan a muchos hogares con "La escuela dominical del aire", con varios niños y un maestro, en un programa de radio o televisión.

Programas especiales

Los programas especiales pueden atraer a muchas personas que no vendrían a nuestros cultos regulares. El domingo pasado vi en la iglesia a un matrimonio que nunca había estado allí antes, aun cuando les había permitido a sus hijos asistir a la escuela dominical con los vecinos durante un año. ¿Qué los llevó allí el domingo? ¡Ver a sus hijos tomar parte en el programa de Navidad! A veces una iglesia presenta un programa en un salón más amplio y no religioso para alcanzar a los inconversos. Este puede ser el auditorio de una escuela, un centro cultural, un teatro, u otro lugar público de reuniones. Todo el programa — música, poemas, drama, mensaje — debe presentar con claridad un tema. Los programas navideños pueden poner de relieve la necesidad de recibir a Jesucristo, el gran obsequio de Dios. Las fiestas nacionales nos proporcionan el tema de la libertad en Cristo. Los festivales relacionados con las cosechas son grandes oportunidades para hablar de la gratitud a Dios. El día de las madres, el día de los padres, el día del estudiante, el día del niño. . . Hay oportunidades sin fin de honrar a los miembros de los diversos grupos con invitaciones y programas apropiados.

Usted puede preparar un programa especial dirigido a los intereses del grupo que desea alcanzar. Muchas escuelas reciben bien la proyección de una película del Reto Juvenil (sobre el abuso de drogas) con una sesión de preguntas y respuestas. Los programas especiales para los integrantes de las diversas profesiones y oficios ofrecen oportunidades muy buenas. ¿Se celebra en su comunidad el día del Médico? ¿Por qué no enviar invitaciones personales a todo el personal médico que pueda, y celebrar un programa especial en su honor? La culminación del programa podría ser la presentación de Cristo como el Gran Médico. Tácticas similares pueden usarse con miembros de otros grupos. A veces se presentan estos programas en conexión con un almuerzo o cena, servidos por las damas de la iglesia.

Los programas no tienen que limitarse a una sola presentación. Pueden usarse a veces en la radio o la televisión, en escuelas, orfanatos, hospitales, asilos mentales, instituciones correccionales, hogares de ancianos, campamentos militares, auditorios públicos, plazas, centros comerciales, e iglesias de la vecindad.

Campañas y escuelas bíblicas de verano

Ciertos evangelistas tienen ministerio con los niños y celebran campañas para ellos. Otros tienen campañas especiales para la juventud. En algunas campañas la primera parte del servicio se dirige a los niños y la última parte a los jóvenes y adultos. (Se nota que los mayores también se gozan al ver las lecciones ilustradas para los niños.)

La escuela bíblica de vacaciones (EBV) es una escuela y también una campaña evangelística. Se celebra por una o dos semanas durante la época de vacaciones de las escuelas públicas. Algunas son para niños únicamente. Otras incluyen cursos para jóvenes y adultos. Las clases se organizan por edades, del mismo modo que en la escuela dominical. Los asistentes se reúnen diariamente para un período bien planificado de dos o tres horas de estudio, adoración y actividades varias. El horario se adapta a las circunstancias. En los campos nuevos y las obras de extensión a veces se celebra la escuela durante el día y se dan cultos evangelísticos por las noches.

Cada verano, centenares de niños aceptan a Cristo en las escuelas bíblicas de vacaciones. Con anticipación se visita el vecindario de casa en casa, extendiendo una invitación a los padres para que envíen a sus hijos a la escuela. Luego los niños mismos hacen correr la noticia de lo bien que se pasa el tiempo en la EBV.

Al igual que las escuelas dominicales filiales, las EBV pueden llevarse al lugar donde se encuentran los niños. Recuerdo una que celebramos en nuestra casa para los niños de la vecindad, todos ellos procedentes de hogares inconversos. Más de treinta años después tuve el gozo de encontrarme con Humberto, ya pastor de una gran iglesia en otro país. ¡Había oído el Evangelio por primera vez y había rendido su vida a Cristo en aquella EBV celebrada en la atiborrada sala de nuestra casa!

Mediante la cooperación nacional se puede conseguir que lleguen obreros especializados a las iglesias y obras de extensión para celebrar cursos de adiestramiento, campañas y EBV. En cierto país, veintidós alumnas del Instituto Bíblico deseaban aprovechar el verano en la evangelización de niños, pero no sabían a dónde ir. La directora nacional de las escuelas dominicales las organizó en once equipos de EBV. Les ayudó a preparar materiales, arregló con los pastores un itinerario para cada equipo, y les dio lo necesario para pagar su pasaje hasta su primera escuela. De allí en adelante las iglesias se encargaron de sus necesidades y sus pasajes. Mediante la planificación cooperativa, se consiguió ayudar grandemente a las iglesias y obras de extensión y veintidós obreras fueron lanzadas a un ministerio especial.

Campamentos y retiros

Un estudiante de secundaria en Taiwán escribió al IIC: "Acepté a Jesús como mi Salvador en un campamento juvenil de verano. ¡Fue una experiencia maravillosa! ¡Un cambio milagroso! Fui al campamento con pena y testarudez, pero volví con un corazón feliz y humilde."

Los campamentos combinan muchos métodos de evangelismo. Los creyentes invitan a sus amigos inconversos a asistir. Todo el programa — comidas, consejo, recreación, estudio bíblico, adoración, cultos evangelísticos, confraternidad — se dirige hacia metas definidas. El consejo por grupos y el consejo personal juegan un papel importante. Los cristianos se reaniman y ganan a sus amigos para Cristo.

Los retiros para jóvenes o para adultos son similares a los campamentos. Pueden llevarse a cabo en la ciudad o en el campo. A menudo se celebran para grupos pequeños (tales como una clase de escuela dominical) y por un tiempo más corto que el campamento, tal vez un fin de semana.

El evangelismo de invitación, que ha ganado a muchas personas en Inglaterra, es una forma de retiro. Los creyentes que tienen una casa grande invitan a un número aproximadamente igual de amigos convertidos e inconversos para que sean sus huéspedes por un fin de semana. A través del evangelismo personal y de ratos de discusión en grupos, muchos se han convertido.

Evangelismo entre estudiantes

Le damos especial importancia al evangelismo en el ambiente

estudiantil a causa de la amplia variedad de programas y métodos usados.

En las escuelas evangélicas

Las escuelas evangélicas han sido una brecha abierta para el Evangelio en muchos lugares. Desde la escuela para párvulos hasta la universidad dan oportunidades para sembrar la Palabra de Dios. Algunos pastores informan que se han ganado muchas familias para Cristo por medio de los parvularios, guarderías y jardines infantiles que sirven como centros de atención diurna para niños cuyas madres trabajan.

Las escuelas evangélicas pueden ser grandes o pequeñas, gratuitas o autofinanciadas. Pueden contar con edificios especiales o celebrarse en el templo o en hogares particulares. En la ciudad de Hong Kong se han aprovechado las terrazas de algunos grandes edificios de apartamentos para organizar escuelas con más de cuatrocientos alumnos. El Centro Cristiano de las Asambleas de Dios en San Salvador, El Salvador, opera un programa educativo que va desde el kindergarten hasta la universidad, incluida esta última. Con los colegios filiales, en 1982 los alumnos llegaron a 6.200.

En muchos pueblos donde los colegios públicos tienen exceso de alumnos, las escuelas particulares pequeñas en casa del maestro son una parte importante del sistema educacional. Los creyentes aprovechan la oportunidad en muchos lugares para tener a sus hijos en una escuela cristiana. Al mismo tiempo se establecen buenas relaciones en la comunidad, se combaten los prejuicios y se abre el camino para la iglesia. Muchas escuelas cristianas son internados. Estos tienen oportunidades adicionales para el desarrollo de la vida cristiana.

Una escuela evangélica puede usar muchos métodos de evangelismo: cultos diarios devocionales, cursos bíblicos en el plan de estudios, oración en la clase, libros de texto cristianos, asignación de buena literatura, conferencistas de visita, programas especiales, música, películas, sesiones de consejo, amistad, invitación a la iglesia, enfoque cristiano en todas las materias, y actitud de amor de los maestros hacia los alumnos. Además, la vida transformada de los estudiantes que se convierten es una poderosa fuerza de evangelismo en la escuela y en el hogar.

Buena parte del ministerio de una escuela evangélica puede hallarse en su trato con la familia del alumno. En el cuadro que acompaña este texto se dan algunas maneras de llegar a conocer a los padres y obtener su cooperación en la educación de sus hijos. La escuela puede cooperar con la iglesia local, dando al pastor los nombres y direcciones de las familias que se muestran interesadas. Se debe invitar a los alumnos y a sus familias a los cultos y acontecimientos especiales.

Las clases para adultos también abren puertas al Evangelio. Las clases de alfabetización dan muchos resultados. No tienen que enseñarse en una escuela o clase. Al contrario, el método de "uno a uno" es más efi-

Para alcanzar a los padres
Asociación de padres y maestros
Exposiciones de trabajos de alumnos
Programas especiales
Visita al hogar del alumno
Cursillo para padres
Clases nocturnas para adultos
Boletín para padres
Informe de progreso del alumno
Literatura para padres
Entrevistas con padres
Ayuda de los padres a la escuela en proyectos, programas, etc.
Actos para honrar a padres y alumnos

caz. Los materiales evangélicos del Método Laubach para enseñar a leer se consiguen en muchos idiomas. También se pueden dar clases prácticas para el hogar y el trabajo.

En las escuelas seculares

Si la iglesia tiene la obligación de alcanzar a la gente donde se encuentre, algunos de nosotros tendremos que llevar el Evangelio a las escuelas seculares. Más de la cuarta parte de la población de muchos países se halla en la escuela. Solamente un pequeño porcentaje están en escuelas cristianas. Los principales métodos de evangelismo en las escuelas seculares son el testimonio personal, las charlas, los programas celebrados por visitantes, las películas, los clubes cristianos y los centros de estudiantes. En todos ellos la clave es el testimonio personal respaldado por la vida de los estudiantes y maestros evangélicos.

Casi todas las escuelas reciben con agrado a conferencistas que contribuyan a la educación de los estudiantes. Las charlas o programas pueden presentarse a una clase, a varias clases o a todo el cuerpo estudiantil. Algunos evangelistas para niños y para jóvenes hacen arreglos para dar charlas en las escuelas de los lugares donde celebran campañas. Estas pueden versar sobre temas sociales u otros temas si hay restricciones en contra de los temas religiosos. El conferencista gana la confianza de los alumnos y los maestros y algunos asisten después a la campaña para oírlo otra vez.

A veces hay oportunidades para realizar evangelismo personal o para invitar a los interesados a ir a la campaña, la iglesia, un club evangélico o un centro para estudiantes si quieren oír más. J. Edwin Orr, autor, conferencista y evangelista, ha hablado en universidades de todo el mundo. Los estudiantes le hacen preguntas después de sus conferencias. El les pregunta: "¿Dónde podemos ir para hablar acerca de esto y de otras preguntas que tengan?" Luego, en un aula vacía, el cuarto de un estudiante o un centro estudiantil, continúan la conversación. De esta forma ha conducido a muchos a Cristo.

En muchas escuelas los estudiantes tienen varios clubes con actividades especiales. Generalmente éstos cuentan con el respaldo de un profesor. ¿Por qué no tener un club evangélico? Este método da buen resultado en muchas escuelas superiores y universidades. Fortalece a los jóvenes creyentes y alcanza a muchos inconversos. Algunos grupos se reúnen diariamente para orar antes de las clases.

Muchos estudiantes han hallado a Cristo en un centro estudiantil cercano a la universidad y respaldado por la iglesia. La índole de éstos varía, desde el hogar de una familia evangélica hasta un albergue estudiantil. Puede ser una librería con sala de lectura o una cafetería. Todo depende de las circunstancias y posibilidades.

RESCATE Y REHABILITACION

Si en verdad amamos a nuestro prójimo como a nosotros mismos, lo demostraremos en la práctica. Por esto la iglesia se involucra en la actividad de sanar a los enfermos, alimentar

> **Rehabilitación**
>
> Rehabilitar es restablecer a la salud o a la actividad útil mediante el adiestramiento, la terapia y la guía adecuada.

a los hambrientos, vestir a los desnudos, enseñar a los que no saben y proveer albergue para los que no tienen hogar.

Misiones

Mientras les ministramos a los necesitados en lo físico, debemos mantener en primer lugar lo que era más importante para Jesús: lo espiritual. Dedicarnos con preferencia a la obra social y descuidar el evangelismo sería como servirles un banquete a personas que se hallan atrapadas en un edificio en llamas en vez de abrirles la puerta; ¡un error horrible en cuanto a prioridades! ¡Sin embargo, tampoco queremos que se salven del fuego para luego morir de hambre! El rescate y la rehabilitación en el evangelismo son las dos caras de la moneda: el rescate del pecado y la rehabilitación para la vida.

Ayudamos a la gente a hallar una solución para sus problemas y una nueva forma de vida.

Para este trabajo se establecen varios tipos de misiones urbanas. Algunas dan refugio y ayuda a mujeres maltratadas, niños que han huido de su hogar, y otros necesitados o desamparados.

Las misiones de rescate son a menudo una combinación de centro evangelístico y refugio para los que necesitan ayuda. Muchos hombres sin hogar han acudido a una misión simplemente para refugiarse del frío. Es posible que asistan a un culto para poder recibir un plato de sopa y alojamiento para la noche, ¡pero entre ellos hay muchos que reciben el Pan de Vida también! Los obreros de la misión ayudan a los que desean empezar una nueva vida. La oración, el consejo, la ropa decente, la ayuda en su liberación de las drogas o el alcohol y en el esfuerzo por conseguir empleo: todos son parte del rescate y la rehabilitación.

Los cafés cristianos son similares a los centros estudiantiles. Su ubicación y programa dependen del tipo de personas que desean alcanzar. Los obreros se entremezclan con los clientes y les testifican. Forman parte de su obra la música apropiada, el consejo y la oración.

Reto Juvenil tiene un amplio ministerio en la rehabilitación de los adictos a drogas, incluyendo el alcohol. Los obreros celebran cultos en las calles donde sea permitido y hacen mucha obra personal. Distribuyen invitaciones para que cualquier adicto que desee abandonar el hábito vaya a cierta dirección donde se le ayudará. Unos adictos son liberados del vicio instantáneamente al aceptar al Señor o al ser bautizados en el Espíritu. Otros reciben ayuda de los obreros durante las agonías que sufren al retirarse de las drogas o el alcohol.

Muchos se apartan de la tentación y del ambiente corruptor al internarse en un hogar del Reto Juvenil. Allí pasan unos meses o años en estudios bíblicos y académicos, oración, trabajo y adiestramiento para ganarse la vida y servir al Señor. Muchos de los obreros son graduados del mismo programa; personas que han hallado en el poder del Espíritu Santo la cura que ningún hospital les pudo dar.

El Reto Juvenil encuentra las puertas abiertas a muchas escuelas, cárceles, hospitales y reformatorios donde los obreros hablan sobre el abuso de las drogas y sus resultados. El apoyo de las organizaciones cívicas se debe a su trabajo de prevención y rehabilitación.

Evangelismo en prisiones

En la cárcel de Filipos hace unos mil novecientos años, dos creyentes oraban y cantaban alabanzas a Dios mientras los otros reclusos escuchaban. De repente el poder de Dios sacudió la prisión. Las cadenas cayeron rotas. La puerta se abrió. Tanto los prisioneros y el carcelero se convencieron de que el Dios viviente es real. El carcelero y su familia se convirtieron aquella noche (Hechos 16:24-34).

Dios se interesa aún en los presos y en los carceleros. Centenares de miles de hombres y mujeres, incluidos todos ellos en el deber que nos impone la Gran Comisión, se hallan encarcelados. Dios quiere que lleguemos hasta ellos. Muchos han sido completamente olvidados por el mundo exterior. Una mujer pasó treinta años en la prisión sin recibir siquiera una visita, una carta, o una tarjeta. ¿Sería posible que eso sucediera cerca de su iglesia?

Los métodos de nuestro evangelismo en las prisiones dependen de las circunstancias locales. El evangelismo personal es muy importante, sean cuales fueren los otros métodos que se empleen: cursos gratuitos por correspondencia, cultos evangelísticos, clases bíblicas y literatura. Todos son usados por Dios para la salvación de muchos. En algunos lugares un capellán de la prisión y los obreros de las iglesias cercanas trabajan juntos. Se muestran películas evangélicas y programas televisados. ¿Tiene biblioteca la cárcel? ¿Es permitido que se inicie una? En ella puede haber buenos libros, revistas y grabaciones en disco o cinta que hagan el mensaje de la salvación y la alimentación espiritual accesibles en cualquier tiempo. Las transmisiones radiales pueden penetrar muchas puertas cerradas y corazones endurecidos.

El consejo es importante, ya sea en persona o por correspondencia, puesto que los que aceptan a Cristo se enfrentan a muchos problemas para poder ajustarse a su nueva vida. Es probable que sus compañeros se burlen de ellos y los persigan. Sin embargo, cada vida transformada por Cristo en la prisión es una fuerza poderosa de evangelismo en ese lugar.

El gobierno se interesa en la rehabilitación de los reclusos para que puedan tomar su lugar en la sociedad como ciudadanos responsables que respetan la ley. Por esto es creciente el número de naciones que nombran capellanes para las instituciones penales. Estos pueden ser católicos, protestantes, judíos o de otra religión, para que atiendan a las personas según sus diversas procedencias religiosas. Por lo general los capellanes reciben con agrado la cooperación de las iglesias evangélicas en su obra espiritual y práctica. Los voluntarios hallan muchas maneras de servir. Algunos dan clases de lectura, aritmética y otras materias. Otros enseñan un oficio que le permitirá al rehabilitado ganarse la vida honradamente al salir.

Recuerdo a Víctor. Poco después de su conversión se presentó en la comisaría de policía y dijo: — Todos ustedes me conocen. Solían echarme en la cárcel por borracho y pendenciero. He pasado la mitad de mi vida aquí en la cárcel, ¡Pero ya se terminó! Jesús me ha salvado.

Me ha hecho un hombre nuevo. Por eso ustedes no me han visto por aquí últimamente. Ahora quiero hablar con los presos y contarles cómo Dios los puede cambiar, tal como me cambió a mí. — Las autoridades estaban asombradas con el cambio en Víctor. Le permitieron con gusto que hiciera cuanto pudiera para transformar a los presos en buenos ciudadanos. Desde entonces Víctor visitaba la cárcel diariamente distribuyendo tratados y testificando. Gracias a su testimonio, nuestra iglesia recibió permiso para celebrar cultos en la cárcel.

El rescate y la rehabilitación pueden incluir la ayuda material y espiritual para la familia del encarcelado. Imagínese la ayuda que será para él si su familia se convierte. ¡Qué bendición ser recibido en un hogar cristiano cuando se sale a la libertad! El dominio satánico en el hogar se ha roto. Hay nuevo ambiente y nuevas amistades y recibe una bienvenida cuando la familia lo lleva a su iglesia.

La rehabilitación toma otras formas también. Se pueden establecer hogares para jóvenes o niños delincuentes durante su período de prueba. El programa es parecido al del Reto Juvenil. También hay familias cristianas que reciben en su hogar a niños delincuentes o que han quedado bajo la protección de los tribunales al ser encarcelados sus padres. En algunos lugares las iglesias les proporcionan un hogar provisional a los reclusos durante un período de transición entre la cárcel y el mundo exterior. En ellos tienen cierta libertad restringida, mientras encuentran empleo y se adaptan a la vida de afuera.

Debemos recordar las profundas necesidades psicológicas de los reclusos y de los que salen de la prisión. Muchos han vivido en un ambiente deprimente, bajo condiciones que conducen al fracaso. Un joven sentenciado a muerte por un asesinato brutal, se matriculó en un curso bíblico por correspondencia que alguien le regaló. Semanas más tarde, cuando ya quedaba poco para la ejecución, miró complacido el certificado que había puesto en la pared de su celda. — ¿Sabe usted? — le dijo al capellán —. ¡Esta es la primera cosa en que he tenido éxito durante toda mi vida!

Prediquemos el mensaje positivo del amor y la aceptación de Dios. El será quien quebrantará ese molde de fracaso. Los que aceptan a Cristo se enfrentan a un medio ambiente hostil. Se sentirán muy desanimados con sus fracasos. ¡Cuán importante es una palabra amistosa de aliento! Es necesario darle gracias a Dios por cada paso de avance en vez de detenerse a mirar las faltas que restan por ser vencidas.

Algunas denominaciones tienen un departamento nacional que ayuda a las iglesias a trabajar en las prisiones. Este les proporciona materiales, orientación y adiestramiento para los capellanes, consigue permisos y coordina un programa nacional. Pablo R. Markstrom, director de un programa de esta clase durante muchos años, da algunas sugerencias prácticas en un folleto llamado *Prison Ministry and Your Church*, distribuido gratuitamente por el Departamento de Misiones Domésticas, División de Prisiones, 1445 Boonville, Springfield, Missouri 65802, EE. UU. He aquí algunas de ellas:

1. Recuerde siempre que la mayor preocupación del personal carcelario es la seguridad. Observe las reglas de la institución.
2. Respete las horas de visita. No sobrepase el tiempo designado para el culto.
3. Nunca introduzca ni saque de la prisión ningún objeto sin antes haberlo puesto en conocimiento de las autoridades.
4. Jamás introduzca medicinas ni armas de ninguna clase (como cortaplumas).
5. Jamás critique ni avergüence a una persona por estar en prisión, ni le pregunte la razón por la cual se halla allí.
6. Averigüe los nombres de todos aquellos que manifiesten interés en rendir su vida a Dios. Ore diariamente por cada uno de ellos.
7. Haga que los hombres oren con los hombres, y las mujeres con las mujeres. Las mujeres no deben darle su nombre completo ni su dirección a ningún preso.
8. Ciertos reclusos pueden intentar servirse de usted; aparentar interés con fines egoístas. Dios puede darle discernimiento para saber si la persona es sincera y sus intenciones son honradas.
9. Anime a los reclusos a estudiar los cursos por correspondencia.
10. Ore para que Dios le dé sabiduría en su trato con las autoridades. Recuerde que es posible que el carcelero también necesite a Dios. Confíe en Dios en cuanto a su salvación. Un carcelero nacido de nuevo es una gran ayuda para el evangelismo en la prisión. No ofenda a las autoridades en su manera de proceder, porque si así fuere, éstas pueden obstaculizar la continuación de su ministerio en la prisión.
11. Recuerde siempre que usted está cumpliendo con una parte vital de la Gran Comisión. Algún día oirá a Jesús decir: "Estuve. . . en la cárcel, y vinisteis a mí. . . En cuanto lo hicisteis a uno de estos mis hermanos más pequeños, a mí lo hicisteis" (Mateo 25:36, 40).

REPASO Y APLICACION PERSONAL

1 Haga una lista de los grupos ocupacionales principales que hay en su zona. Señale los trabajos que les impiden asistir a los cultos.

2 ¿Qué grupos étnicos hay en su región? ¿Hablan algunos un

idioma diferente al que se usa en su iglesia? ¿Qué clave para su evangelización ve usted en Juan 4:25-43?

3 ¿Cuáles de las sugerencias en cuanto al ministerio con los físicamente impedidos serían prácticas para los miembros de su iglesia que quisieran iniciar un ministerio así?

4 ¿Qué respondió a la ilustración de las velas? ¿Cuál es el niño? Puede usar velas para ilustrar lo importante que es entregarle la vida entera a Dios en la niñez.

5 Cite tres razones por lo que es importante el evangelismo entre jóvenes.

6 Dé tres razones por las que es importante ganar a los adultos para Cristo.

7 Señale tres motivos que tenemos para ganar a los niños para Cristo.

8 ¿Cuáles son los tres propósitos de la escuela dominical al enseñar la Biblia?

9 ¿Con qué organizaciones cuenta su iglesia?

— Escuela dominical (o su equivalente).
— Organización de caballeros.
— Organización de damas.
— Organización juvenil.
— Organización de niños varones.
— Organización de niñas.
— Culto de niños.

10 Marque una **X** en la columna que describa mejor a su clase de la escuela dominical (u organización similar).	A menudo	A veces	Rara vez	Nunca	Quiero mejorar
Conduce a Cristo a miembros y visitas.					
Se ora por los inconversos.					
Los miembros traen inconversos.					
Ayuda a crecer espiritualmente.					
Adiestra para el servicio cristiano.					
Participa en misiones o extensión.					
Se va en busca de los que no asisten					

11 Marque "t" (por "tenemos") o "qt" (por "queremos tener") con respecto a estas actividades y a su iglesia.
— Escuelas filiales.
— Departamento de cuna activo.
— Programas en días especiales.
— Escuela bíblica de verano.
— Campamentos o retiros.
— Escuela evangélica.
— Alcance a escuelas públicas.
— Rescate y rehabilitación.

Opcional. Averigüe lo que pueda respecto al trabajo especializado de evangelismo que se realiza en su país y denominación. Lea *La cruz y el puñal*, por David Wilkerson. Visite una cárcel, un asilo para ancianos o un orfanato. Pregunte qué se puede hacer para ayudar a los desvalidos o a los desamparados.

Ministerio en los hogares

Y me visitasteis. Mateo 25:36

BOSQUEJO

Propósitos de la visitación
  Consultar
  Cultivar
  Convertir
  Conservar
Programas de visitación
  Responsabilidad pastoral
  Asignación de zonas
  Asignaciones semanales
Registros e informes
  Los mejores registros
  El mejor uso

ESTE CAPITULO LE AYUDARA

- A usar la visitación más eficazmente para el evangelismo y el crecimiento de la Iglesia.
- A trazar un plan de visitación que sea práctico para usted y su iglesia.
- A llevar a la práctica algunas sugerencias útiles para realizar un evangelismo eficaz en sus visitas.
- A usar los registros e informes que sean más adecuados para usted y para su iglesia en el evangelismo por medio de visitación.

PROPOSITOS DE LA VISITACION

La Iglesia Metodista Libre de Lynwood, Washington, EE. UU., creció de 14 miembros a 1400 en cuatro años. La mayoría de éstos se convirtieron en casas como resultado de la visitación y el estudio bíblico. Una iglesia presbiteriana de Coral Ridge, Florida, EE. UU., ha crecido desde 17 miembros hasta 2025 en ocho años. Cada semana

300 miembros de la iglesia visitan a la gente en su hogar y la invitan a aceptar a Cristo como su Salvador. Observemos los métodos que usan éstas y otras iglesias de crecimiento rápido.

Para obtener la mayor eficacia posible en cualquier trabajo debemos fijar nuestro propósito y dirigir todos nuestros esfuerzos hacia él. El propósito de una visita nos guía en la manera de hacerla.

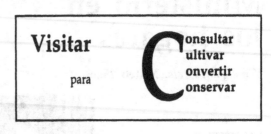

Cuatro propósitos principales pueden servir de guía para una serie de visitas en nuestra comunidad.

Consultar

¿Cómo podemos asegurarnos de que todas y cada una de las familias que viven en nuestra zona de responsabilidad reciban testimonio del poder de Cristo? ¿De qué modo podemos descubrir a los que se interesan en el Evangelio, a los descarriados, a los miembros de los diversos grupos étnicos y culturales, a los físicamente impedidos, y a otros que no han sido alcanzados por la iglesia? Esto se logra por medio de las visitas de consulta, de casa en casa, hasta cubrir toda la zona.

A veces las iglesias hacen una encuesta o censo religioso. Usan un cuestionario preparado con tal fin. También se puede visitar casa por casa para testificar, distribuir literatura, invitar a los cultos, hallar creyentes o simpatizantes en un lugar nuevo, y encontrar un lugar donde se puedan dar clases bíblicas.

La visita de consulta es importante para nuestra propia orientación. Nos enseña lo que hace falta hacer. Nos guía en nuestras visitas posteriores a las mismas personas y a la vez establece buenas relaciones que hacen más fácil la visita siguiente. En algunos hogares se ven resultados inmediatos. En otros se siembra la semilla en la esperanza de que Dios a su tiempo la haga brotar y crecer.

Cultivar

¿Podemos romper la tierra, sembrar la semilla del Evangelio y cosechar la fruta madura, todo a la vez, en nuestra primera visita? Es posible que algunas personas estén listas para aceptar a Cristo tan pronto como les hablemos de El. Otras necesitarán visita tras visita para fortalecer su fe en el mensajero y su mensaje antes de asistir a los cultos. En algunas visitas simplemente cultivaremos la amistad y prepararemos el camino para un testimonio futuro.

Muchas iglesias desarrollan un archivo de nombres y direcciones de posibles interesados y simpatizantes. Oran por ellos y les dan sus nombres con los datos pertinentes a los visitadores. He aquí algunas de las perso-

---

Campos receptivos por cultivar

Visitantes a la iglesia
Amigos y parientes de miembros
Recién llegados a la zona
Los que han mostrado interés
Enviados a la iglesia por varias fuentes (IIC, etc.)

---

nas que pudieran incluirse en tal lista de buenas perspectivas. A éstos se les daría prioridad en las visitas de cultivo.

Se consiguen de varias maneras los nombres para este archivo. Llevando un registro de visitantes en la iglesia. En la visitación de consulta. A través de los creyentes que desean la conversión de sus amigos y parientes. De la observación o del registro civil sobre los nuevos habitantes que han venido al pueblo. De listas de asistentes presentes o pasados a la escuela dominical, clubes bíblicos, EBV, puntos de predicación, etc. De antiguas listas de miembros de la iglesia y de sus diversos departamentos.

Tener un buen sistema de traslado de casos nos ayuda a localizar a las personas que debemos visitar y es vital para la conservación de los resultados en muchas clases de evangelismo. Las iglesias cooperan a menudo en una campaña para alcanzar la ciudad entera. Después se distribuyen los nombres de las personas en su zona que han hecho profesión de fe entre los pastores, para que se las ayude en su desarrollo espiritual. Los directores de cursos por correspondencia y los que difunden el Evangelio por radio y televisión envían nombres y direcciones a las iglesias locales para que éstas ayuden a los oyentes o estudiantes.

Al iniciar una obra en una zona nueva, algunos obreros ponen un anuncio en la publicación nacional de su iglesia pidiendo direcciones de personas en aquel lugar. Los lectores les envían los nombres y direcciones de amigos y parientes interesados o a quienes desean que el obrero visite.

Otra referencia importante es la que se hace cuando los creyentes o simpatizantes se mudan. El pastor, el secretario de la iglesia, u otro creyente, puede enviar su nombre y nueva dirección al pastor correspondiente, pidiendo que se les haga una visita. Este es un momento crítico, en el que muchos dejan de asistir a la iglesia y empiezan a enfriarse espiritualmente. Quizás no sepan dónde encontrar la iglesia local, o puede ser que vayan una vez y no se sientan bienvenidos. De todos modos, las visitas les ayudarán a tomar su lugar en la familia.

En la obra de rescate y rehabilitación, las referencias y visitas son importantes. Cuando un preso va a ser trasladado a otra prisión, una carta al capellán o a un pastor puede conseguir que reciba ayuda espiritual allí. Si la familia del prisionero recién convertido vive en otro pueblo, una carta al pastor de allí puede solicitar que se haga una visita a la familia. El traspaso a la responsabilidad de la iglesia local y la visita pueden ser cruciales cuando el nuevo convertido sea puesto en libertad.

A veces la policía, un juez, la oficina de beneficencia, algún médico o enfermera envían personas con necesidades particulares a la iglesia o le traspasan el caso al pastor. Puede tratarse de familias indigentes, drogadictos, delincuentes juveniles, personas deprimidas, o enfermos cuya necesidad espiritual sea tan grande como la física. Todos necesitan que se les lleve el amor de Cristo.

Convertir

La conversión es el propósito principal del evangelismo por visitación; el punto focal. Los propósitos y las actividades de consultar, cultivar y conservar se dirigen hacia ella, ya sea para preparar a las personas para la conversión o para consolidarlas en ella.

Conservar

¡Qué cuadro más trágico vemos en algunos casos! Los nuevos convertidos entran con gozo en la iglesia por la puerta del evangelismo y se
deslizan después por la puerta del descuido. ¡Cerremos esa puerta con la visitación! Se puede distribuir la responsabilidad en asignaciones definidas para visitar a los nuevos convertidos, y miembros de los diversos grupos dentro de la iglesia, ausentes y miembros pasivos o inactivos.

Tenemos que dar atención especial a los nuevos en la iglesia. La iglesia, como una madre, pasa mucho dolor para que sus hijos nazcan en la familia de Dios. ¡Pero tan pronto empiezan a respirar las nuevas criaturas en el Evangelio, muchas encuentran que la madre no se preocupa más de ellas! En cambio, algunas iglesias inmediatamente asignan al nuevo convertido al cuidado de un hermano o hermana mayor, una especie de padre o madre espiritual. Este visita al nuevo creyente y ora con él y por él. Le ayuda en sus lecciones bíblicas y con sus problemas de cualquier clase. Le anima a asistir a la iglesia y se preocupa de ver cómo está después de cada ausencia. El padrinazgo continúa hasta que el nuevo se halla suficientemente firme y se convierte a su vez en hermano mayor.

Cada departamento o grupo dentro de la iglesia puede usar la visitación para conservar y fortalecer a sus miembros. A menudo podemos alentar a una persona más directamente en su hogar que en la iglesia. La visita personal también estrecha los lazos con el grupo. Los miembros del grupo deben compartir la responsabilidad y el placer de visitarse unos a otros. Esto produce mayor unión en la iglesia. Cualquier grupo que quiera conservar sus miembros debe verificar su asistencia a las reuniones del mismo (sea a las clases o a los cultos) y establecer contacto de inmediato con los que se ausenten.

Los miembros de congregaciones grandes a veces sienten que a nadie le importa si asisten o no a los cultos. Para evitar tal problema, algunas iglesias asignan cada persona a un grupo de cinco (no todas de una misma familia). El dirigente del grupo comprueba la asistencia de los miembros de su grupo en todos los cultos. Si alguien falta, al día siguiente un miembro del grupo llama para saber si está enfermo o tiene algún problema.

¿Qué responsabilidad tenemos hacia los ex miembros de la iglesia o los que son miembros todavía, pero inactivos? ¿Debemos visitarlos? Si se han mudado, transferido a otra iglesia o fallecido, los registros de la iglesia deben manifestarlo. Si están todavía en la comunidad, ¿acaso no debemos buscarlos? Leí el caso de un joven que abandonó la iglesia por ocho años, pero su clase de la escuela dominical todavía lo consideraba uno de los suyos. Durante todo ese tiempo siguieron orando por él y visitándolo hasta que finalmente volvió. Si la iglesia debe salir a buscar a los perdidos, ¡con cuánta mayor razón debe buscar a sus propios hijos descarriados!

PROGRAMAS DE VISITACION

El éxito de cualquier programa de visitación depende de la buena dirección y de la cooperación en asignaciones prácticas.

Responsabilidad pastoral

No se espera que el pastor haga todas las visitas, pero debe ser buen ejemplo, además de entrenar y dirigir a sus miem-

El pastor
• Hace visitas
• Presenta un plan
• Adiestra a visitadores
• Apoya o dirige las visitas
• Utiliza informes y registros

bros en este ministerio. Puede delegar buena parte de este trabajo si la iglesia es grande.

Visitación pastoral

Algunos pastores limitan sus visitas a los enfermos que los mandan a llamar y a las invitaciones especiales. Otros visitan a todos los miembros de su congregación y a las personas que visitan la iglesia. Las visitas pueden ser cortas — de diez minutos o menos — pero el pastor se convierte en un amigo personal de todos y comprende mejor sus necesidades.

El doctor Robert G. Lee, pastor bautista de Memphis, Tennessee, hizo 36.500 visitas personales durante un período de diez años, ¡un promedio de diez visitas al día por diez años! Durante toda una generación, el doctor Lee bautizó convertidos cada domingo que ocupó el púlpito. Un secreto de su éxito fue que visitaba con un propósito. Dicho con sus palabras, "para tratar los asuntos de Dios, para orar, consolar, alentar, ganar para Cristo, expresar gozo por el trabajo bien hecho" (Sizemore, *El ministerio de visitación*, páginas 22 y 48).

Adiestramiento de visitadores

Los programas dinámicos no le dejan todo el trabajo al pastor. El doctor James Kennedy (pastor de una iglesia presbiteriana de Coral Ridge, Florida, que creció de 17 a 2.025 miembros en ocho años) insiste en la responsabilidad del pastor en el adiestramiento de los demás. El inició este trabajo en su iglesia con un miembro. Lo llevó consigo en sus visitas hasta que se sintió capaz de testificar y ayudar a las personas a rendirse a Cristo. Luego este miembro llevó a otro consigo en calidad de ayudante y aprendiz, mientras el pastor entrenaba a otro. Cada persona luego adiestraba a otra. Para acelerar el proceso formaron equipos de tres personas: el líder y dos aprendices. El período de adiestramiento era de cuatro meses y medio. Algunos equipos visitaban los miércoles por la mañana, de nueve a doce; otros, los jueves por la noche, de siete y cuarto a diez y media. En esto se incluía una importante sesión conjunta al regresar con el fin de compartir informes, testimonios y peticiones de oración.

(Datos de *Evangelism Explosion*, D. James Kennedy, Tyndale House).

Asignación de zonas

Para la visitación de casa en casa se le asigna a cada equipo una zona. La manera más sencilla de hacer esto es dividir por manzanas, tomando un solo lado de las cuatro calles que circundan la manzana. Así se evita la posible duplicación de visitas a las casas que están en las esquinas. Para ser justos en la distribución del trabajo, se toman en cuenta el número de casas o apartamentos que hay en el lugar y el tiempo disponible para cada equipo.

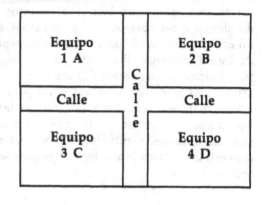

A veces un grupo de jóvenes adiestrados va a un pueblo para unirse en equipos con los miembros de la iglesia local. Cubren el sector durante el día con literatura, evangelismo personal e invitaciones a los cultos especiales en los cuales participan cada noche. Cierto pastor informa que una pareja joven vino así a su iglesia durante una semana. El primer día cada uno llevó consigo a un joven para adiestrarlo en la visitación. Al día siguiente los cuatro salieron con cuatro nuevos, y así por el estilo cada día. Trabajaban durante dos horas por la mañana y luego se reunían para orar y participar de un almuerzo servido por las damas de la iglesia. Durante la semana tuvieron 123 decisiones por Cristo en los hogares y 12 en los cultos nocturnos. Un joven, después de aceptar al Señor, habló en seguida a sus visitadores respecto a un amigo que necesitaba al Señor. Fueron a visitarlo y él se convirtió. Pidió a su vez que visitaran a un amigo suyo. Esto continuó así hasta que 12 personas se convirtieron.

A veces se asignan zonas de forma permanente. El equipo puede visitar todas las casas en ciertas ocasiones, pero tendrá también una ruta selecta de interesados o clientes de literatura a los cuales visita con más frecuencia. Los obreros oran por las personas de su circuito o zona, se relacionan con ellas, las ayudan con sus problemas espirituales. Pueden iniciar grupos de estudio bíblico en el vencindario y llevar personas consigo a la iglesia.

Muchas iglesias que crecen con rapidez se lo deben en gran parte a los circuitos de visitación y el uso de autobuses para llevar a los interesados a la escuela dominical y los cultos. Los obreros pasan varias horas cada sábado visitando hogares en una ruta determinada. El domingo regresan en el ómnibus para recoger a los pasajeros.

Debemos planificar bien los circuitos o zonas. No queremos desalentar a los obreros dándoles demasiado trabajo. Podrán hacer un esfuerzo tremendo para una ocasión especial, pero tal vez no tanto de forma continua. Por tanto, la iglesia puede empezar con unos pocos circuitos pequeños y aumentar su alcance a medida que se salven más personas y se adiestren para alcanzar a otras.

Los circuitos o zonas de visitación pueden estar en el vecindario de los equipos, o cercanos a la iglesia o a una obra nueva. También pueden asignarse sencillamente para la visitación de los nuevos convertidos y otros individuos a quienes se quiere alcanzar en cierto sector.

Asignaciones semanales

Muchas iglesias hacen asignaciones semanales para visitar a los enfermos, los ausentes, los que han visitado a la iglesia, los nuevos convertidos, y aquellos cuyos nombres han recibido de varias fuentes. Se toma en cuenta al hacer las asignaciones que algunos obreros tienen un ministerio especial en cierto tipo de visitación (por ejemplo, a los enfermos).

Se sigue el plan más práctico para su iglesia. El pastor Arturo G. Clay probó varios antes de dar con el que era mejor para su iglesia. Cada año tienen un culto de dedicación para los que están dispuestos a hacer una visita cada semana durante el año. Se distribuyen las asignaciones semanalmente y los obreros hacen las visitas a su conveniencia. El pastor dice: "Mejor es tener cien obreros que hagan entre todos cien visitas por semana, que tener veinte personas que reciban cinco asignaciones por semana, pero se cansen pronto de la tarea."

Jorge Delamarter, cuya iglesia creció de 14 a 1.400 miembros en cuatro años, por lo general le asigna cinco tarjetas de personas por visitar a cada equipo. Sin embargo, cuando hacen citas para las visitas, el equipo recibe solamente dos tarjetas. Se elimina gran parte de la frustración que produce no hallar a las personas en casa, por medio de una llamada telefónica previa. Un hombre que hacía este trabajo para su iglesia no podía salir a hacer visitas, pero desde su silla de ruedas hacía una magnífica labor al establecer buenas relaciones por teléfono, con lo que preparaba el camino para los visitantes. Decía algo así:

Buenas tardes, señor ———. Me llamo Juan López, y le hablo

en nombre de la Fraternidad de Caballeros de nuestra iglesia. Estamos visitando todos los hogares en nuestro barrio y nos gustaría saber si esta noche sería un momento apropiado para que una pareja nuestra los visitara por unos minutos. Digamos entre las 7:30 y las 8:00.

Si esta hora no resultaba apropiada, él procuraba concertar una cita para otro día. (*Go*, Kingsley y Delamarter, Zondervan, página 61).

LA VISITA

¿Cuál es la primera cosa que hace usted cuando va a visitar a una persona? Se prepara, ¿no es cierto? No hay dos visitas que sean idénticas, pero podemos considerar unas sugerencias generales sobre: 1) la preparación para la visita, 2) la conversación en la visita. Luego éstas se adaptan según las circunstancias y la guía del Señor.

Preparación

Salgamos como embajadores de Cristo (2 Corintios 5:20). Lo representamos a El, de modo que debemos presentarnos bien aseados, vestidos con buen gusto y modestia. Cuidemos nuestra conducta. Seguramente no querremos que nuestra apariencia, actitudes o conducta hagan que la gente rechace nuestro mensaje.

Usted ya sabe bien lo importante que es su actitud en el evangelismo. La oración antes de la visita le ayudará a ir con fe. No vaya con timidez, pidiendo disculpas. Recuerde que usted tiene algo que ofrecer, y que la gente lo necesita urgentemente. Es nuestro privilegio compartir con ellos el Evangelio. Vaya, pues, con el amor de Dios en su corazón, confiando en que El le guiará y obrará por medio de usted.

Los materiales que lleve consigo variarán, según el propósito de la visita. Por lo general recomendamos los artículos siguientes:

1. Una Biblia o Nuevo Testamento marcado.
2. Literatura para regalar, prestar o vender.
3. Formulario para matricular a estudiantes en un curso por correspondencia.

4. Folletos o tarjetas que lleven la dirección de la iglesia con el horario de cultos y de las difusiones por radio o televisión, si las hay.
5. Libreta de apuntes o formularios y lapicero.
6. Datos de la asignación para el día.

Conversación

```
┌─────────────────────────────────┐
│          CONVERSACION           │
│                                 │
│  1   Con Dios   Con la gente  2 │
│                                 │
└─────────────────────────────────┘
```

Ya hemos visto que es necesario hablar con el Señor antes de hablar con la gente. Es de importancia vital que le permitamos al Espíritu Santo guiarnos en la conversación.

Nos toca aplicar las reglas de la comunicación que hemos aprendido: dejar a la otra persona hablar, usar un lenguaje que ella entienda, apelar a sus intereses y necesidades, observar sus actitudes y cuidar de las propias. No obstante, lo que más nos preocupa ahora es saber cómo iniciar la conversación y desarrollarla de manera eficaz. Esto infunde en muchos un temor que les impide visitar a personas que no conozcan. En los párrafos siguientes usaremos algunas sugerencias excelentes que Rafael D. Williams nos da en su cursillo de adiestramiento *Por las casas* (*Curso bíblico elemental, tomo 3*, Editorial Vida). Los cinco objetivos que él da para la visita forman un modelo a seguir.

1. Gane la amistad y la confianza de la persona a quien visita.
2. Descubra su estado espiritual para poderla ayudar.
3. Trate de prestarle ayuda espiritual.
4. Invítelos a ella y a su familia a ir a la iglesia y a la escuela dominical.
5. Prepare el camino para otra visita.

Gane la confianza

Comience la conversación con un saludo breve y cortés, presentándose a sí mismo y a la persona que le acompaña. Explique de qué iglesia son, dando el nombre y la dirección de la iglesia, y que desean conocer a los vecinos para invitarlos a los cultos. Aprenda los nombres de las personas presentes y muestre interés en toda la familia. Si los visitantes son dos, uno puede anotar los nombres y otros datos en tanto que el otro habla. Cuando visite de casa en casa, lo ideal sería conseguir de la primera familia el nombre de los vecinos a quienes ha de visitar próximamente, y así sucesivamente. De este modo puede dirigirse a cada familia por su nombre desde el principio.

Muéstrese amistoso, cortés y paciente. No discuta. Si no puede contestar una pregunta, admítalo con franqueza. Si es importante, ofrezca hallar la respuesta y tenerla en su próxima visita. Nunca hable ásperamente. Jamás amenace a nadie con el castigo eterno si no le escucha. En cambio, hábleles del amor de Dios y de su misericordia. Recuerde que le gustaría volver a visitar esa casa, de modo que debe tratar de mantener la amistad y confianza de la persona.

Si no tiene éxito en iniciar una conversación que valga la pena, despídase cortésmente y pase a la próxima casa.

Su conducta debe ser irreprochable. Evite la murmuración. Jamás traicione una confianza. Si una persona del sexo opuesto se halla sola en la casa, sería mejor limitar la conversación a unas pocas palabras en la puerta y convenir en una visita cuando estén presentes más personas, o hacer que la visite alguien de su propio sexo.

Descubra el estado espiritual

Trate de saber si la familia conoce el Evangelio, si asiste a otra iglesia, o si ha conocido al Señor anteriormente. Si son miembros de otra iglesia donde realmente se predique la salvación, exprese su placer de conocerlos y anímeles a asistir fielmente a su propia iglesia. Al mismo tiempo, puede indicarles que cuando quieran visitar la iglesia de usted, serán bienvenidos. Permita que la persona se exprese. Si tiene un problema espiritual, puede sentir alivio al poder contárselo a una persona comprensiva que orará por ella.

Trate de prestar ayuda espiritual

Ayude a la persona espiritualmente, si es posible, con palabras de aliento y con oración. Recuerde que no tiene que contestar todas las preguntas, argumentos u objeciones, especialmente si parece que los suscita para evitar el tema principal de la conversación.

Si la persona quiere aceptar a Cristo, explíquele el plan de la salvación y ore con ella, pero no insista en que alguien acepte a Cristo si no parece dispuesto a hacerlo todavía.

Cuando una persona enferma pide oración porque necesita sanidad, ore con sinceridad, fe y humildad. Si la persona necesita más ayuda espiritual de la que usted es capaz de darle, informe al pastor para que él la visite. Déle alguna literatura apropiada, la tarjeta de la iglesia y alguna literatura de escuela dominical para los niños. Si le parece oportuno, pida permiso para orar antes de irse.

Invite a la iglesia

Invite a la familia a los cultos y a la escuela dominical. Tal vez podría ponerse de acuerdo para llevarlos consigo.

Prepare el camino para otra visita

No prolongue mucho su visita. Antes de retirarse, trate de fijar una fecha para la próxima visita donde parezca recomendable.

REGISTROS E INFORMES

¿Qué significado tienen para usted los registros y los informes? ¿Son una pérdida de tiempo, o una parte vital del evangelismo dinámico? Pueden ser cualquiera de las dos cosas. Su actitud hacia ellos es contagiosa; por tanto, asegúrese de que sea la correcta. Los registros y los informes pueden hacer el evangelismo por visitación mucho más eficaz si la iglesia: 1) usa los mejores para sus propósitos, y 2) hace el mejor uso posible de ellos.

Los mejores registros

Hay muchas clases de registros y sistemas de informes para los programas de visitación. ¿Cuál es mejor? Aquel que mejor se acomode a su iglesia y resulta más práctico para ella. El registro que firman los que visitan la iglesia y la tarjeta para que la llenen los visitantes, son valiosos. El visitante indica su nombre y dirección, número de teléfono (si lo hay) y la fecha. Durante la semana siguiente se les puede hacer una visita o llamada. Las listas de miembros y los controles de asistencia en la iglesia y sus departamentos son importantes. Ya hemos hablado también de las listas de buenas perspectivas.

Las casas de publicaciones evangélicas imprimen formularios de registros para visitas. La muestra que ofrecemos es la página central de un formulario para visitas de consulta de casa en casa. Hecho en papel grueso o cartulina, dos pliegos lo hacen muy manuable. La tapa tiene lugar para escribir los nombres de los componentes del equipo, la zona, la fecha de las

Visitas de casa en casa		
C = Creyente EB = Estudio bíblico NC = Nadie en casa		
O = Oramos DL = Dejamos literatura NI = No interesado		
D = Decisión E = Enfermedad ND = No decidió		
Código	Calle y número	Nombre
O-DL-E-B	general gómez 802	Victory Elena Simón
	Nuevos en la ciudad. Simpatizantes - otra visita	
NC - DL	general gómez 804	joven pareja - ambos trabajan
C-O-DL-E	general gómez 806	Juan y Teresa Badillo
	Pidieron oración por su hija Marta en la hospital	
NI	general gómez 820	Carlos Ferrer

visitas y un corto resumen de los resultados. Detrás hay un diagrama de la zona, con la ubicación de la iglesia. En él se le marca al equipo la parte que se le asigna. Las tres páginas interiores son para el registro de visitas. He aquí una muestra de la página central.

Algunos obreros prefieren usar en las visitas una libreta de apuntes. La guardan para su propia orientación al prepararse para futuras visitas de cultivo, conversión o conservación. Al regresar de las visitas escriben en el formulario los datos indicados para los archivos de la iglesia y la orientación de otros visitadores. Puede usar un código propio para anotar rápidamente la información.

Una secretaria de visitación usa a menudo fichas de 7.5 x 12.5 cm (3″ x 5″) para las asignaciones semanales. En ellas se han escrito el nombre y la dirección de la persona que se ha de visitar y cualquier información útil para la visita. Luego el visitador llena la ficha con la fecha de la visita y los resultados, observaciones, peticiones, preguntas, necesidades, la literatura que él dejó y la que le pidieron. Esta es la guía para las visitas futuras. La información pertinente puede transferirse a los archivos permanentes. La misma ficha puede servir para un encuentro inicial en el evangelismo.

Encuentro en el evangelismo

Nombre .... Fecha ....

Dirección ....

Teléfono .... Iglesia o religión ....

Cómo se realizó el encuentro (visita, culto, otro) ....

....

Tema de conversación ....

....

Resultados definidos ....

Comentarios ....

....

Nombre del obrero ....

Los archivos de visitación pueden ordenarse alfabéticamente o según la zona geográfica. Puede haber archivos separados, destinados cada uno de ellos a convertidos, personas en perspectivas, miembros de la iglesia, estudiantes, clientes de literatura, grupos de idioma diferente, y referencias. También se pueden señalar las diferencias mediante fichas de distintos colores, o con etiquetas de color o señaladores en el borde de las fichas. Acomode sus registros a su trabajo y úselos para guiarse.

El mejor uso

Los resultados de su programa de visitación dependerán en gran parte del uso que se haga de los registros y de los informes. Es absolutamente inútil que mantengamos registros, si no los usamos. En cambio, podemos darles un excelente uso si los tomamos como base para nuestra 1) oración, 2) acción, y 3) inspiración.

Oración

Se pueden tomar del informe las peticiones de oración y compartirlas con otros creyentes al regresar de las visitas. Las necesidades urgentes pueden presentarse a la iglesia entera. Los grupos de oración pueden repasar la lista de visitación y orar por cada familia. Usted, por supuesto, querrá repasar su lista frecuentemente para orar por las personas a quienes ha visitado.

Acción

Al estudiar, podemos ver lo que ya nos toca hacer. La iglesia puede descubrir las zonas receptivas y planear obras de extensión (escuelas filiales, grupos de estudio bíblico y oración, etc.). Vemos dónde hay buenas perspectivas que debemos atender y dónde debemos volver para llevar literatura, orar por un enfermo, visitar a una persona solitaria, alentar a los creyentes y ayudar a los nuevos.

Los obreros deben informar al pastor de los casos de necesidad urgente para que él vea cómo puede ayudar la iglesia. Pueden solicitar una visita del pastor o de una persona de experiencia en caso de necesidad. También se les pueden entregar a los diversos departamentos de la iglesia los nombres y direcciones de eventuales miembros para que cada departamento se encargue de buscarlos y ganarlos.

Inspiración

Si usted es pastor, debe preguntarse cómo puede interesar a todos sus miembros en un programa de visitación, conseguir su participación y mantener su interés en él. Los informes interesantes y frecuentes pueden ayudarle a lograrlo. Las metas, los mapas y los diagramas pueden presentar un reto a la congregación. Los informes de los departamentos pueden estimular a una competencia amistosa y saludable. En los cultos, los testimonios de los visitadores y el reconocimiento de las personas que han venido como resultado de la visitación inspirarán un esfuerzo continuado.

Los obreros mantendrán mejor su interés y se animarán los unos a otros si se reúnen habitualmente. Esto puede ser media hora antes de un culto en la iglesia o, como ya hemos visto en el programa del doctor Kennedy, cada semana antes y después de las visitas. En estas sesiones pueden recibir instrucción especial y literatura, presentar sus informes y peticiones y orar. Compartir las experiencias es algo que ayudará a todos.

Finalmente, los informes acerca de cómo Dios está bendiciendo a una iglesia por medio de la visitación alentarán a otras iglesias a comenzarla. Déles a conocer a otros lo que Dios está haciendo y ellos se sentirán inspirados a seguir el ejemplo suyo y el de la Iglesia primitiva, que iba por las casas con las buenas nuevas del Evangelio (Hechos 20:20).

REPASO Y APLICACION PERSONAL

1 Evalúe el trabajo de su iglesia en los cuatro propósitos o tipos de visitación.

Evaluación de la visitación	fuerte	regular	débil
para consultar			
para cultivar			
para convertir			
para conservar			

2 Marque una X al lado de las personas que su iglesia ya está visitando. ¿Cuál grupo siente usted la urgente necesidad de alcanzar? Señálelo con una "U" y ore al respecto.

— Han visitado la iglesia.
— Amigos o parientes.
— Miembros ausentes.
— Recién llegados a la zona.
— Han mostrado interés.
— Enviados de diversas formas.

3 ¿Coopera su iglesia en visitar a las personas cuyos datos le proporciona el IIC o algún ministerio de radio o de televisión? ¿Quién lo hace? ¿Quisiera participar en esto?

4 Nombre cinco planes de visitación que se usan para conservar a los nuevos convertidos o miembros de la iglesia o de sus departamentos.

5 ¿Cuáles son las dos partes del trabajo del pastor en la visitación?

6 Compare el trabajo de visitación del doctor Robert G. Lee

con el que hiciera el doctor James Kennedy.

7   Haga un diagrama de la zona que rodea a su iglesia (o de una que su iglesia desee evangelizar). Señale las calles por nombre. Haga una lista de equipos posibles. Indique la manzana o manzanas que asignaría a cada equipo.

8   Busque en los archivos de la iglesia los nombres de las personas a quienes se debe buscar. Ore por ellas y visite por lo menos a cinco, si le es posible. Llene una ficha por cada visita, tal como sería útil para la iglesia o para usted mismo en trabajos posteriores.

9   Nombre los cinco puntos que sirven como bosquejo de la conversación, según Rafael D. Williams, para una visita de consulta, o una visita a alguien desconocido.

10   Ore con otras personas de la iglesia por el desarrollo del ministerio de visitación en las iglesias y por cualquier punto en que su iglesia necesite mejorar.

La cosecha en las campañas

Rogad al Señor. . . que envíe obreros a su mies. **Lucas 10:2**

BOSQUEJO

ESTE CAPITULO LE AYUDARA

- A cooperar en campañas evangelísticas y animar a otros a hacerlo.
- A cooperar en una eficaz preparación a las campañas.
- A seleccionar y aplicar las características de la Cruzadas de Buenas Nuevas que sean prácticas para las campañas en las cuales usted tome parte.
- A consagrarse más plenamente a Cristo mientras trabaja y ora para que toda la Iglesia lleve todo el Evangelio a todo el mundo en esta generación.

COOPERACION EN LAS CAMPAÑAS

¡Las redes estaban a punto de romperse! Pedro y sus amigos habían pescado toda la noche sin resultado alguno. ¡Pero de súbito todo cambió! Jesús les dio una orden explícita: "Boga mar adentro, y echad vuestras redes para pescar" (Lucas 5:4). Obedecieron, y consiguieron una pesca tan grande que sus redes estaban a punto de romperse. ¡La pesca era demasiado grande para encargarse de ella por sí solos! Entonces les hicieron señas a sus compañeros de otra barca para que acudieran a ayudarles. Mediante la cooperación, no sólo con Jesús, sino también entre sí, lograron conservar los resultados del milagro. No perdieron la pesca que Dios había dirigido hasta sus redes. La cooperación es todavía la clave cuando echamos las redes en las campañas evangelísticas.

Cooperación en una iglesia

Dios ha puesto evangelistas, pastores y maestros en la iglesia para adiestrar y dirigir a los creyentes de tal modo que todos puedan trabajar juntos. Un evangelista visitante puede ayudar a una iglesia en una campaña para alcanzar y ganar a los perdidos. Pero para que haya pleno éxito, debe haber cooperación total entre el pastor, el evangelista y los miembros.

Pastor y evangelista

Si el evangelista tiene un ministerio especializado, el pastor debe saber cuál es, para hacer la preparación correspondiente a la campaña. ¿Es un ministerio especial para niños, jóvenes o adultos? La publicidad, las invitaciones y los planes para los cultos pueden ser dirigidos a ese grupo en particular. ¿Lo usa Dios en la oración por los enfermos? ¿Enseña sobre la profecía y los acontecimientos mundiales? ¿Tiene ministerio en la música? ¿Ayudará a los creyentes en la visitación o distribución de literatura? Sea cual fuere su ministerio, el éxito que tenga dependerá en gran parte de la cooperación entusiasta del pastor.

Este debe ser claro en su trato con el evangelista al hacer los preparativos para la campaña. ¿Qué arreglo habrá respecto a las finanzas? ¿Qué recibirá el evangelista? Conviene recordar que a veces entre campañas no hay entradas. ¿En qué forma se tomarán las ofrendas? ¿Qué clase de anuncios se harán? ¿Cuánto tiempo durará la campaña? ¿Qué medios de publicidad se utilizarán? ¿Qué se espera del evangelista? ¿Va a tomar parte en programas radiales o de televisión? ¿Hablará en cultos de oración o en escuelas de la localidad? ¿Cuántos forman el equipo evangelístico? ¿Dónde se alojarán?

Por su parte, también el evangelista debe cooperar con el pastor. Debe hacer todo cuanto pueda para fortalecer la iglesia, en vez de buscar seguidores para sí mismo. Es sumamente triste que el evangelista inculque en los nuevos convertidos un sentido de lealtad y devoción a su persona, más que a Cristo y a la iglesia local. Cuando es este el caso, al irse él los nuevos convertidos se sienten abandonados y muchos dejan de asistir a los cultos. ¡Cuánto mejor es que el evangelista les haga saber desde un principio que el hombre de Dios que colabora con él en la campaña es el pastor de ellos, ésta es su iglesia y comienzan una vida maravillosa en la familia de Dios! Somos socios para sacar juntos la red, no rivales que luchan por el afecto del pueblo.

El evangelista que desee cooperar con el pastor se comportará de tal modo que su influencia ayude a la causa de Cristo en la comunidad. No insultará a la gente en su predicación. No insistirá excesivamente en lo económico. No usará propaganda que lo ensalce. El ha venido a ayudar a un socio, no a dejarlo con las redes rotas y la barca vacía.

Pastor y miembros

La cooperación eficaz entre pastor y miembros en una campaña nace de la planificación y participación de todos. Si toda la iglesia va a tomar parte en el trabajo, todos deben tener parte en la planificación. El pastor consulta por lo general con la junta oficial de la iglesia antes de hacer los arreglos definitivos con el evangelista. Los miembros también ayudarán a hacer los planes de la gran cantidad de actividades que se relacionan con la campaña.

No olvidemos que Dios les ha dado diferentes talentos a los numerosos miembros del Cuerpo de Cristo. Parte de la responsabilidad del pastor es ayudar a los miembros a desarrollar y utilizar sus talentos para la gloria de Dios. Las campañas evangelísticas proporcionan oportunidades para usar esos ministerios en un esfuerzo unido a fin de ganar a muchas personas para Cristo. Por consiguiente, la iglesia entera debe movilizarse para servir. Se les deben entregar responsabilidades definidas a comités e individuos.

La oración, la confección y colocación de letreros y anuncios, la música, la publicidad, la distribución de literatura, la limpieza y el adorno del lugar en que se celebran los cultos, la atención del evangelista, las invitaciones personales, la asistencia con amigos al culto, el servicio como ujier o consejero, el trabajo de secretaría, la inscripción de los nuevos convertidos y simpatizantes en un curso bíblico, las clases de adiestramiento para los creyentes, los grupos de oración. . . ¡Hay trabajo suficiente para todos! Dios siempre bendice cuando toda la iglesia trabaja unida para El. Su recompensa será para todos: evangelista, pastor y miembros.

Cooperación en un distrito

Algunos predicadores tienen llamamiento de Dios para ser evangelistas, pero no saben a dónde dirigirse para celebrar una campaña o cómo se sostendrán. A su vez, hay iglesias que necesitan la ayuda de un evangelista, pero no saben dónde encontrar uno. Ciertas obras de extensión necesitan una campaña para desarrollarse desde el punto de predicación hasta la condición de iglesia establecida. Algunas regiones necesitan que se las abra al Evangelio por medio de una cruzada evangelística prolongada, pero ¿dónde están las finanzas, el equipo y los obreros? Mediante la cooperación, las iglesias de un distrito quizás puedan resolver estos problemas. Esto demanda la cooperación en los planes, las finanzas, el equipo y los obreros.

Cooperación en los planes

Una de las grandes bendiciones que tiene la organización de la iglesia es que ayuda a los creyentes a trabajar unidos más eficientemente. Los líderes distritales y nacionales recomiendan gustosamente a evangelistas que serán de ayuda en las iglesias, y alertan contra aquellos que provocarían daños.

Los planes cooperativos y de largo alcance en un distrito pueden incluir todas las iglesias de la organización en él, todas las obras de extensión que necesitan de una campaña, y los centros poblados no evangelizados donde se deben fundar iglesias. El plan podría ser de cinco años, con ciertas metas por año. Para el primer año se fijan objetivos inmediatos. Estos se constituyen en blanco de la oración y guía para los planes y el trabajo de las iglesias.

Los comités de evangelismo a nivel local, distrital y nacional pueden celebrar seminarios anuales sobre evangelismo y arreglar para que cada grupo de creyentes tenga al menos una campaña al año.

Cooperación en finanzas y equipo

Algunos distritos tienen un fondo para evangelismo. Este se forma a base de ofrendas especiales y un porcentaje de los diezmos de los pastores, los evangelistas y las iglesias. Este fondo ayuda a financiar campañas en campos nuevos. A veces proporciona equipo, por ejemplo, una carpa o tabernáculo portátil, púlpito, sillas plegables, altoparlantes e himnarios. Las iglesias del distrito usan estos materiales donde se necesiten en sus campañas. A veces el fondo sostiene a un evangelista para que ministre en las iglesias pequeñas, en las obras de extensión y en las obras nuevas. Las iglesias cooperan también en la apertura de obras nuevas con ofrendas y mobilario prestado. La cooperación para las campañas grandes a menudo es de orden nacional o internacional.

Cooperación de obreros

Así como todos trabajan unidos para el éxito de una campaña en su iglesia, las congregaciones pueden trabajar unidas también para el éxito de las campañas en su distrito. La congregación cuyo pastor tiene un buen ministerio evangelístico puede prestarle su ayuda para que predique en una campaña. Las iglesias vecinas pueden ayudarse mutuamente con la música, la visitación, los testimonios, la oración y en el ministerio de aconsejar en las campañas. También los miembros de varias iglesias pueden colaborar para abrir una obra nueva.

Cooperación en las campañas unidas

En la sierra de los Andes, los vecinos cooperan en la cosecha del trigo o la cebada. Cuando un campesino ve que su campo está listo para ser cosechado, llama a sus vecinos. Estos se le unen en la cosecha, la trilla y la gozosa celebración posterior. En los vastos campos del Señor que hay alrededor del mundo, sus hijos también están trabajando juntos en la cosecha y se regocijan al recogerla.

Varias iglesias pueden lograr juntas lo que ninguna podría hacer sola. Al unir las fuerzas pueden celebrar una campaña que alcance a toda la ciudad, o pueden iniciar una iglesia en un campo desatendido. Juntas cuentan con más obreros adiestrados y más entusiasmo. Consiguen reconocimiento y facilidades tales como el alquiler de un estadio deportivo o el auditorio municipal, que ninguna de ellas podría financiar o llenar por sí sola. Así es mayor la cantidad de personas que escuchan el Evangelio, se convierten muchas y la comunidad siente la sacudida del mensaje.

No limitemos las campañas unidas a las ciudades. Las iglesias de los pueblos y aldeas vecinas pueden cooperar en campañas, primero en un lugar y luego en otro, o para iniciar una obra en otro lugar. Una iglesia puede celebrar una campaña unida con todas sus obras de extensión, procurando que todos los creyentes participen en ella.

La cooperación entre iglesias o diferentes grupos siempre tiene sus dificultades. Debe haber armonía, amor a Dios y buena comprensión entre los obreros antes de la campaña, durante la misma y después de ella. En las campañas interdenominacionales los obreros deben hacer destacar los puntos fundamentales del Evangelio y evitar los puntos doctrinales que se prestan a controversia.

El propósito de la campaña determina muchas cosas: quiénes tomarán parte, la ubicación, el énfasis principal en los cultos, y el trabajo de conservación después. Las campañas interdenominacionales pueden ser excelentes para alcanzar a la ciudad entera, pero su debilidad yace generalmente en que no integran a los convertidos en una iglesia local desde un principio. La cooperación denominacional puede ser más práctica para el establecimiento y crecimiento de la iglesia local.

Los estudios sobre el crecimiento de la Iglesia revelan que las campañas unidas son excelentes para el evangelismo, la impresión en el pueblo y el adiestramiento de obreros, pero no pueden tomar el lugar de las campañas celebradas por la iglesia local. Estos dos métodos son complementarios. Después que la campaña unida ha dejado su huella en la ciudad, las iglesias avivadas pueden continuar con cultos especiales y recoger durante los meses siguientes una cosecha mayor.

PREPARACION PARA LAS CAMPAÑAS

El evangelista Billy Graham y sus asociados hablan de las tres "pes" de sus campañas: *preparación, penetración* y *preservación*. Comparan estos principios con la forma del reloj de arena, que tiene los dos depósitos en los extremos, unidos por una estrecha garganta. La *preparación*

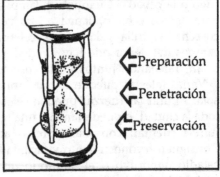

←Preparación

←Penetración

←Preservación

para una gran campaña unida y el trabajo de *preservación* después pueden llevar un año entero cada uno. La parte central, la *penetración* en la ciudad con el Evangelio en la campaña propiamente dicha, es un esfuerzo intensivo que dura un tiempo mucho más corto. Lo que suceda en la parte central depende en gran medida de la preparación anterior. Del mismo modo, la permanencia de los resultados obtenidos en los cultos especiales depende de la tercera parte del reloj de arena: el trabajo de preservación. Es decir, que necesitamos planificar bien cada una de las partes del "reloj".

Elección de tiempo y lugar

¿Cuál será el mejor lugar para celebrar una campaña evangelística? Su propósito es evangelizar a los que aún no han sido alcanzados, ¿verdad? ¿Dónde se encuentran ellos? ¿En su vecindad o en un barrio vecino? ¿Asisten muchos inconversos a su iglesia? ¿Ha oído predicar alguna vez un conmovedor mensaje para pecadores cuando todos los oyentes ya eran convertidos? Somos pescadores de hombres. ¿Habremos de quedarnos en casa y pescar en un cubo? Recuerde a la mujer con la escoba. ¿Cuándo habría hallado la moneda perdida si se hubiera sentado a barrer en círculos alrededor de su silla? ¡El evangelismo no consiste solamente en fingir que barrimos y esperar que las monedas vengan rodando hasta nuestra escoba! No queremos menospreciar o descuidar el evangelismo en la iglesia. No obstante, hasta donde sea posible, seleccionemos el tiempo y el lugar de las campañas para llegar también hasta los que no vendrían a la iglesia.

Muchas personas tienen sus razones para no llegar hasta una iglesia evangélica. Tal vez su religión se lo prohíba, o puede que tengan temor, o que sus amigos los criticarían si se enteraran. Sin embargo, es posible que tengan verdadero interés en conocer lo que los evangélicos creen. Muchos irían a un lugar neutral — un lugar no asociado con la religión — para satisfacer su curiosidad respecto de los evangélicos. No sienten temor de ir a reuniones en un estadio o auditorio cívico, un teatro, plaza o parque, o la casa de un vecino. Una campaña en carpa o en un terreno baldío puede llamarles la atención y despertar su curiosidad.

Debemos pensar también respecto a la época del año y las ocupaciones de la gente cuando hagamos nuestros planes. ¿Programaría usted una campaña evangelística para una comunidad campesina durante el tiempo de mayor trabajo en la cosecha? ¿O daría una campaña juvenil inmediatamente antes de la semana de éxamenes finales en las escuelas públicas, o durante esa misma semana? ¿Llevaría a cabo una campaña al aire libre en plena estación de lluvias? Creo que no, si hay la posibilidad de realizarla en un momento mejor.

Facilidades y finanzas

Usamos aquí la palabra "facilidades", tratando de incluir dentro de ella detalles como local, mobiliario, literatura, ayudas auditivas y visuales, así como alojamiento y alimentación del equipo evangelístico. ¿Se alquilará un salón? ¿Es necesario hacerlo más atractivo? ¿Se celebrarán los cultos al aire libre? ¿Qué hay respecto de los permisos, las luces y el sistema de altoparlantes? No se olvide de una repisa para libros o un mostrador o mesa para vender Biblias y otra literatura cristiana.

Muchos evangelistas usan una carpa o tabernáculo portátil. El traslado y el cuidado de una carpa ocasiona muchos gastos. Requiere de un vigilante que debe saber levantarla y cuidarla: repararla y protegerla contra los vientos fuertes, los ladrones y los incendiarios. Hay que tener sillas, alquilarlas o disponer de otra forma de sentar la gente. Las carpas son heladas en invierno y demasiado calurosas durante el día en verano. Sin embargo, millares de personas han sido salvadas en carpas. Centenares de iglesias se han fundado gracias a su uso en las campañas primero y después como lugar provisional para los cultos hasta conseguir un local mejor.

Es bueno que una comisión de finanzas haga un presupuesto para la campaña y vea las maneras de cubrirlo. Las ofrendas previas pro-campaña, o un porcentaje de las entradas regulares, pueden ir reuniendo un fondo para los gastos. Las ofrendas levantadas cada noche en la campaña ayudan con los gastos y permiten que todos participen en este acto de adoración a Dios. Debe haber una cuidadosa contabilidad de los fondos. En la comisión de finanzas será de ayuda tener a creyentes que estén dedicados a los negocios. Ellos están al tanto de los precios y pueden conseguir precios especiales con sus amigos para muchas cosas.

Preparación de obreros

Cuando un país moviliza sus tropas, las llama al servicio activo, las prepara para el combate, y les asigna responsabilidades definidas. Una campaña evangelística es una campaña contra Satanás; una batalla para liberar a sus cautivos. La Iglesia debe movilizar sus tropas: adiestrar a todas las personas para que cumplan con sus responsabilidades e impulsarlas a la acción.

Los métodos para movilizar y adiestrar obreros varían. En la preparación para las grandes campañas de Bernhard Johnson en Brasil, se trabaja en el adiestramiento por algunos meses antes de la campaña unida en el estadio. Los evangelistas asociados de su equipo van a las iglesias participantes para dar seminarios de entrenamiento y campañas de avivamiento.

Se puede hacer una lista de los trabajos relacionados con la campaña que hay que hacer. Al ver la lista, los miembros de la iglesia pueden expresar su preferencia en cuanto al trabajo que pueden hacer. Luego se reúne cada grupo para la orientación necesaria.

Junto con el adiestramiento para las tareas específicas (como aconsejar, servir como ujieres, cantar en el coro, etc.) toda la congregación necesita prepararse espiritualmente. Visión misionera, celo evangelístico, más amor y fe, la dirección del Espíritu, poder para testificar: ¡esto es lo que queremos!

Preparación de la comunidad

El Espíritu de Dios tiene que preparar el corazón del pecador para que esté dispuesto a aceptar a Cristo. Debe romper la dura resistencia y la incredulidad que impiden que la Palabra de Dios entre y produzca una cosecha. A veces esto sucede de repente en la campaña misma. Más a menudo, la gente ganada en la campaña ya ha sido preparada mediante 1) oración, 2) publicidad y 3) evangelismo preliminar.

Las iglesias que cooperan en las campañas de Buenas Nuevas en Brasil organizan grupos de oración cuatro meses antes de la campaña. Para cierta campaña hubo noventa grupos. Cada uno de ellos tenía entre diez y cuarenta miembros. Se reunían frecuentemente antes de la campaña y todos los días durante ella.

Los obreros de una campaña en Calcuta, India, atribuyen gran parte del éxito a una cadena continua de oración durante las veinticuatro horas del día. Los intercesores oran por listas de peticiones, necesidades especiales, amigos inconversos que los creyentes quieren llevar a la campaña, por los obreros y su trabajo, los descarriados, los enfermos: personas definidas con necesidades definidas. ¡Y Dios contesta la oración!

La publicidad debe tener por finalidad atraer a la gente a la campaña, edificar su fe, y prepararla para aceptar a Cristo. Antes de una Cruzada de Buenas Nuevas en Calcuta, los creyentes de las iglesias auspiciadoras distribuyeron 200.000 volantes, colocaron 3.000 carteles en lugares estratégicos de la ciudad, colgaron diez lienzos de anuncio en las calles, e izaron una bandera de diecinueve metros de largo.

Seis meses antes de la cruzada principal de Bernhard Johnson en Río de Janeiro, Brasil, varios de sus evangelistas asociados iniciaron la publicidad al mismo tiempo que empezaron los cultos de avivamiento y sesiones de adiestramiento en las iglesias. Predicaban por radio y anunciaban la campaña venidera. Diez semanas antes de la campaña, el evangelista principal inició un programa de televisión. Presentaba música en vivo, promoción de la campaña, un mensaje de seis minutos y fotos de las iglesias auspiciadoras y de sus pastores. Se alquilaron por treinta días grandes letreros callejeros que anunciaban la campaña. Se colocaron anuncios en tranvías, ómnibus, postes telefónicos y edificios.

Diez días antes de la campaña, los obreros colocaron lienzos de propaganda en las calles principales y en las plazas. Poco antes de principiar la campaña, los miembros de cada iglesia recorrieron su propia zona. En cada hogar dejaron un paquete que contenía un evangelio de Juan, un tratado y una invitación a la campaña bellamente impresa. Para iniciar la campaña, un desfile atravesó el centro de la ciudad con una banda de músicos y con estandartes. La buena publicidad hecha despertó mucho interés. El evangelismo preliminar condujo a muchos a Cristo y preparó a muchos otros para recibirlo en la campaña.

En Lucas 10:1-12, 17 vemos un magnífico ejemplo de publicidad y evangelismo preliminar. Jesús y sus doce evangelistas asociados se hallaban en una gira evangelística que alcanzaría por lo menos a treinta y cinco pueblos y aldeas. Jesús envió a treinta y cinco parejas de obreros a los lugares que El iba a visitar. Debían anunciar su venida y preparar al pueblo para recibirlo. No había programas radiales ni periódicos para anunciar la campaña, pero los mensajeros enviados por Jesús tenían el poder y la autoridad de su comisión. Sanaron a los enfermos en cada pueblo y liberaron a otros de la posesión demoniaca. ¡Qué publicidad! ¡Qué evangelismo preliminar! Si así eran los mensajeros, ¿cómo sería el encuentro con su Maestro? La gente estaba preparada para recibirlo. Nosotros también podemos contar con la misma autoridad y el mismo Espíritu que acompañó a los setenta. Si trabajamos y oramos, podemos esperar que Dios prepare a la gente para que sea salva.

Algunos pastores y evangelistas hallan provechoso hacer una lista con las cosas que hay que atender en la preparación para la campaña. Se van tachando de la lista las tareas a medida que se vayan cumpliendo. Así se ve fácilmente lo que queda por hacer y es menor el riesgo de olvidar algún detalle importante. La lista siguiente se ha adaptado del libro de Wesley Weekly, *The Basics of Revival Campaign Planning* (Lo básico en la planificación de campañas), publicado en Hong Kong. Distribución: Box 714, Milton, FL 32570, EE. UU.

PREPARACION PARA LA CAMPAÑA

Preparativo	*realizado*	*Preparativo*	*realizado*
Comité de planificación	____	Distintivos de obreros	____
Decidir tipo de reuniones	____	Elegir el fotógrafo	____
Elegir el evangelista	____	Secretario de informes	____
Fijar fechas de campaña	____	Comité de conservación	____
Arreglos para el lugar	____	Hacer publicidad	____
Confirmar evangelista	____	Preparar literatura	____
Nombrar comités	____	Alistar aparatos	____
Hacer presupuesto	____	Cuidado de aparatos	____
Planes publicitarios	____	Limpieza y adorno	____
Planes para literatura	____	Adiestramiento	____
Aparatos necesarios	____	Alistar sitio para campaña	____
Hacer lista de ujieres	____	Planes para el programa	____
Hacer lista de consejeros	____	Alistar transportes	____
Formar grupos de oración	____	Invitaciones, visitación	____
Hacer planes para música	____	Conseguir permisos	____
Alojamiento del evangelista	____	Fichas para oración	____
Atención al evangelista	____	Fichas de decisión	____

CAMPAÑAS Y CONSERVACION

Durante una Cruzada de Buenas Nuevas que duró seis noches en Aba, Nigeria, 3.700 adultos aceptaron a Cristo. En Belem, Brasil, 12.000 personas decidieron seguir a Cristo. En todo el mundo, estas cruzadas están alcanzando a muchas personas y

---

Cruzadas de Buenas Nuevas

Preparación a fondo
Cooperación amplia
Uso de medios de comunicación
Fe en salvación y sanidad
Testimonios, predicación, oración y enseñanza
Programa para cuidado de los convertidos

---

fundando nuevas iglesias. Pueden variar en los detalles, pero todas tienen estas seis características básicas. ¿Cuáles de ellas considera usted importantes para una campaña en su pueblo o zona?

Calendario y cultos

Nuestro propósito en una campaña evangelística es llevarles el Evangelio a los pecadores, conducirlos a Cristo e integrarlos a la fraternidad de la Iglesia. Con esto en mente, planeamos una estrategia doble: 1) llevarles el Evangelio a su hogar y 2) llevarlos a los cultos. Necesitamos elegir nuestros métodos y planificar nuestro calendario de actividades con el fin de llevar a cabo esta estrategia.

Para llevar el Evangelio a sus hogares usamos la visitación, la literatura, el evangelismo personal, la radio, la televisión, las reuniones en los hogares. Para atraerlos a los cultos usamos publicidad, invitaciones personales, amigos que los acompañen, y a veces un ómnibus alquilado o de la iglesia. Se planean el calendario y el horario de estas actividades antes de la campaña, durante la misma y después de ella.

Los horarios varían según las circunstancias. Las Cruzadas de Buenas Nuevas generalmente duran entre una semana y un mes. Se tiene durante el día alguna clase de culto o trabajo de evangelismo, ya sea por la mañana o por la tarde. El culto evangelístico principal tiene lugar por la noche. En Brasil, los cultos matutinos se celebran en las iglesias auspiciadoras. Allí las personas dan su testimonio de salvación o de sanidad. Los nuevos convertidos se relacionan con su nuevo hogar espiritual y con sus hermanos y hermanas en Cristo.

Algunos evangelistas tienen clases por el día o inmediatamente antes del culto nocturno. En ciertas campañas los que desean la sanidad divina deben asistir a varias clases bíblicas para fortalecer su fe y orientar su vida. Después se ora por su sanidad. En Panamá, David Godwin les daba clases a los nuevos convertidos una hora antes del culto durante los tres años que duró la campaña en el centro evangelístico, con cultos todas las noches excepto los lunes y los sábados. Esto consolidó los resultados de la campaña y edificó una iglesia fuerte.

Los cultos evangelísticos y las actividades del día siguen el modelo de testificar, predicar, orar y enseñar. Usamos canciones y coros que testifiquen, enseñen y nos guíen hacia la oración. Tenemos informes sobre lo que Dios está haciendo en la campaña. Varias personas con testimonios sobresalientes cuentan su experiencia. La predicación aplica la Palabra a las necesidades de la gente y la llama a rendirse a Cristo. Ciertos evangelistas se centran en algo diferente cada noche: juventud, profecía, sanidad, familia. . . Después la música y los testimonios insisten en el mismo tema. La oración para alcanzar la salvación, la sanidad, el bautismo del Espíritu y otras necesidades, es parte vital del culto. La enseñanza se da por medio de las canciones, el sermón, los consejos y clases aparte.

Usamos los grandes medios de comunicación para dar mayor alcance a los testimonios, la predicación, la oración y la enseñanza durante la campaña. Los altoparlantes, la radio, la televisión, el diario y la literatura nos ayudan a alcanzar a la gente. Ciertos evangelistas distribuyen un tratado diferente cada noche. Algunos utilizan ayudas como películas, diapositivas, diagramas, lecciones objetivas y dramatización. El proceso de enseñanza continúa cuando los convertidos e interesados se matriculan en un curso gratuito por correspondencia.

Conservación de resultados

Cuidado de los convertidos

Los nuevos convertidos, como los bebés recién nacidos, necesitan un cuidado especial. Sin él, muchos se mueren. Por consiguiente, todas las iglesias deben tener un programa permanente para cuidar a los nuevos. El que se presenta a continuación combina puntos tomados de varios planes. Puede adaptarlo a las circunstancias y usarlo para campañas unidas o locales, o como programa permanente en su iglesia y obras de extensión.

PROGRAMA PARA CUIDAR A LOS CONVERTIDOS

1. Tan pronto como una persona acepte a Cristo
   a. llene una ficha de decisión con su nombre, dirección,

número de teléfono, sexo, edad, decisión tomada, y cualquier información sobre su situación que ayude en la selección de un consejero apropiado o en orar por él y aconsejarlo más tarde.

b. déle un Evangelio o véndale una Biblia o Nuevo Testamento.

c. matricúlelo en un estudio sobre la vida cristiana. Déle los materiales para la primera lección.

2. Envíele al día siguiente una carta del pastor o del evangelista
   a. para felicitarlo y estimularlo.
   b. con sugerencias en cuanto a la lectura bíblica.
   c. alentándolo a continuar asistiendo a los cultos.
   d. dándole la dirección de la iglesia y el horario de los cultos. En una campaña unida, sería la iglesia participante más cercana a él.

3. Dentro de los dos días siguientes
   a. alguien debe visitarlo o llamarlo por teléfono.
   b. ore por él.
   c. en una campaña unida, pase la información de la ficha de decisión a la iglesia a la cual se le ha enviado en la actividad número 2-d.

4. Tan pronto como sea posible, asígnelo a la atención de un "hermano mayor", un creyente maduro del mismo sexo, para que éste
   a. ore diariamente por él y lo ayude en su vida cristiana.
   b. lo ayude a integrarse al programa total de la iglesia.
   c. lo visite semanalmente durante seis semanas.
   d. lo ayude con su curso por correspondencia u otro estudio.
   e. lo aconseje y lo anime a ser testigo para el Señor.
   f. le muestre hospitalidad invitándolo a comer en su casa o a una comida afuera.
   g. lo anime a bautizarse.
   h. apoye su aceptación como miembro de la iglesia.
   i. continúe ayudándolo hasta que él a su vez comience a ayudar espiritualmente a otra persona.

5. Después de tres semanas envíele una segunda carta del pastor
   a. dándole ánimos.
   b. recordándole que lea la Biblia, ore y estudie el curso.
   c. animándolo a testificar a favor de Cristo.
   d. motivándolo para que asista a los cultos y lleve a otras personas.

6. Insista continuamente en el programa de los "hermanos mayores" espirituales
   a. por medio de testimonios, informes, peticiones de oración.

b. con archivos al día acerca del cuidado y progreso del convertido.

c. nombrando un supervisor para estar seguro de que todos reciban atención.

7. Continúe la obra de conservación por un año con cada uno

8. En los cultos y el programa de la iglesia

a. ponga énfasis en la vida llena del Espíritu, la oración, el estudio bíblico y el servicio cristiano.

b. ayude a los nuevos a tomar parte en el servicio cristiano.

c. déles clases a los nuevos para prepararlos al bautismo en agua y a la recepción como miembros en la iglesia.

d. haga visitas pastorales.

e. bautice a los convertidos y recíbalos como miembros.

f. déles clases de alfabetización a los que no saben leer.

g. presente un estudio sistemático de la Biblia y de adiestramiento para el servicio cristiano.

Conservación de resultados en la comunidad

Cuando la comunidad ha sido conmovida por una campaña, tenemos buenas perspectivas inmediatas para el evangelismo. Los amigos y parientes de los que han sido salvados o sanados pueden estar más abiertos al Evangelio, ¿y quién sabe cuántos de los que han asistido a la campaña necesitan solamente de una visita para decidirse por Cristo? La conservación de los resultados no afecta sólo a los convertidos. Es también para todos aquellos a quienes la campaña alcanzó de algún modo.

Las iglesias pueden abrir escuelas dominicales filiales, grupos de estudio bíblico y oración u obras de extensión en varios sectores de la comunidad. Después de una campaña de tres meses con Ricardo Jeffery en San Salvador, El Salvador, la iglesia abrió de inmediato diecisiete obras de extensión. Pronto éstas se convirtieron en iglesias.

La visitación es uno de los métodos más importantes para conservar los resultados. Los que visitan al nuevo convertido — "hermano mayor" espiritual, consejero, pastor, vecinos creyentes — pueden hallar oportunidades para evangelizar a sus familiares, amigos y vecinos. Visitemos a los que solicitaron oración por sanidad en la campaña. Pueden necesitar ayuda y aliento. También el pastor que visita a cualquier hombre de negocios o autoridad civil para agradecerle la cooperación prestada en la campaña puede tener oportunidad de hablar sobre lo que Dios hizo en ella.

Hacer una encuesta casa por casa después de la campaña puede ayudar a conservar los resultados. Se pregunta quién asistió y cuáles fueron sus impresiones. Así se encuentran personas que hubieran querido asistir, pero no pudieron; otras que desearon ser salvas, pero no tuvieron valor para pasar al frente y otras que aceptaron al Señor pero no firmaron una ficha de decisión, o cuya dirección en la ficha era incorrecta. Aparecen personas que aceptaron el mensaje por radio o televisión, pero no fueron a los cultos, o bien que quedaron impresionadas con los cultos y quieren saber más acerca del Señor.

LA CONCLUSION DE LA TAREA

¡Todo el Evangelio a todo el mundo en esta generación! Esto demanda la movilización y adiestramiento de toda la Iglesia; exige oración y sumisión al Espíritu Santo. Después El hará a través de nosotros lo que jamás podríamos hacer solos. También significa la cooperación con las misiones foráneas y domésticas. Dios cuenta con nosotros para llevar el Evangelio a los que nos rodean y enviarlo a los que están más allá de nuestro alcance. Esto se logra con el envío y sostenimiento de misioneros mediante nuestras oraciones y ofrendas, además de ir nosotros mismos dondequiera que el Señor nos mande.

A. M. Cakau, superintendente de las Asambleas de Dios en las Islas Fiji, dirige las iglesias allí en un vigoroso esfuerzo de alcance misionero a otras islas. Durante una conferencia en Manila, capital de las Islas Filipinas, dijo: "Es mi convicción que ninguna iglesia es demasiado joven para tener una visión misionera, y ninguna iglesia es demasiado pobre para apoyar un programa misionero".

Evangelizar al mundo en nuestra generación: cada generación de

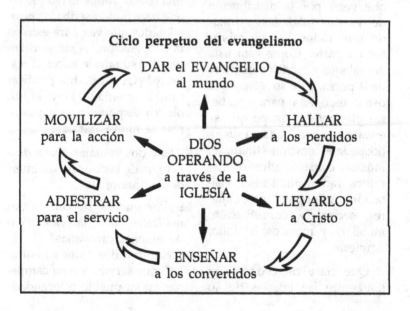

Ciclo perpetuo del evangelismo

DAR el EVANGELIO
al mundo

MOVILIZAR
para la acción

HALLAR
a los perdidos

DIOS
OPERANDO
a través de la
IGLESIA

ADIESTRAR
para el servicio

LLEVARLOS
a Cristo

ENSEÑAR
a los convertidos

cristianos tiene esta deuda con su propio mundo. Podemos lograrlo si permitimos que Dios obra a través de nosotros en un ciclo perpetuo de evangelismo.

¿Evangelizar en una generación un mundo entero en plena explosión demográfica? ¡Sí! Puede lograrse, y se logrará si usamos los métodos y medios que están a nuestro alcance hoy. Se hará si cada creyente hace la parte que le corresponde, y si permitimos que el Espíritu Santo obre a través de nosotros en el cumplimiento de sus propósitos. Si rendimos nuestras vidas por completo a Cristo, veremos que El cumple la promesa que hiciera al comisionar a la Iglesia de todas las generaciones: "Recibiréis poder, cuando haya venido sobre vosotros el Espíritu Santo, y me seréis testigos en Jerusalén, en toda Judea, en Samaria, y hasta lo último de la tierra" (Hechos 1:8).

REPASO Y APLICACION PERSONAL

1 Nombre dos clases de cooperación (relaciones) necesarias para que haya el mayor éxito posible en una campaña evangelística dirigida por una iglesia local.

2 Suponga que su iglesia planea una campaña. Usted tiene que velar por la distribución de responsabilidades, y tratar de que todos los miembros tomen parte. Copie esta lista de trabajos y escriba el nombre de la persona de su iglesia que usted escogería para encabezar el comité o grupo que se encargaría de cada trabajo: hospedaje, oración, finanzas, música, consejo, adorno, literatura, radio, publicidad, visitación, adiestramiento, ujieres, secretaría, conservación, mobiliario y aparatos, teléfono, limpieza.

3 ¿Qué clase de cooperación hay entre las iglesias de su distrito en cuanto a las campañas
a en la planificación?
b en finanzas y equipo?
c en la participación de obreros?

4 Ore acerca de la forma de cooperar en la fundación de una iglesia donde usted piense que hace falta. Escriba las posibilidades que vea para esto en la cooperación. ¿Qué podrían usted y su iglesia hacer al respecto? ¿Quién podría predicar una campaña? ¿Hay algún obrero disponible para pastorear la nueva iglesia?

5 Cite dos ventajas y una desventaja de las campañas interdenominacionales.

6a ¿Por qué se buscan "sitios neutrales" para la celebración de muchas campañas?
b Nombre dos "sitios neutrales" que servirían para campañas en su pueblo o localidad.

7 Nombre las tres "pes" de la fórmula utilizada en las campañas de Billy Graham. Explique su relación con el reloj de arena.

8 Nombre la conveniencia mayor que hay que considerar al hacer el calendario de la campaña.

9 ¿Qué clase de preparación de obreros se hace en su iglesia antes de celebrar una campaña?

10 Nombre dos maneras de preparar la comunidad para una campaña

11 Revise los seis puntos básicos de las Cruzadas de Buenas Nuevas. ¿Cuáles caracterizan las campañas de su iglesia? Si las circunstancias lo permiten, cuáles quisiera iniciar o fortalecer?

12 Nombre dos aspectos de la conservación de resultados.

13 ¿Cómo piensa usar lo que ha estudiado para ayudar a concluir la tarea de la Iglesia?

Ideas para dirigentes de grupos de estudio

¿Busca usted ideas para ayudar a los estudiantes a sacar el máximo de provecho de este curso? Estas sugerencias son solamente ideas, no un programa a seguir. Si los alumnos estudian bien en casa, habrá tiempo para alguna de estas actividades cuando se reúna el grupo. Adáptelas a sus circunstancias.

Capítulo 1
La obra de Dios y la nuestra

1 Comparar algunas de sus experiencias en el evangelismo; cualquier necesidad o problema, y cómo esperan que estos estudios les ayuden. Oren.

2 Que alguien con un buen ministerio evangelístico relate algunos de sus primeros intentos y las formas en que Dios le ayudó.

3 Conversar sobre la necesidad del evangelismo en la zona: métodos, participación, resultados. Orar por esto.

Capítulo 2
El poder del amor

1 Comentar en el grupo el efecto de las actitudes de los creyentes en ellos mismos antes de su conversión. Sean breves y no mencionen nombres en sentido negativo.

2 Exhibir una película de Reto Juvenil o presentar informes sobre libros como *La cruz y el puñal* (David Wilkerson) o *Corre, Nicky, corre* (Nicky Cruz). Nótense los ejemplos de amor.

3 Presentar una dramatización de las actitudes correctas e incorrectas y los motivos del evangelismo.

4 Hacer que cuatro estudiantes describan cuatro actitudes de amor que hay en Lucas 15, mencionando maneras de cultivarlas y expresarlas hoy.

5 Dividir el grupo en dos equipos. ¿Cuál podrá escribir en cinco minutos la lista más completa de motivos que impulsan al evangelismo, calificándolos de buenos o malos, fuertes o débiles?

6 Orar con mayor entrega.

Capítulo 3
El Espíritu y la Palabra

1 Relatar experiencias acerca de cómo Dios habla por la Palabra y por el Espíritu.

2 Informar sobre lo que se hace para que la gente de la zona conozca la Palabra. Pensar en otras posibilidades prácticas.

3 Informar sobre la obra carismática. Orar con los que quieran ser llenos del Espíritu.

Capítulo 4
El poder de la oración

1 Testificar sobre las respuestas a la oración y la dirección del

Espíritu en el evangelismo.

2 Asignar lectura e informes acerca del lugar que tiene la oración en los avivamientos.

3 Trabajar en grupos pequeños para diseñar un plan de oración que se podría usar en su iglesia si ésta tuviera una campaña evangelística en un pueblo cercano que necesite el Evangelio. Indiquen el lugar y oren por él.

4 Informar sobre el evangelismo en los grupos de estudio y oración en su zona y estudiar las posibilidades de darle mayor alcance.

5 Destinar un tiempo a oración y alabanza, escuchando la voz del Espíritu y permitiéndole interceder a través de todos.

Capítulo 5
Nuestro mensaje respecto del pecado

1 Hablar antes de la clase con otras personas para conocer su concepto del pecado. Rendir informes sobre la necesidad de enseñar sobre este mal.

2 Informar sobre el concepto que tenían del pecado antes de su conversión.

3 Dramatizar una situación que podrían encontrar en el evangelismo. Unos deberán presentar ideas equivocadas, como: "Soy suficientemente bueno para ir al cielo, mejor que los que van a la iglesia. . ." Otros les darán la respuesta

bíblica, mostrando la necesidad de la salvación.

4 Leer e informar sobre la convicción de pecado en los grandes avivamientos de la historia de la Iglesia. Comparen esto con su experiencia o lo que han visto. Oren.

Capítulo 6
Nuestro mensaje de salvación

1 Dividir el grupo en parejas. Practicar el uso de una cadena bíblica. Uno hace el papel de alguien que cree que Dios no lo ama, o que es demasiado malo para ser salvo. El otro usa la cadena acerca del deseo que tiene Dios de salvarnos. Después de esto, que cambien de papeles.

2 Realizar el siguiente ejercicio: tratar de hallar con rápidez y leer con expresión los textos usados en este capítulo.

3 Escribir en el pizarrón una lista de las excusas y los argumentos respecto de la salvación que se oyen en su zona. Luego, buscar y leer textos apropiados para cada caso.

4 Hacer una serie de cuadros con las ilustraciones del capítulo anterior y de éste. Pueden ser carteles, o para el franelógrafo. Luego practiquen su uso como en un estudio bíblico o en sermones.

5 Construir una ayuda visual que presente al capullo convertido en mariposa. Hacer la presentación.

6 Presentar relatos de conversiones notables.

7 Hacer listas personales de oración por personas cuya conversión desean.

Capítulo 7
Ayudando a la gente a aceptar a Cristo

1 Presentar en forma visual en el pizarrón o el franelógrafo las barreras de caminos. Que cinco alumnos coloquen los travesaños y expliquen las formas que toma cada uno de estos obstáculos en su zona. Orar por los conocidos afectados por cada una de estas barreras.

2 Hablar de los obstáculos que vencieron al convertirse y de cómo ayudar a los que tienen problemas similares.

3 Ensayar en equipos de dos o tres el trato con aquellos que se enfrentan a los obstáculos comunes en su zona.

4 Conversar sobre las maneras de ayudar a los reincidentes o a los que antes asistían a la iglesia, pero ya no. Distribuirse nombres y direcciones para orar y visitarlos.

5 Practicar en parejas el uso de la "mano de la salvación".

Capítulo 8
La comunicación eficaz

1 Comentar problemas que han visto en la comunicación del Evangelio por no observar ciertas reglas de buena comunicación.

2 Dramatizar una historia bíblica o parábola relacionada con el evangelismo.

3 Elegir himnos y coros para los cultos evangelísticos.

4 Escuchar partes de discos o cintas evangelísticos y hablar sobre la posibilidad de usarlos.

5 Mostrar varias ayudas visuales al evangelismo. Ver una película evangelística.

6 Si existe una organización cooperativa para el uso de ayudas visuales entre las iglesias de su zona, presentarle su programa. Si no la hay; hablar de la posibilidad de formar una.

7 Estudiar las posibilidades de usar el teléfono y las grabaciones para evangelizar.

Capítulo 9
Testimonio y consejo

1 Relatar cómo los testimonios de otros han influido sobre los alumnos.

2 Utilizar algunas de las sugerencias en unos testimonios breves.

3 Marcar sus Nuevos Testamentos y practicar su uso.

Capítulo 10
Evangelismo con literatura

1 Exhibir literatura destinada al evangelismo. Informar sobre su contenido y uso.

2 Visitar en grupo toda la clase uno o varios de estos lugares: librería cristiana o secular; biblioteca o sala de lectura; puesto de diarios; sección de libros en el mercado o en un almacén, sociedad bíblica.

3 Evaluar algunos folletos.

4 Dramatizar los métodos buenos y malos de ofrecer literatura.

5 Cooperar con las iglesias en orientar y realizar una campaña de venta de literatura.

Capítulo 11
Evangelismo por radio y televisión

1 Hacer que alguien que tenga un buen ministerio de radio o televisión hable con el grupo al respecto.

2 Visitar una emisora.

3 Informarse sobre las emisoras locales: tarifas, auditorio potencial, horas mejores para los diferentes tipos de oyentes, programas cristianos o de servicio público, posibilidades.

4 Ensayar con grabadora y grabar un programa para radio.

5 Celebrar una mesa redonda con un pastor, evangelista, radioemisor u obrero de cursos por correspondencia (o bien, que los alumnos representen estos papeles). Hablar sobre la cooperación suya en evangelismo.

Capítulo 12
La extensión de la Iglesia

1 Tomar parte en la labor de una obra de extensión: escuela filial, grupo de estudio bíblico, culto al aire libre, circuito de evangelismo.

2 Marcar zonas de responsabilidad sobre un mapa de su lugar. Si las iglesias quieren cooperar, se pueden organizar equipos para cubrir las zonas.

3 Recorrer el campo de trabajo para ver la posibilidad de hacer labor de extensión en la zona indicada.

Capítulo 13
Ministerio con grupos especiales

1 Hablar de los grupos ocupacionales locales y de cómo alcanzarlos.

2 Traer a la clase a un especialista de escuela dominical o de evangelismo entre niños o jóvenes, para que dé una charla. Mostrar métodos y materiales.

3 Informar sobre los programas locales destinados a llegar hasta los grupos de diversas edades.

4 Informar sobre las misiones nacionales y la obra entre diversos grupos étnicos. Estudiar un mapa del país para señalar las necesidades. Orar al respecto.

5 Visitar una de las obras de rescate y rehabilitación o una para ciegos, sordos o huérfanos.

6 Leer *La cruz y el puñal* o ver la película.

Capítulo 14
Ministerio en los hogares

1 Distribuir formularios de visitación. En grupos de dos o tres personas, hacer visitas de consulta, cultivo, etc.

2 Traer a la clase al pastor de una iglesia que tenga un buen programa de visitación, para que les hable a los alumnos. Si está cerca, ir allí y acompañen a los visitadores una vez.

3 Confeccionar listas de personas a quienes visitar. Los alumnos pueden dar nombres, direcciones y datos pertinentes. Dividirse las zonas y hacer las visitas.

Capítulo 15
La cosecha en las campañas

1 Dramatizar la cooperación y la falta de ella en una campaña, primero entre el pastor y el evangelista, y después entre el pastor y la iglesia.

2 Exhibir muestras de publicidad para campañas (carteles, volantes, etc.), fichas de oración y decisión y literatura de consolidación.

3 Compartir experiencias sobre las formas en que las campañas han ayudado a cada uno personalmente, y a su iglesia en general.

4 Tomar parte en una campaña evangelística, con responsabilidades definidas para todos.

5 Mostrar fotos o película de una campaña.

6 Estudiar las posibilidades de tener más campañas en su distrito, o bien en campos nuevos para fundar iglesias.

7 Informarse acerca de la participación que tiene su iglesia en las misiones nacionales y extranjeras.

8 Confeccionar un plan práctico para tener una campaña en su zona.

9 Orar por cada estudiante, para que el Espíritu lo guíe continuamente en cuanto al trabajo, los métodos y el lugar que le corresponde en esta labor, y lo use en el evangelismo dinámico para la gloria de Dios.

Respuestas a las preguntas de estudio

Muchas de las respuestas que usted dé estarán en sus propias palabras. No tienen que ser idénticas a las que se dan a continuación para que sean correctas, pero sí deben expresar la misma idea.

Capítulo 1
La obra de Dios y la nuestra

1a Traigo buenas nuevas.

b Procuramos persuadirlos a actuar fundados en ellas: aceptar a Cristo y vivir para El.

c Compare su respuesta con la definición y el cuadro que se hallan en la página 8.

2d A todas las naciones.

3b Si está autorizado para ello.

4a El Señor Jesucristo.

b Toda autoridad en el cielo y en la tierra.

c Mateo 28:18-20; Marcos 16:15, 16; Hechos 1:8.

5b A todo ser humano.

6a Ir, hacer discípulos, bautizar, enseñar.

b Ir y predicar.

c Recibir el poder del Espíritu Santo y ser testigos de Cristo.

7d Todos los que El ha salvado.

8 Su respuesta. Me parece que somos débiles en todos los puntos. A fin de fortalecer nuestro evangelismo debemos orar y trabajar para que el plan de Dios se cumpla en cada fase.

9 Los busca y los llama.

10 Dios escogió a los profetas en el pasado y nos escoge a nosotros hoy para que seamos sus mensajeros.

11 Para buscar y salvar lo que se ha perdido. Su respuesta.

12 Su respuesta: Si Jesús tenía que depender del Padre en cuanto a sus palabras y su poder, ¡cuánto más nosotros!

13 Dios obrando a través de los creyentes.

14 Al permitir que el Espíritu Santo nos dé los dones o capacidades que El vea necesarios y nos ayude en todo cuanto Dios quiera que cada uno de nosotros haga.

15 Dios, la Iglesia; los perdidos y Satanás.

16 Anunciar el Evangelio a todos.

17 Satanás los ciega.

18 Su respuesta. Indiferencia, resistencia, persecución, restricciones.

19 Su respuesta. Espero que estos estudios le ayuden a usar toda la armadura del Señor y ser más eficaz en su obra.

Capítulo 2
El poder del amor

1 Su respuesta. Podemos cultivarlas todas.

2 Ve el valor del individuo, se compadece del perdido, se dedica a la búsqueda, celebra el hallazgo del perdido, restaura y cuida al hallado.

3a Desprecio, crítica.
b Su respuesta.

4a Aprecio, deseo de cooperar con ellos.
b Compasión, deseo de ayudarlas y llevarlas a Cristo.
c Comprensión, paciencia, deseo de ayudarles.

5 Su respuesta.

6a Eran de igual importancia.
b Porque Dios era quien daba el crecimiento; eran colaboradores.
c Nada podemos en nuestra propia fuerza. La mayoría de las conversiones son consecuencia de muchas influencias diferentes. Son muchas las personas que tienen su parte de responsabilidad en una conversión.

7 Los deseos, pensamientos y sentimientos que nos impelen a la acción.

8 Deseos de obedecerle, de agradarle, de ver el triunfo de su causa.

9 Deseos de ayudarles y de que venga el reino de Dios.

10 Nos hacen ver que sólo los que aceptan a Cristo son salvos. Esta revelación del estado de perdición en que se halla la gente nos mueve a esforzarnos más para darle el mensaje del Evangelio y llevarla a Cristo.

11 Enfocarlo en los objetos correctos. No en fines egoístas, sino en el éxito del plan de Dios y la recompensa eterna que El nos ofrece.

12 Lo usó para fortalecerse; al mirar los resultados futuros de su sacrificio, el gozo le permitió sufrir la cruz.

13 Su respuesta. Al contrario, muestra aprecio por lo que Dios prepara para nosotros.

14 Queremos la compañía de nuestros seres queridos en el cielo, de otros miembros de la iglesia en su obra, y del Señor de una manera especial en su obra.

15 El amor de Dios en nuestra nueva naturaleza tiene que expresarse. Somos creados en Cristo para las buenas obras y hallamos nuestra satisfacción en hacerlas.

16 Es la motivación más fuerte posible. El amor a Dios y al prójimo nos ayuda a dirigir nuestros deseos naturales hacia fines correctos.

17 Dedicarnos definitivamente a Dios para hacerlo.

18a La dedicación de los miembros de su iglesia a la obra de evangelismo.
b En un culto anual de dedicación en su iglesia prometían trabajar en el evangelismo du-

rante el año siguiente.

c Yo diría que para una tarea particular, pública o privadamente, o cuando se sienta la necesidad de hacerlo.

19 Literatura, radio, televisión, cooperación en misiones y campañas, oración por los demás.

20 Si ve que tiene poco valor, no le dedica sus mejores esfuerzos. Si ve que es importante, lo hace con mayor dedicación y cuidado.

21 Somos socios con Dios; el destino de otros depende de cómo lo hagamos; nos queda poco tiempo para trabajar.

22 Su respuesta.

23 Su respuesta. Probablemente cuando menos *busca con diligencia hasta encontrarla.*

24 Sus respuestas.

Capítulo 3
El Espíritu y la Palabra

1 Espero que haya elegido
d La dirección del Espíritu, etc.

2c Por la aplicación de la verdad bíblica a su vida.

3 Su respuesta. El Espíritu Santo a menudo guía al predicador así para aplicar la verdad a alguna vida.

4 No. El Espíritu Santo. Las tres Personas de la divinidad las conoce.

5 Su respuesta. Le falta una

revelación personal de Cristo. Usted podría comenzar orando para que el Espíritu revele a Cristo a la persona y le guíe a usted en cuanto a la mejor forma de ayudarla.

6a 14:26; 16:13-15.
b 16:8-11.

7 Cinco de éstas: La inspiró, da comprensión de ella, nos guía a los pasajes apropiados, la aplica a problemas particulares, da fe para creerla. La usa para revelar a Dios, guiar a las personas a Cristo, limpiar y transformar vidas.

8 Porque la fe y aun la conversión vienen por la Palabra a medida que el Espíritu la aplica y va revelando a Cristo.

9 Puede alentarle y fortalecer su fe. Sabe que algún día, o aquí o en el cielo, usted verá los resultados de su labor.

10 Su respuesta. A mí me dice que debería confiar más en la Palabra y no avergonzarme del Evangelio. Me recuerda su poder y nuestra responsabilidad de predicar y enseñar la Palabra de Dios.

11 Su respuesta. Veo en él un patrón básico de evangelismo. Podemos comenzar cada vez que notemos que el interés de la persona está en la Biblia y mostrarle cómo el pasaje se relaciona con Jesús. Me impresiona la obra del Espíritu dirigiendo al funcionario hacia esa profecía mesiánica en aquel

momento y poniendo a Felipe en aquel lugar para explicársela.

12 Su evaluación.

13 Quedarse en Jerusalén hasta ser investido de poder desde lo alto.

14a La promesa del Padre.
b Ser bautizados con el Espíritu Santo.
c Recibirían poder y serían testigos de Cristo, empezando en el lugar donde estaban y yendo hasta lo último de la tierra.

15 Sus respuestas. Yo diría que el poder del Espíritu Santo.

18 Palabra de conocimiento (ciencia), palabra de sabiduría, discernimiento de espíritus. Su respuesta.

19 Profecía, lenguas, interpretación. Profecía.

20 La oración intercesora. El Espíritu pide según la voluntad de Dios, aun cuando nosotros no sepamos qué pedir.

21 Fe, milagros, sanidades.

22 Sus respuestas. Los milagros que yo he visto me han fortalecido mucho en la fe.

23 Su respuesta. ¡Yo lo creo!

Capítulo 4
El poder de la oración

1 En nosotros, en otros y en las circunstancias.

2 Con acción de gracias.

3 Su respuesta. Podría presentar testimonios de respuestas a la oración, himnos o coros de alabanza, leer un pasaje bíblico de alabanza, tener oraciones cortas de agradecimiento, alabar a Dios todos juntos.

4 Probablemente sintiera una profunda gratitud a Dios.

5 Sus respuestas.

6 Se ve en Hechos y Filipenses la verdad de Romanos 8:28.

7 Humillarnos, orar, buscar su rostro, apartarnos de nuestros malos caminos (pecados).

8 Una renovación espiritual: nueva vida para los creyentes y la Iglesia. La oración trae el avivamiento, y éste a su vez produce más oración y labor de evangelismo.

9 Su respuesta.

10 Con su oración tiene una parte importante en el ministerio del obrero.

11 Hablar con Dios acerca de todo. Pedir en el nombre de Jesús. Creer y alabar a Dios. Ser persistente. Orar a solas y con otros. Dejar que el Espíritu nos ayude.

12 "En su nombre" es basarse en sus promesas, su redención que nos hace hijos de Dios, su autoridad en cielo y tierra, la comisión que nos ha dado (El nos ha mandado a su obra).

13 Para enseñarnos que debemos orar siempre y no des-

mayar (ser persistentes; confiar en que Dios contestará).

14 Porque conoce la necesidad y la voluntad de Dios en el asunto e intercede conforme a la voluntad de Dios.

Capítulo 5
Nuestro mensaje respecto del pecado.

1 Enfermedad del alma, rechazo de Dios, no dar en el blanco.

2a Como enfermedad.
b De la cabeza (los pensamientos) al corazón (los sentimientos o emociones) y luego a los pies (el caminar diario, las acciones).

3 Romanos 1.

4 Quizás pueda preparar figuras más grandes para presentarlas en carteles, franelógrafo o pizarrón. Servirían para ilustrar un sermón o estudio bíblico.

5 Porque no comprenden lo que es el pecado, el diablo los ciega respecto de su estado. Creen que sólo las malas acciones son pecados. Al compararse con las personas que actúan mal, se juzgan buenos.

6 Para que reconozcan que son pecadores y vean que tienen necesidad del Salvador.

7 Camino errado: Isaías 1:4; 44:20; 53:6; Números 14:43; Juan 14:6. No dar en el blanco: Salmo 78:56, 57; Romanos 7:15-23. Calidad inferior: Salmo 14:2, 3; Daniel 5:27; Romanos 1:18; 3:23.

8 Su culpa y el peligro en que está.

9 Separación, error, infortunio (desdicha), esclavitud, juicio, muerte.

10 Compare su trabajo con el libro.

11 Estas conversaciones deben darle alguna idea sobre la necesidad de la predicación relacionada con el pecado y sus consecuencias.

12 Espero que comprenda mejor la seriedad del pecado en todas sus formas y esté más resuelto a combatirlo.

Capítulo 6
Nuestro mensaje de salvación

1 Las citas se dan así: Ezequiel 33:11; Juan 3:16; 1 Timoteo 2:3-6; 2 Pedro 3:9.

2 Su respuesta. Espero que ayude a todos a comprender que Dios los ama y desea ayudarlos.

3 Cristo crucificado, el poder y la sabiduría de Dios.

4a Sustituto: perdón, obediencia.
b Mediador: amistad con Dios.
c Libertador: salud, libertad.
d Señor, Maestro: realización plena.

5a Sustituto.
b Mediador.
c Libertador.

6 Conversión es el cambio que se efectúa en un pecador cuando rinde por completo su ser entero a Dios.

7 Su trabajo y respuestas. Espero que las pueda usar.

8 Arrepentirse y creer en el Señor Jesucristo.

9 La mente reconoce y confiesa que somos pecadores. Las emociones sienten tristeza por el pecado y deseo de evitar el castigo. La voluntad decide abandonar el pecado.

10 El Espíritu Santo. La Palabra de Dios y la oración. Debemos orar, saturarnos de la Biblia y hacerla la base de nuestro evangelismo. Debemos animar y ayudar a los interesados y nuevos convertidos a leer la Biblia y orar; cultivar esta práctica en la iglesia entera.

11 Sus respuestas.
a Tener fe y ayudarle. La conversión de muchos es gradual.
b El Espíritu actúa de formas diferentes en las personas. Muchas toman una firme decisión sin que por eso sientan mucha emoción.

12 Quizás porque no comprenden la salvación o no reciben la ayuda que necesitan. Instruirlos y ayudarlos. Orar más con ellos y por ellos.

Capítulo 7
Ayudando a la gente a aceptar a Cristo

1 Los textos pueden ser cualquiera de éstos u otros que sean apropiados.

Fe mal dirigida: 1 Timoteo 2:5; Juan 14:6.

Pecados en los creyentes: Mateo 7:1-3, 21; Romanos 2:1-3.

Falsos valores: Marcos 8:36; Juan 10:10; 12:43; Romanos 8:13.

Demora: Hebreos 3:15; Santiago 4:13, 14; 2 Corintios 6:2; Apocalipsis 3:20; Isaías 55:6.

Temores: 1 Juan 4:4; Marcos 8:34-38; Lucas 6:22, 23; Juan 3:1-3; Romanos 8:1-9, 17-18; 2 Corintios 5:17; 12:9; Gálatas 5:22; Hebreos 12:2, 3; Juan 3:16; 6:37; 1 Juan 1:7, 9.

2 Su respuesta.

3 Cualquiera de éstos.
De cambiar de religión: 1 Juan 4:4

De persecución: Marcos 8:34-38; Lucas 6:22, 23; Romanos 8:17-18; 2 Timoteo 2:12; Hebreos 12:2, 3.

Del fracaso: Juan 3:1-3; 2 Corintios 5:17; 12:9; Romanos 8:1-9; Gálatas 5:22.

De ser rechazado por Dios: Juan 3:16; 6:37; 1 Juan 1:7, 9.

4a La oruga.
b Moneda falsa.
c La casa en la arena.

5 Prevención. Evitar los problemas que el pecado trae.
Ventajas. Gozar la vida mejor y servir a Cristo toda la vida.
Peligro. La vida es incierta;

pueden demorar hasta que sea demasiado tarde.

Ofensa a Cristo. El llama a la puerta ahora con el don de vida eterna. No se le debe insultar.

Dificultad creciente. Se endurece el corazón.

6 Pida que alguien le oiga repetir los textos de memoria y los compruebe con la Biblia.

7a Seguir a Jesús.
b Aceptar y agradecer.
c Creer en Jesús.
d Arrepentirse del pecado.
e Aceptar y agradecer.
f Creer en Jesús.
g Pedir perdón.

8 Este ejercicio le ayudará mucho.

9 Orar en grupo. Puede hacerse en cultos públicos o donde haya varios que quieran aceptar al Señor. Estos repiten una oración. Al orar con una persona, puede ayudarla diciendo una oración para que la repita, o animándola a hablar con el Señor usando sus propias palabras. El obrero cristiano también ora por la persona. Lo importante es la sinceridad del que ora.

Capítulo 8
La comunicación eficaz

1 Vea la lista que aparece en la lección bajo el epígrafe "Principios de comunicación".

2a En iglesias grandes, en cultos al aire libre, en estadios, etc., y montando en el vehículo que tenga disponible para ir por las calles anunciando los cultos.

b En radio o televisión, en casas de personas interesadas, hospitales, asilos, cárceles, bibliotecas; escuelas, casas comerciales. En un sistema de préstamo a obreros para grupos de estudio y obra de extensión. Para proveer mensaje y música en varios idiomas. Para evangelización de los ciegos y analfabetos. También los cursos por correspondencia.

c Para invitación y visitación. En programas de preguntas y consejos. Oración y consejo. Mensajes grabados.

3 Pueden atraer a la gente, despertar y mantener el interés, reforzar el impacto del mensaje, ayudar a la gente a comprender lo enseñado, y grabarlo en la memoria para que lo recuerde mejor.

4-5, 7 Sus respuestas.

6 Atraer, testificar, enseñar, persuadir, expresar sentimientos y decisión.

Capítulo 9
Testimonio y consejo

1 Tener conocimiento personal de algo, dar evidencia de ello, y testificar en una causa.

2 Para darnos poder y hacernos testigos para Cristo.

3 Es un elemento básico de todo evangelismo, y es el plan

de Dios para todo creyente.

4a Volver a su casa y recorrer los pueblos de la Decápolis, contando a su familia y sus amigos lo que Cristo había hecho por él.
b Invitar a sus amigos y a Jesús a un banquete con el fin de que su familia y sus amigos lo conocieran.

5 Sus respuestas. Espero que use algunas de las sugerencias dadas en este capítulo.

6 Preparar a la persona para recibir nuestro testimonio, explicar más a fondo el Evangelio o algún punto que hemos tratado, reforzar nuestro testimonio

7, 9 Sus propias respuestas.

8 Su casa, su comunidad, los cultos, el trabajo con gente, la obra pastoral, los medios de comunicación.

Capítulo 10
Evangelismo con literatura
1 Permanencia, retención, multiplicación, autoridad, estudio objetivo, identificación, satisfacción, penetración, comodidad, economía.

2 Su respuesta podría incluir algunos de estos aspectos: leer la Biblia, estudiar materiales para la escuela dominical o grupos de estudio y oración, tener himnarios para cantar, folletos para regalar, cursos para los nuevos convertidos, cursos por correspondencia, poner anuncios en periódicos, imprimir boletines.

3 Su trabajo.

4 Obsequiar, prestar y vender.

5 Su respuesta debe referirse a las posibilidades actuales.

6-8 Sus respuestas.

9 Se podría hablar con un representante de la Sociedad Bíblica o con el administrador de una librería evangélica y pedir su ayuda para organizar y celebrar la campaña.

10-11 Espero que pueda hacer esto. Hablar con ellos le ayudará a ver las posibilidades de ampliar su ministerio con la literatura.

Capítulo 11
Evangelismo por radio y televisión
1 Distancia, nivel social y restricciones políticas o religiosas.

2 Cuatro de éstos:
Ayuda al programa: finanzas, talento, consejo, oración y promoción, consolidación.
Ayuda a las iglesias: anuncios de actividades, ayuda en la obra de evangelismo, nombres de personas interesadas, orientación para abrir obras en lugares nuevos, preparación del terreno para campañas y obras nuevas.

3 Diez de éstos: Noticias, entrevistas, paneles, lectura bíblica, música, charlas para niños o para jóvenes, dramatización, poemas, estudio bíblico, sermones, devocional, culto evangelístico, preguntas, anuncios breves.

4 Sería mejor escoger.
b La más popular entre los inconversos.

5-8 Su respuesta y actividad.

9 El personal de la estación, los auspiciadores, los oyentes.

10 Ser amistoso, pagar puntualmente, llegar a buen tiempo, no atacar a nadie en el programa, agradecer su consideración.

11 Su respuesta.

12 Posiblemente todos.

13 Su respuesta.

Capítulo 12
La extensión de la Iglesia
1a Espiritual.
b Espiritual y numérico.
c Geográfico.
d Numérico.

2 La edificación (y crecimiento) de la Iglesia.

3 La Palabra de Dios y los hijos de Dios.

4 Su respuesta. Veo que debemos llevar el Evangelio a todos, pero que es necesario darles prioridad a los campos que notemos más receptivos.

5 La semilla, el campo, los métodos y el tiempo.

6-7 Su actividad y sus respuestas. Espero que pueda realizar cuando menos una parte del proyecto para familiarizarse con el método.

Capítulo 13
Ministerio con grupos especiales
1 Su respuesta.

2 Sus respuestas. Yo veo el testimonio de una persona de su propio grupo étnico.

3 Su respuesta.

4 La vela corta representa al adulto, con una buena parte de la vida ya gastada. La vela grande simboliza al niño.

5 Son ejemplos para los niños. Son los años críticos en los que se decide el curso posterior de la vida. Queremos que eviten la tragedia de una vida malgastada. Dios quiere usar su entusiasmo, idealismo y vigor en su obra.

6 Proporcionan el liderato y la base económica para la iglesia y su obra. Son los que dirigen la familia. Dirigen el curso de la nación. Necesitan salvarse mientras tengan oportunidad.

7 Son sensibles; tienen una fe sencilla y una conciencia tierna. Queremos que toda su vida sea para Dios. Están en los años en que se forman el carácter y los hábitos. Cuando se han arraigado bien en la fe, pasan mejor las crisis de la juventud. Son fáciles de ganar para Dios en esta época.

8 Salvar, hacer crecer espiritualmente, adiestrar para el servicio cristiano.

9-11 Sus respuestas. Espero que pueda utilizar algunas de estas sugerencias en su ministerio presente y futuro.

Capítulo 14
Ministerio en los hogares

1-3 Sus propias respuestas.

4 Podría mencionar cinco de éstos u otros. Asignar visitas a los nuevos convertidos. Plan de "hermanos mayores". Control de asistencia en los departamentos y asignaciones para visitar a los ausentes. Grupos de cinco que observen la asistencia en el grupo. Visitas a los ex miembros. Visitas a los que nos envían de otras partes. Asignaciones semanales.

5 Visitación pastoral y adiestramiento y dirección de otros.

6 El doctor Lee hizo una gigantesca obra en cuanto a visitas pastorales. El doctor Kennedy realizó la espléndida obra de entrenar a sus miembros y dirigirlos en la labor de visitación. Ambos tuvieron resultados excelentes.

7-8 Su trabajo práctico.

9 Gane su amistad y confianza. Averigüe su estado espiritual. Preste ayuda espiritual. Invítela a la iglesia. Prepare para otra visita.

10 Que Dios le bendiga y le dé un buen ministerio de visitación.

Capítulo 15
La cosecha en las campañas

1 Del pastor con el evangelista, y del pastor con la iglesia.

2-4, 9, 11, 13 Sus respuestas.

5 Ventajas: mayor impacto, más confraternidad. Mayores posibilidades en finanzas, facilidades, obreros, adiestramiento. Desventaja: posible falta de asociación inmediata con la iglesia local. Posible limitación en cuanto a puntos de tipo doctrinal.

6a Muchos no irían a la iglesia.
b Podría ser un terreno baldío, un auditorio cívico o un campo deportivo.

7 Preparación = mucho tiempo; la parte superior del reloj. Penetración = tiempo corto, campaña; parte estrecha del reloj. Preservación = mucho tiempo para conservación de resultados; parte inferior del reloj.

8 La de aquellos que queremos alcanzar.

10 Oración, visitación, evangelismo preliminar, publicidad.

12 Conservación de convertidos y de resultados dentro de la comunidad.

Espero que de todo lo que ha estudiado, pueda ir utilizando a su tiempo aquello que sea mejor, según sus circunstancias particulares. Oro pidiéndole a Dios que lo bendiga y lo use en la conclusión de la tarea encomendada a la Iglesia donde El lo haya colocado.

Lecturas adicionales que se sugieren

Bagget, Lee, *Utilice su casa para evangelizar*, El Paso, Texas, Casa Bautista de Publicaciones

Barnnette, J. N., *La iglesia usando su escuela dominical*, Casa Bautista de Publicaciones

Cho, Paul Yonggi, *La cuarta dimensión*, Miami, Florida: Editorial Vida

Cho, Paul Yonggi, *Los grupos familiares y crecimiento de la iglesia*, Editorial Vida

Coleman, Roberto, *Plan supremo de evangelización*, El Paso, Texas: Casa Bautista de Publicaciones

Compton, Alan, *Comunicación cristiana*, Casa Bautista de Publicaciones

Crane, J. D., *La reproducción espiritual*, Casa Bautista de Publicaciones

Cruz, Nicky y J. Buckingham, *¡Corre, Nicky, corre!*, Editorial Vida

Gerber, Virgilio, *Evangelismo y crecimiento*, Maracaibo, Venezuela: Editorial Libertador

Gregory, La Verne, *Evangelice con la página impresa*, Casa Bautista de Publicaciones

Hodges, Melvin L., *Cómo fundar iglesias*, Editorial Vida

Hodges, Melvin L., *Edificaré mi iglesia*, Editorial Vida

Hoff, Pablo, *El pastor como consejero*, Editorial Vida

Jeter, Hugo P., *Por sus llagas*, Editorial Vida

Kennedy, James, *Evangelismo explosivo*, Ft. Lauderdale, Fla., Editorial CLIE

Kuhlman, Kathryn, *Dios quiere sanarte y revolucionar tu vida*, Editorial Vida

Kuhne, Harry W., *Dinámica de evangelismo*, Editorial CLIE

Kuiper, R. B., *Evangelismo teocéntrico*, Grand Rapids, Michigan: The Evangelical Literature League

Kunz/Schell, *Cómo iniciar un grupo vecinal*, Buenos Aires, Argentina, Ediciones Certeza

León, Jorge A., *Comunicación del Evangelio*, Miami, Florida, Editorial Caribe

Overholtzer, J. I., *El evangelismo al aire libre*, México, D.F., Sociedad Pro-evangelización de niños

Overholtzer, J. I., *Manual sobre la evangelización del niño*: Sociedad Pro-evangelización de niños

Pearlman, Myer, *El evangelismo personal*, Editorial Vida

Ridenour, Fritz, *Dí las cosas como son*, Editorial Vida

Ritchie, Juan, *Manual del colportor bíblico*, México, D.F., SB

Sisemore, J. T., *Practiquemos la visitación*, Casa Bautista de Publicaciones

Stott, Jones, Grau, *Evangelización y la Biblia*, Winterhur, Suiza: Ediciones Europeas

Strachan, K. *Desafío a la evangelización*, Buenos Aires, Argentina, Editorial Logos

Varios, *La brújula para el ministro evangélico*, Editorial Vida

Wilkerson, David, *La cruz y el puñal*, Editorial Vida

Indice de métodos

Aparecen en letra negrita los métodos y temas principales, seguidos por la referencia a las páginas que dan información general sobre ellos. Los subtítulos indican los usos particulares de los métodos.

Notas

Notas

Notas

Notas

Notas

Notas

Notas

Notas

Notas

Nos agradaría recibir noticias suyas.
Por favor, envíe sus comentarios sobre este libro
a la dirección que aparece a continuación.
Muchas gracias.

Vida@zondervan.com
www.editorialvida.com